똑똑한 사람은 어떻게 생각하고 질문하는가

THE GENERATION OF QUESTION

사고력 실종의 시대,
앞서가는 사람의 생존 전략

똑똑한 사람은
어떻게 생각하고 질문하는가

이시한 지음

북플레저

• 일러두기
  본문 그림 중 일부는 ChatGPT에게 어떤 그림을 그려달라고 요청해, 그림 생성형 AI 'DALL·E'로 그린 것이다.

질문이 정답보다 중요하다.

만약 곧 죽을 상황에 처했고,
목숨을 구할 방법을 단 1시간 안에 찾아야만 한다면,
1시간 중 55분은 올바른 질문을 찾는 데 사용하겠다.
올바른 질문을 찾고 나면
정답을 찾는 데는 5분도 걸리지 않을 것이다.

－알베르트 아인슈타인

우리는 왜 다시,
생각하고 질문해야 하는가

정답의 시대

IMF 이전의 한국은 평균적으로 10% 내외의 경제성장률을 기록하는 고도성장의 나라였습니다. 자고 일어나면 간밤에 먹던 샴페인 흔적이 널브러져 있는 파티의 나날들을 보냈죠. 일자리가 넘쳐났기 때문에 대졸자라면 어느 기업에 들어가느냐 하는 실존적 문제로 고민을 했지, 취업을 할 수 있을까 하는 생존적 문제로 고민을 하지는 않았습니다. 사람의 일자리가 남아 있기나 할까 걱정하는 지금과는 사뭇 다르죠.

그래도 그때나 지금이나 인기 있는 기업에 들어가기는 쉽지 않았습니다. 경쟁을 거쳐야 하니까요. 이때의 인재상을 설명하는 단어는 성실, 끈기, 책임감, 열정 같은 것입니다. 그래서 지금의 중장년층은 이런 사람이 최고의 인재인 줄 알아요. 이런 사람이 산업 현장에서 필요한 이유는 한국의 주력 산업이 창의성을 가지고 세계를 선도하는 분야라기보다는, 이미 있는 것을 빠르게 뒤따라가는 산업이었기 때문이죠. 주문을 받고 시간 안에 만들어내는 것이 중요하므로, 매뉴얼을 충실히 지켜서 짜인 대로만 명확히 수행하면 되는 일이 많았거든요. 때로는 근무 시간을 초과해서라도 납기일에 맞추고요. 석유개발로 떼돈을 번 중동 나라들이 넘쳐나는 돈을 쓰려고 벌인 건설 사업에 한국이 많이 참여해서 외화를 벌 수 있었던 것은 건축기술이 뛰어나서가 아니라, 굉장히 빠르게 납기일을 맞췄기 때문이었어요.

이때는 정답의 시대입니다. 어떻게 일해야 하고, 어떻게 살아야 하는지 매뉴얼에 써 있는 것이나 마찬가지여서, 그 정답을 암기하고 그대로 성실하게 살아가기만 하면 되는 시대였죠. 어느 나이대에는 뭘 해야 하고, 어느 정도의 직위를 가진 사람은 어떻게 행동해야 하는지가 분명하게 정해진 때이기 때문에, 그것을 알고 있는 사람과 그렇지 않은 사람의 차이가 있었습니다. 이때의 기업 입사시험이나 행정고시, 사법고시 같은 시험은 암기시험이었어요. 정해진 시험 범위 안에서 충실하게 암기를 잘한 사람이 결국 합격자가 되는 프로세스였죠.

사회생활을 할 때도 규칙이나 매뉴얼을 암기해서 그대로 시행하기만 해도 충분히 경쟁력 있게 살아갈 수 있었습니다. 그러다 보니 지식을 얼마나 암기하는가는 중요한 인재의 조건입니다. 많이 알고 있으면 똑똑한 사람이었고, 사회으로도 존경받을 수 있었죠. 나이 드신 분들이 대접받는 사회였던 겁니다. 경험과 연륜으로 쌓인 지식은 사회적으로 인정받는 자산이었거든요.

펠로폰네소스 전쟁에 대한 질문을 디자인하는 법

그런데 IMF 이후에 우리 사회가 변하기 시작했습니다. 경제성장률이 2~3%대로 고정되면서 저성장 사회가 되고, 한국은 선진국으로 진입하기 시작했어요. 산업의 구조도, 주문을 받아 값싼 노동력을 활용하여 납기일을 맞춰주는 하청업체 중심에서, 반도체나 전자기기, 자동차를 수출하는 원청업체 중심의 나라가 된 겁니다. 그런데 여기서 문제가 하나 생기죠. 각 산업에서 선도 경쟁력을 유지해야 하는 입장이 되고 보니 이미 짜여서 누구나 알고 있는 매뉴얼을 따르는 방법으로는 도무지 경쟁력을 유지할 수가 없게 된 거예요. 성실, 끈기, 책임감, 열정으로 대표되는 기존 인재들의 방식이 잘 통하지 않습니다.

지식의 가치도 변했어요. 인터넷이 보급되고 손안의 모바일로 언제든 온라인 상태가 된 사람에게 지식은 검색만 하면 손쉽게 도달할 수 있는 것이지, 외워두어야 하는 의무가 아니게 되었습니다. 서울역 맛집이 어디 있는지 훤히 아는 분이 있어서, 그분에게 물어보면 내일 출장 가기 전에 점심을 어디에서 먹을지 해결되는 시대에서, 굳이 그런 분과 친분이 없어도 그냥 모바일로 검색하면 서울역에서 갈 만한 식당이 어디인지 알아볼 수 있는 시대가 된 거예요. 검색을 통해 지식에 접근 가능해지면서 이제 단답형의 파편적인 답은 중요하지 않아요. 서술형 답이 중요해집니다.

지식을 연결하고, 인과나 상관관계를 찾아 의미를 부여하는 답이 경쟁력을 가진 답이 되는 것입니다. 작년에 어떤 물건이 많이 팔렸고, 가장 인기를 끈 물건은 무엇인지를 아는 것은 이제 검색을 할 수 있는 사람이라면 누구나 알 수 있는 정보가 되니까, 그런 물건을 보면서 트렌드를 찾아내고 그에 따라 내년에 어떤 물건이나 서비스가 많이 팔리게 될지 예측하는 것이 경쟁력이 되는 거예요.

암기 형태의 단답형 답이 전제하는 질문은 역시 단순한 스타일의 질문이었어요. 하지만 단답형 답이 더이상 경쟁력이 없는 시대에, 서술형 답의 시대에는 질문도 달라집니다. 질문에 따라 답은 얼마든지 유도 가능하니까, 질문이 중요한 시대가 되는 거죠. 예를 들어 '펠로폰네소스 전쟁은 어느 어느 나라가 싸운 거지?'라는 질문의 답은 그냥 단답형으로 '아테네와 스파르타'입니다. 그것을 아는 사람과 모르는 사람 사이에 격차가 존재하던 것이 IMF 이전의 시대라면, IMF 이후의 시대, 어떻게 생각하면 검색의 시대가 되면서부터는 이 격차는 제로에 수렴하게 되었어요. 검색하면 되니까요. 그러니 이제 질문 디자인부터 바뀌어야 유용하고 경쟁력 있는 대답이 나와요.

'펠로폰네소스 전쟁이 오늘날 미국과 중국의 양강 체제 세계에서 우리

펠로폰네소스 전쟁은 기원전 5세기 아테네를 중심으로 하는 델로스 동맹과, 스파르타를 중심으로 하는 펠로폰네소스 동맹이 벌인 싸움으로, 스파르타가 승리했다.

한국에 던지는 시사점은 무엇인가?' 같은 질문을 할 수 있고, 그에 대한 답을 제시할 수 있는 사람이 경쟁력 있는 사람인 거죠. 아테네와 스파르타 양강 체제에서 끊임없이 선택을 강요받은 주변 약소 폴리스들의 사정과 지금의 한국을 비교하면서, 어떤 선택을 한 폴리스가 현명하게 살아남는지 보여줌으로써 지금의 우리에게 갈 길을 제시할 수 있습니다. 그렇게 할 수 있는 사람이 똑똑한 사람이고요.

　이것이 바로 질문도 중요하지만 그 질문에 대한 답을 인사이트 있게 구성할 수 있는 서술 능력도 중요한 시대, 그러니까 질문과 답을 모두 구성할 수 있는 능력이 중요한 시대였습니다. 그런데 이제 이러한 시대는 과거가 되어가고 있습니다. 우리는 다시 한번 변화의 시점을 맞았어요.

질문'만' 중요한 시대

제가 IMF를 기점으로 이전과 이후로 구분했지만 사실 이렇게 시대가 변한 것은 인터넷과 PC의 보급 덕분입니다. 모바일 인터넷은 그런 경향을 고착화한 결정적인 기술이고요. 그래서 기술적인 받침은 인터넷 이후의 시대라고 하는 것이 맞지만, 기술이 적용되는 시대적 특징을 보면 그것이 개발되는 것과 사용되는 것의 차이가 좀 있어요. 검색을 하고 정보를 가공하며 의미를 부여하는 사람이 본격적으로 사회적 인재로 대접받는 게 IMF 이후부터여서, IMF는 사회적으로 이런 변화의 흐름이 확장되는 결정적인 계기가 된 사건인 거죠.

거의 비슷한 일이 지금 일어나는데요, 생성형 AI의 발전과 코로나입니다. 물론 코로나가 생성형 AI인 ChatGPT 발표보다는 먼저지만 거의 비슷한 시기여서, 작용 면에서는 인터넷 보급과 IMF의 관계와 비슷해요. 어떻게 생각하면 생성형 AI는 모바일의 보급과 더 비슷할 수도 있고요.

생성형 AI, 구체적으로는 ChatGPT를 통해 사람들은 정보 사이에 인사이트를 불어넣는 일은 인간만이 할 수 있다는 오만한 편견에 심각한 도전을 받게 되었습니다. ChatGPT는 이미 있는 정보들을 짜깁기해서 우리에게 새로운 정보를 제공하기 때문에 인간의 인사이트와는 다르다고 말하는 견해도 있지만, 사실 인사이트 있는 사람도 그 인사이트를 발휘하는 프로세스는 ChatGPT와 비슷합니다. 솔직히 우리의 뇌과학은 현상만 파악했지 그 원리를 파악하지는 못해요. 예를 들어 정치를 생각할 때와 종교를 생각할 때 뇌가 신호를 주는 부분이 비슷하다는 것은 MRI 관찰을 통해 알아냈어요. 그런데 왜 그런지는 모르는 거죠. 사람에게 정치는 종교와 마찬가지로 믿음의 영역이라고 짐작할 뿐입니다.[1]

ChatGPT의 작동기제와 사람의 생각기제가 같은지 다른지는 앞으로 더 연구해야 할 과제이지만, 그 결과물은 당장 우리가 활용할 수 있습니다. ChatGPT가 주는 서술형 답이 생각보다 유용하기 때문입니다. 그래서 ChatGPT를 활용하여 대학생들은 리포트를 만들고, 직장인들은 보고서를 만들기도 하고요, 대중은 책을 만들거나 아이를 위한 동화를 만들기도 합니다. 자신만의 주식 투자 가이드를 만드는 분도 있고, 자신의 전속 상담사로 ChatGPT를 이용하는 분도 있어요. 최근 들어 자신의 하루를 들여다보면 사람과 나누는 대화보다 ChatGPT와 나누는 대화가 더 많아졌다는 마케터 분도 만난 적이 있어요.

이렇게 자연스럽게 정보와 정보를 엮어서 인사이트를 집어넣는 기계가 있는 시대에, 중요한 것은 답을 만드는 능력이 아닙니다. 이전 시대가 질문과 답이 중요한 시대였다면 이제는 질문만 중요한 시대인 거죠. 질문만 괜찮고 적절하다면 인사이트가 들어간 서술형 답을 만드는 데 들어가는 시간은 제로로 수렴하게 돼요.

그래서 인간의 인사이트는 답을 만드는 데 작용하는 것이 아니라 질문을 만드는 데 작용하게 됩니다. 어떤 사람은 ChatGPT보다는 인사이트 풀한 답을 찾아내겠지만, 그런 답을 만들어내는 데 걸리는 시간은 100배

정도 차이가 날 겁니다. 생성형 AI를 써보신 분은 알겠지만 질문에 대해
망설임 없이 척척척척 답을 만들어내는 모습은 두려울 정도거든요.

시험의 법칙

질문의 시대입니다. 얼마 전 9급 공무원 시험이 암기식에서 정보이해식
으로 바뀌었다는 뉴스가 나왔어요.[2] 사실 '이제야?'입니다. 암기형 인재
가 대접받는 시대에 생긴 암기형 인재를 뽑는 시험이, 정보를 이해하고
그것을 활용하는 능력이 있는지 체크하는 시험을 보는 것으로 '이제야'
바뀐 거예요. 공무원 9급 외에 대부분의 대학교 시험 이후에 보는, 취업
이나 상위기관으로 지원할 때 보는 시험은 이런 식이었습니다. 예를 들
어 삼성의 입사시험인 GSAT는 수리능력과 추리능력으로 구성되어 있어
요. 5급과 7급 공무원을 뽑는 시험인 PSAT는 언어논리, 자료해석, 상황
판단으로 구성되어 있습니다. 로스쿨 들어갈 때 보는 LEET는 언어이해,
추리논증으로 구성되어 있고, 공기업에서 보는 시험인 NCS는 여러 영역
이 있지만 그중 주로 활용하는 영역이 언어능력, 수리능력, 문제해결능

	언어	수리	추리
GSAT	–	수리능력	추리능력
공기업 NCS	언어능력	수리능력	문제해결능력
PSAT	언어논리	자료해석	상황판단
로스쿨 LEET	언어이해	–	추리논증

력 등 세 부분입니다. 혹시 눈치채셨나요? 이 시험들이 놀랍도록 비슷하다는 것을요.

크게 보면 언어능력, 수리능력, 그리고 추리능력 혹은 문제해결능력으로 되어 있어요. 여기서 언어는 텍스트Text로 된 정보를 빠르게 파악하는 시험입니다. 주로 설명문이나 논설문 형태인 제시문을 빠른 시간 안에 보고 그것을 이해했는지 체크하는 시험이에요. 대학입시 때 본 시험 중에 비문학 유형이라고 생각하시면 됩니다.

수리능력은 표나 그래프를 보고 그것을 이해했는지 체크하는 시험이에요. 수치적인 자료를 빠르게 분석하고 판단하는 능력이 있는지 확인하는 시험이죠. 수학을 싫어하시는 분은 질색하는 시험이지만, 사실 수학은 아니에요. 가장 어려운 계산이 나누기니까요. 사회생활을 하다 보면 많이 만날 수밖에 없는 수치적 자료를 빠르게 판단하고 분석하는 능력을 체크한다고 보시면 됩니다.

그리고 추리능력 혹은 문제해결능력인데, 우리가 이해한 정보를 활용하는 능력입니다. 추리는 정보와 정보를 합해서 새로운 정보를 만드는 것입니다. 지식과 지식을 이어서 새로운 인사이트를 만드는 능력인 거죠. 이 능력을 문제에 적용하면, 문제상황이라는 정보를 모아 해결책이라는 새로운 정보를 만드는 것이거든요. 그러니까 추리가 기본능력이라면 이 기본능력을 문제에 적용해서 나오는 것이 문제해결능력입니다.

이 시험들을 일별해보니 기존에 우리 사회에서 인재를 뽑는 기준이 무엇인지 아시겠죠. 텍스트로 된 정보, 수치나 그래프, 표로 된 정보를 빠르게 분석하고 이해하는 능력과 그 정보들을 활용해 새로운 인사이트를 만들어내는 능력을 가진 사람을 그동안 인재로 뽑은 거예요. 그러니까 말하자면 서술식 답을 만들어낼 줄 아는 사람인 거죠.

하지만 코로나 이후 이제 우리뿐 아니라 인류는 또 다른 시기로 접어들고 있습니다. 답을 찾을 때 지식과 지식의 점을 연결하는 인사이트라는 선을 대신 그어주는 생성형 AI들을 만나게 된 거죠. 질문만 잘하면 우리는 인사이트 있는 답을 매우 빠른 시간 안에 만날 수 있게 됩니다.

질문에 압축되어 들어가는 인간의 인사이트

하지만 그렇다고 인간의 인사이트의 효용성이 다하는 것은 아니에요. 인간의 인사이트는 질문에 들어가게 되는 것입니다. 질문에 들어가니까 무척 압축되고 정제되어서 주요 핵심만 활용하게 되죠. 아시다시피 인사이트 중에서 그 핵심을 짧게 정리해내는 것이 진짜 어렵습니다. 질문을 어떻게 만들고, 얼마나 적절한 타이밍에 질문하느냐가 인간의 경쟁력이 되면서 이제 인간은 진정한 시험대에 오르게 되었습니다.

사실 적절한 질문이라는 것은 맥락에 맞고 핵심을 끌어내는 질문이죠. 이런 질문의 능력을 나 자신에게 적용하거나 타인과의 대화에 적용할 때 의미 있는 답변과 연결될 확률이 굉장히 높습니다.

질문의 시대, 극단적으로 말하면 인사이트 넘치는 질문만이 중요한 시대에 경쟁력 있는 질문을 만드는 것이 쉽지만은 않을 것입니다. 단답형 답을 찾아야 하는 시대, 서술형 답을 찾아야 하는 시대의 교육을 받아온 사람에게 갑자기 질문하는 사람이 되라는 것은 그저 '왜?'와 '어떻게?'만 반복하는 인간을 만들 수밖에 없거든요.

질문이 중요한 시대라고 인사이트가 중요하지 않은 게 아니에요. 정보를 외워서 나열하기만 하고, 정보와 정보에 의미를 부여하는 인사이트가 없던 분이, ChatGPT에게 갑자기 좋은 질문을 할 수는 없습니다. 질문에 인사이트를 함축해서 넣는 작업은 훨씬 어렵거든요.

그러니 이제 우리는 질문하는 방법을 배워야 합니다. 그리고 훈련하고, 연습하고, 발전시켜야 하죠. AI뿐 아니라 우리 스스로에게 질문하면서 자기 자신을 발전시키고, 다른 사람에게도 적절한 질문을 하면서 관계를 형성해야 합니다. 나아가서는 AI에게 적절한 질문을 하여 의미 있는 결과물을 얻어내야 하기도 하고요.

생각하는 특권을 강탈당한 시대

사람의 생각하는 힘이 많이 약해진 시대이기도 합니다. 지금은 생각하기라는 특권을 강탈당하고 있는 시대이기도 하거든요. 빅테크 기업들은 미처 생각을 정리하기 전에 정량을 넘어버리는 정보와 지식을 우리 뇌에 쏟아붓고 있습니다. 가치 판단을 하기는커녕 호오를 생각하기도 전에 알고리즘의 마술에 걸려 우리의 취향이라고 간주되는 정보를 타의적으로 매일 마주하게 되는 상황이죠. 하지만 그것이 과연 우리의 취향에 맞는 것이고, 앞으로도 계속 관련 정보를 보고 싶은지 우리의 판단이 개입될 여지가 없죠. 정보가 전달되는 속도가 생각하는 속도보다 빠릅니다.

우리의 생각을 정리하고, 취향을 파악하고, 가치를 확립할 시간이 필요합니다. 하지만 어느 순간부터 능동적으로 생각한다는 것이 꽤 낯선 일이 되어버렸죠. 질문의 방향을 자신의 내면으로 돌리는 것이 바로 효과적인 생각의 방법이에요. 자신에게 하는 여러 가지 질문을 통해 정보의 의미를 파악하고, 지식들의 패턴을 파악하며, 그리고 그에 맞는 인사이트를 발견하는 작업을 할 수가 있습니다.

정답이 아닌 자신에게 가장 적절한 답을 찾아서

그 모든 것이 경쟁력을 위한 것이기도 하지만 우리 자신의 삶을 위한 것이기도 합니다. 정답만이 중요한 시대에는 '정답이라고 사회적으로 여겨지던 것'에서 조금이라도 벗어나면 지탄을 받고 비난을 받았습니다. '모난 돌이 정 맞는다'는 속담이 괜히 생겼겠어요. 그런데 질문이 중요한 세상은 다양한 답을 인정하는 세상입니다. 질문에 대한 다양한 답을 전제하는 것이니까요. 그러므로 남들과 다른 생각을 한다고 해서, 남들과 다른 인생을 산다고 해서 그 생각이 바보 같거나 그 인생이 부끄러운 게 아닌 세상인 거죠. 어차피 정답은 없으니까요.

《해리 포터》에 보면 보가트라는 괴물과 맞서 자신의 공포와 싸우는데,

사무실에서 따분하게 일하는 것이 누군가에게는 가장 큰 공포일 수도 있다.

보가트는 앞에 마주친 인물이 가장 두려워하는 모습으로 나타나서 공포를 극대화하거든요. 그런데 이 보가트가 변하는 대상이 그야말로 각양각색입니다. 네빌에게는 스네이프 교수로 나타나고, 늑대인간인 사람에게는 보름달의 모습으로 나타납니다. 주인공 중 하나인 론에게는 거미가 가장 무서운 존재고, 《해리 포터》의 프리퀄 시리즈인 《신비한 동물사전》의 주인공 뉴트 스케맨더에게는 사무실에 틀어박혀 일하는 것이 가장 무서운 일로 등장하죠. '사무실에서 일하는 것'이 공포스러운 일에 대한 정답은 아니라고 말할 근거가 있을까요?

첫째 아이가 미국에서 유치원에 다닐 때였어요. 학교에서 고스트를 그려 오라는 숙제를 내주었습니다. 그래서 한국형 고스트를 그려 가는 게 맞는지 아니면 미국형 고스트를 그려 가는 게 맞는지 온 가족이 함께 고민하다가, 그냥 캐스퍼 같은 형태의 귀여운 고스트를 그려 가기로 했죠. 그런데 나중에 아이의 말을 들어보니 다른 아이들은 모두 천차만별의 고스트를 그려 오더라는 겁니다. 그냥 가운데에 원 하나 그려놓고 새까맣게 칠해온 아이도 있었더래요. 그런데 선생님이 하는 말은 "이게 네가 느끼는 고스트구나."더라는 거죠. 그 아이는 침대 밑에 숨어 있는 고스트라고 설명했다고 하고요. (숙제를 깜빡 잊고 있다가 유치원에 와서 급하게 숙제를 했을 가능성도 있기 때문에) 그냥 그 아이의 임기응변일 수도 있지만 개인적으로는 무척 임팩트 있는 일이었습니다.

그러니까 고스트라는 질문에 대한 정답은 없는 겁니다. 질문만 있을 뿐이죠. 정답이 있다면 이런 다양한 답을 만날 기회는 없을 겁니다. 이러한 분위기에서 다양한 답이 나오고 창의성이 신장되고, 그 안에서 다양성에 대한 이해와 포용이 생깁니다. 정답이 있는데 저 친구가 모르면 동정심에 위로해줄 수는 있어도 그 친구의 오답에 공감할 수는 없거든요. 하지만 어차피 정답이 없다면 우리는 누구의 답도 인정할 수 있습니다. 그 사람에게는 그것만이 답이고, 가장 적절한 답인 거죠.

질문이 중요한 시대가 되었기 때문에 우리는 다양한 답이 가능함도 배웁니다. 정답이 존재하는 시대는 무엇을 해야 좋은지 확실히 알 수 있는 시대입니다. 하지만 정답이 존재하지 않는 지금 시대는 무엇을 해도 좋은 시대입니다. 정답이 있는 시대는 정답 길을 걸어가는 사람 입장에서는 상당히 살기 편한 시대가 될 것입니다. 하지만 정해진 답이 없는 시대에는 무엇을 해도 불안감을 안고 살 수밖에 없어요. 그런데 따지고 보면 이러한 불안감은 다양한 답이 가능한 시대를 살아가면서 정답이 아니면 어쩌나 걱정하는 데서 나오는 것이니까, 상당히 시대착오적인 일이기도 합니다.

한 번에 답을 찾으려 하기보다는 계속적인 질문으로 우리의 답을 우리 인생에 가장 적절한 답으로 천천히 만들어가는 것이, 이 질문의 시대에 우리가 살아가야 하는 모습이 아닐까 해요. 불안감은 내려놓으시고요. 그런 면에서도 이 책이 도움이 되기를 바랍니다.

1장

똑똑한 사람이
질문하기 전에 생각하는 것

질문을 하는 사람은 잠시 동안 바보가 되고,
질문하지 않는 사람은 평생 바보가 된다.

−공자

1 ——— 우리는 제대로 질문하는 법을 배우지 못했다

유재석 씨에 대해서 궁금한 점?

모처럼 압구정동에 놀러 갔다가, 편의점에서 한국의 대표 MC인 유재석 씨를 만났습니다. 반갑게 "안녕하세요?"하고 인사를 했더니 친절한 유재석 씨가 인사를 받아줍니다. 대화의 물꼬를 텄잖아요. 이제 우리에게 유재석 씨에게 질문할 기회가 생겼어요. 어떤 질문을 하실래요?

질문:

그렇게 떠들썩하던 ChatGPT를 드디어 접속해서 로그인까지 해보았습니다. 듣던 대로 쉽게 프롬프트 창이 나오고, 질문을 받을 준비가 순식간에 끝났습니다. 이제 질문을 해야 합니다. ChatGPT에 어떤 질문을 하실래요?

질문:

이 두 가지 상황에 할 만한 질문이 바로 생각나시나요? 의외로 유재석 씨에게 할 질문이 선뜻 떠오르지 않습니다. 그러니 이렇게 유명한 사람이 아니라 그냥 지나가던 사람 유재광 씨에게 질문을 하라고 하면 "누구세요?" 정도로 끝날 수밖에 없겠죠.

무엇이든 답변한다는 ChatGPT에 무엇을 물어봐야 할지도 잘 모르겠어요. 질문할 기회는 주어졌는데, 마땅히 어떤 질문을 해야 할지 모르는 상황이죠. 왜 이런 일이 발생할까요? 질문이란 간단하게 보면 궁금한 것을 물어보는 일입니다. 그러니까 질문을 하기 전에 먼저 선행되어야 하는 것은 궁금한 것이 있어야 한다는 것이죠. 유재석 씨에 대해서 의외로 궁금한 점이 그다지 없습니다. '도대체 재산이 어느 정도나 있나요?' 같은 궁금증은 있을 수 있겠지만, 초면에 물어보기에 적절한 질문은 아니겠죠. 유재광 씨에 대해서는 아는 것이 전혀 없기 때문에 더더욱 질문하기가 어렵고요.

무엇이든 답변해준다는 ChatGPT라고 하지만, '무엇이나'라는 말 자체가 질문의 범위를 무한으로 확장해버리면서 궁금증을 불러일으킬 만한 대상을 특정하지 못하게 만들어요. 궁금함이 없으니 당연히 질문도 없습니다.

질문하면 받곤 하는 눈빛 공격

그러니까 질문은 물건에 대해, 사건에 대해, 상황에 대해 궁금함이 생겨야, 그다음 단계에서 순차적으로 발생하는 것입니다. 그런데 우리가 어린 시절에 받은 교육은 궁금함을 불러일으키는 교육이 아니었던 거죠. 이른바 학력을 키워주는 암기식 교육이에요. 시험을 잘 보기 위해 정해진 범위의 지식을 효과적으로 외우는 것이 중요했기 때문에, 궁금증을 풀기 위해 한 부분을 깊이 파고들어가는 것은 바보 같은 짓이었어요. '모르면 외워'버리는 것이 훨씬 효과적인 방법이었습니다. 시험 범위가 넓다 보니 외워야 할 것이 많았거든요.

이렇게 암기식으로 무언가를 배우면 질문이 따라오지 않습니다. 궁금함이 생기지 않으니까요. '왜 임진왜란 초창기에 제대로 대응하지 못했는가?'보다는 임진왜란이 1592년에 일어났다는 팩트를 외우는 것이 중요했습니다. 파이(π)가 왜 필요하며, 어떤 역할을 하는지 궁금해하기보다는 3.141592 하는 식으로 그냥 외우는 것이 시험점수를 높이는 데는 더 도움이 되었어요. 이런 식의 교육이 이루어지는 교실에서 제일 도전적인 질문은 칠판에 쓴 글씨가 잘 보이지 않으면 "선생님, 세 번째 글자는 뭐라고 쓰신 거예요?" 정도나, "화장실 다녀와도 되나요?" 정도입니다.

이러한 자세는 대학까지 이어집니다. 교수님이 강의를 다 끝내고 "질문 있는 사람?"이라고 물었을 때 손을 들고 질문하는 사람을 거의 볼 수 없습니다. 눈치 없이 손을 들어 질문하는 친구가 있어도 곧 클래스 친구들의 눈빛 공격을 뒤통수로 느끼면서 질문을 자제해요. 저 질문 때문에 끝나는 시간이 지연된다는 비난의 뜻이 담긴 눈빛이죠. 질문하는 문화 자체가 낯선 것입니다.

'암기교육'도 아닌, '시험점수를 잘 받기 위한 교육'

재미있는 점은 오히려 유치원이나 초등학교 교육에서는 비교적 다양하고 창의적인 교육이 시도되고 있다는 점이죠. 그러다 보니 아이 때는 다양한 질문, 재미있는 질문, 때로는 핵심을 꿰뚫는 질문을 했어요. 그런데 이렇게 교육받은 아이들이 중학교에만 들어가도, 다니던 태권도 학원을 끊고 피아노 학원도 끊고, 본격적으로 입시 모드에 돌입합니다. 새로 등록하는 학원은 수학이나 영어, 아니면 종합 학원입니다.

학교에서나 학원에서의 교육도 효과적으로 암기하는 교육으로 바뀝니다. 인기 있는 선생님도 조분조분하게 이해시켜주는 선생님이 아니라, 암기할 것을 재미있게 잘 정리해주는 선생님이에요. 그리고 고 3으로 접근할수록 '암기교육'도 아닌, '시험점수를 잘 받기 위한 교육'으로 전환이 되죠. 대학에 들어가려면 내신점수나 수능점수가 중요하기 때문에, 5지 선다형인 객관식 시험에서 얼마나 좋은 점수를 받느냐가 인생의 중요한 목표가 되는 겁니다. 특정한 지식에 대해 그것을 얼마나 이해했느냐가 중요한 게 아니라, 시험 문제로 나왔을 때 맞았느냐 틀렸느냐가 중요한 거예요.

특히 한국의 교육은 시험을 잘 보는 데 특화되어 있었어요. 예전에 한국 토플 시험 학원이 유명했을 때는, 미국 교포 아이들이 방학이면 한국에 들어와서 토플 학원을 다녔어요. 단기간에 점수를 올리는 요령을 가르쳐주니까, 미국에서 공부하는 것보다 한국 학원에서 배우는 것이 시험 보는 데는 더 유리했거든요. 저도 대학 학부 때 토플 학원을 다닌 적이 있는데, 그때 배운 게 아직도 기억이 나요. '문법 40문제 중에서 35번 이후에 do동사에 밑줄이 그어져 있으면 그게 답이다.'라는 건데요, 신기하게도 이렇게 답을 찾으면 거의 100% 정답이었어요. 영어를 해석하거나 문법을 이해한 게 아니라, 시험의 스킬을 배우는 것이었죠.

어린 시절 창의성 있고 누구보다 호기심 넘치던 아이들은 상급 학교로 올라가면서 본격적으로 시행되는 이런 교육에 적응하지 못하고, 오히려 주류에서 탈락하게 됩니다. 그러니 이런 교육 체제하에서 질문을 한다는 것, 심지어 질문을 잘한다는 것은 거의 불가능한 일입니다. 질문은 이해를 하는 교육에서 생기는 것이거든요. 세부사항을 따지려다 보니, 아니면 전반적인 부분을 이해하려다 보니, 그것이 여의치 않을 때 질문이 생깁니다.

매뉴얼에 의문을 갖기

한국 교육이 질문하는 인재를 길러내지 않은 것은 시대가 그런 인재까지 원하지는 않았기 때문이에요. 1990년대까지 그러니까 개발도상국 시절의 한국은 고속성장을 하는 나라였습니다. 선진국에서 주문한 상품들이 밀려 있었고, 기업들은 사람들을 많이 뽑았습니다. 이럴 때 기업들이 원하는 인재는 매뉴얼을 빠르게 숙지하고 그것을 성실하게 수행하는 사람입니다. 어차피 주문이 밀려 있어서 매뉴얼대로만 해도 이익은 보장됩니다. 그래서 이때의 기업들이 사람을 뽑는 기준은 성실, 끈기, 노력 등입니다. 이런 특징을 가진 사람은 암기 시험에 강해요. 흔히 '엉덩이로 공부한다'고 하는데, 오래 앉아서 공부할수록 암기하는 지식의 절대량이 늘어나니까요. 잠을 줄여서 더 많이 외운 사람이 점수가 더 좋았으므로, 인재를 뽑을 때도 학점, 영어점수 같은 정량적 요소를 봤어요. 영어점수가 좋다고 영어를 잘하는 것은 아닐 수 있지만, 영어점수가 좋은 사람은 확실히 성실한 사람일 것이라는 전제가 있었던 거죠.

그런데 경제성장률은 2~3% 수준으로 정체되고 매뉴얼대로 생산하기만 해서는 그것이 팔리지 않아 오히려 손해가 되는 시기가 되었습니다.

이런 시기에 필요한 인재는 어떻게 하면 '매뉴얼'보다 효과적으로 일할 것인가 혹은 '매뉴얼에 없는 방법'으로 효율성을 높일까를 고민하는 사람입니다. 이런 사람은 과거에는 '잔꾀를 부린다', '잔머리를 쓴다'라고 해서 배척받았는데, 지금에 와서는 창의적인 인재, 문제해결적 인재라고 각광받게 되었어요.

이 사이의 결정적 차이가 질문의 유무입니다. 매뉴얼에서 지시하는 사항이나 제시하는 프로세스에 아무 질문 없이 그냥 그대로 따르는 사람이 과거에는 바람직했지만, 지금은 기피대상이 되는 거죠. 매뉴얼을 개선하고 발전시키려면 현재의 지시사항이나 프로세스에 의문을 제기해야 합니다. '왜 반드시 그렇게 해야 하지?', '더 나은 방법은 없나?'. '저 부분은 불합리한 프로세스 아닌가?' 같은 질문을 통해 매뉴얼은 발전하고, 따라서 비즈니스 역시 발전합니다.

누구에게나 차별 없이 비슷한 퀄리티의 답을 주는 ChatGPT

그런데 질문의 시대는 이제 한 걸음 더 나아갔습니다. 한국 사회 기준으로는 IMF 이후라고 할 수 있는 시대를 전질문의 시대라고 한다면, ChatGPT가 대중적으로 보급된 2023년을 후질문의 시대의 시작점이라고 보서도 좋습니다. 2022년 11월 30일에 ChatGPT가 대중적으로 공개되었고 불과 1년 사이에 엄청난 파급력과 보급력으로 시대의 공기를 일

순 변화시켰거든요.

전질문의 시대에 질문은 무척 중요한 요소였는데, 그 질문에 대한 답을 검색으로 사람이 직접 찾아야 했어요. 질문의 시대 전에 있던 암기의 시대에 지식은 파편적으로 존재했고, 그것을 아느냐 모르느냐가 중요했어요. 그런데 검색이 본격화하면서 지식은 검색으로 도달할 수 있는 영역이라 그것을 암기하는가는 능력의 기준이 될 수가 없게 되었죠. 적절한 질문을 하고 그에 대한 답을 자신이 직접 검색해서 엮어 만드는 시대는 어떻게 생각하면 질문의 시대라기보다는 검색의 시대에 더 가깝습니다. 검색을 통해 나온 여러 지식을 통섭적으로 잘 엮어서 배열하면 그것이 경쟁력을 갖춘 나만의 답이 됩니다. 그래서 여전히 경쟁력은 답 자체에 있었죠. 질문은 답을 묶어주는 실이었고, 답이 여전히 구슬이었습니다.

하지만 ChatGPT 때문에 우리는 답에 대한 차별성을 상실했습니다. 원래는 검색을 통해 나온 여러 자료를 통합해 10분 정도 만에 답을 구성하는 사람과, 비슷한 수준의 대답을 30분 정도에 도출하는 사람 사이에는 분명한 차별점이 있었죠. 하지만 ChatGPT는 이 시간 차이를 줄이고 모두에게 빠른 시간 안에 비슷한 퀄리티의 답을 제공합니다. 사람이 정

질문으로 차이점을 만들어내는 시대.

보를 찾아 그것들을 엮어 의미를 만드는 작업을 대신 해주거든요. 사실 이런 것을 아예 못하는 사람도 있는데, 그런 사람조차 ChatGPT는 차별 없이 비슷한 퀄리티의 답을 줄 수 있습니다. 이런 시대에 경쟁력은 질문 에 있을 수밖에 없죠. 어떤 질문을 하느냐에 따라 유용한 답이 나오고, 어 떻게 질문하느냐에 따라 신속하게 답이 나옵니다.

효과적인 질문은 유용하고 핵심적인 내용을 담고 있는 답을 내 손 안 에 빠르게 배달해주는데요, 문제는 우리는 질문을 잘 못한다는 거예요. 왜냐하면 12년간의 초·중·고 교육과 심지어 그 이후 대학 교육에서도 질문하는 방법을 훈련하지 못했거든요. 특히 중요한 중·고 교육은 수능 에서 점수를 잘 받는 교육에 맞춰져 있는데, 수능이 처음 생긴 게 1994년 이에요. 그 앞의 시대를 연구해서 인재에게 필요한 요소를 체크하기 위해 만든 것이 수능이라고 한다면, 앞서 언급한 1998년의 IMF 이후에 바뀐 인재의 요소와 전혀 맞지 않습니다. 하물며 2023년의 ChatGPT 시대의 인재와는 더욱 동떨어진 시험이고, 그에 맞춘 교육인 거죠. 질문이 중요한 시대지만, 우리는 제대로 질문하는 법을 배우지 못한 것입니다.

질문의 중요함을 강조한다는 것은
그만큼 그것을 잘하는 사람이 없다는 것

그나마 다행이라고 할까요? 질문이 중요한 시대라는 말은 뒤집어보면, 많은 사람이 질문을 어려워한다는 것입니다. 그도 당연한 것이 배운 적도 없고, 연습해본 적도 없고, 그러다 보니 유용하게 가다듬을 필요도 없었습니다. 그러니 지금은 누구나 똑같이 질문을 잘 못하는 시기인 것이죠. 질문하는 것이 어렵고 효과적인 질문을 찾는 것이 힘든 사람은 스스로 자책하지 않아도 돼요. 배우지 않은 것을 능수능란하게 사용하는 게 오히려 이상한 것입니다. (물론 살다 보면 그런 이상한 사람을 만나 상대적 좌절을 겪게 될 때가 종종 있지만요.)

효과적인 질문을 던지고 검색을 통해 통섭적인 지식과 그에 따른 인사이트를 엮어내는 사람은 학교 교육의 결과보다는, 개인적인 능력이나 독서나 글쓰기, 토론 같은 정규 교육 이외의 교육에서 양성되었습니다. 하지만 그 수는 미미하고, 전체에서의 비율은 소수입니다. 수많은 정보를 빠른 시간 안에 훑어보고 핵심을 파악한 후에, 그 정보들을 잘 엮어서 새로운 지식이나 인사이트를 창출한다는 것은 얼핏 말만 들어도 쉽지 않아 보이는 일이잖아요. 좋은 질문도 중요하지만, 여전히 더 중요한 것은 답을 만들어내는 작업이었어요.

그런데 이제는 그런 일을 AI가 해줄 수 있는 시대가 되었거든요. 그래서 좋은 질문을 하는 능력은 그에 대한 대답을 구하기 쉬워진 시대에 대단히 중요한 능력이 되는 겁니다. 이제 좋은 질문을 하기 위한 연습, 훈련은 미래 사회의 경쟁력을 갖기 위한 노력이 아니라, 생존을 위한 의무입니다.

모두 비슷한 출발점에 있을 때, 질문하는 법을 훈련하고 비판적으로 사고하는 연습을 수행할 수 있다면, 그것은 곧 미래 시대를 선도하는 경쟁력을 손에 쥐게 된다는 뜻입니다. 우리가 지금 손에 쥔 이 책을 열심히 보아야 하는 이유죠.

멘사는 어떻게
질문하는가?

멘사라면서?

중앙도서관에 멘사 포스터가 붙어 있기에 이게 뭔가 하고 봤습니다. 아이큐 높은 사람들의 모임인데, 시험을 봐야 들어갈 수 있다는 거예요. 그냥 모임 홍보 정도면 지나쳤을 텐데, 영국에서 공수한 시험지로 시험을 보고 합격해야 모임에 가입할 수 있다니까, 뭔가 도전정신을 자극하더라고요. 시험 신청을 했죠.

시험을 보고 영국으로 답안지를 보내 채점을 하고 다시 돌아와야 하기 때문에 결과 도출에 한 달 이상이 걸린다고 해서, 한참 기다렸어요. 사실 이런 모임에 들어가지 못한다고 해서 인생이 힘들어지거나 커리어에 결

멘사의 원래 뜻은 둥근 테이블로, 평등한 탁자에 둘러앉아 같이 이야기하는 모습이다.

정적 차이가 생기는 것은 아니기 때문에, 합격한다고 해서 그렇게 기쁠 것 같지는 않았는데, 꽤 궁금하더라고요. 두 달이나 지난 후 도착한 통지서를 열어보니 IQ 148 이상이 합격선인데, 종이에 찍힌 숫자는 152였습니다. 와우! 합격한 거죠. 아이러니한 것은 막상 합격하니 꽤 기쁘더라고요.

확실히 어려운 테스트를 거치고 입회 자격을 얻으니 모임에 더 정이 가서, 2~3년간은 멘사 모임에서 열심히 활동했어요. 기획분과에 속해서 감히 머리 좋은 사람들의 모임 중에서 머리 쓰는 역할을 하기도 했고, (멘사는 동아리를 시그SIG라고 부르는데) 몇몇 시그에 속해서 적극적으로 참여하기도 했습니다. 그리고 예전에는 기수 개념이 있어서 같은 시험에서 붙은 사람들을 일종의 동기로 여겨 동기 모임도 했고요.

이렇게 사람들과 모이다 보니 어느새 제가 멘사 활동을 활발하게 하고 있더라고요. 하지만 이런 모임들이 재미있어서 멘사 활동을 한 거지, 사람들의 편견처럼 머리 좋은 사람들과 이너서클을 형성하려고 참여한 것은 아니에요. 오히려 멘사 생활을 하다 보면 멘사라는 것을 숨기는 경우가 종종 발생하기도 합니다. 물론 처음에는 멘사라는 게 자랑스러운 마음도 있어서 멘사를 슬쩍 언급하기도 했거든요. 그런데 곧 '멘사라면서 이런 것도 몰라?'라든가, '멘사면 이 정도는 금방 풀겠네?' 같은 도전을 빙자한 비아냥 같은 벽에 부딪히더라고요. 멘사 회원임을 드러내서 받는 존중이나 부러움의 시선보다는 멘사임이 밝혀져서 받는 시기와 질투의 시선이 압도적으로 많았습니다. 그래서 딱히 멘사임을 먼저 자랑하지는 않게 된 거죠.

그럼에도 멘사라는 것이 부끄럽거나 불편한 것은 전혀 아닙니다. 당연히 오히려 그 반대죠. 하지만 멘사니까 공부도 잘하고, 사회적으로 성공한다는 개념에는 찬성할 수 없습니다. 머리가 좋다니까, 좋은 대학 가고, 좋은 직업을 가지고, 좋은 인생을 살 것이라는 식으로 생각하시는데, 제가 아는 멘사 친구들만 봐도 전혀 그렇지 않습니다. 그냥 다른 모임에서 만나는 사람들과 똑같았어요.

저는 시그 활동이나 분과 활동을 통해 멘사의 다른 회원들과 어울릴 기회가 상당히 많았어요. 그런데 그렇게 몰려다니면 사람들이 멘사라고 무언가 다르게 보긴 했습니다. 멘사 사무실 근처 식당에 가서 대여섯 명이 앉아 있었는데, 사장님이 우리 자리를 가리키며 "여기가 멘사라고 천재집단이여."라고 하며 지인분들한테 자랑하던 게 아직도 너무 민망한 기억으로 생생히 남아 있어요. 그런데 저는 내부에서 아무리 관찰을 해봐도 멘사라고 특별히 다른 게 무언인지 잘 모르겠더라고요. 천재라고 하기에는 너무 평범하기도 하고, 심지어 공부를 못하는 친구들도 굉장히 많았어요.

그런데 멘사 활동을 1년여 하다 보니 한 가지 재미있는 공통점을 발견했습니다. 멘사 회원들은 대부분 무척 산만하다는 것이었어요. 10여 명이 모여 회의를 하면 도무지 회의가 진행되지 않는 거예요. 두세 명씩 무리지어서 계속 딴 이야기를 하고 회의에 집중을 하지 않거든요. 대화를 하다가도 "그런데 무슨 이야기하다가 여기까지 갔지?"라는 물음을 서로에게 할 때도 많았고요.

멘사는 어떻게 질문하는가?

진짜 재미있는 점은 이 친구들은 자신이 관심이 있거나 좋아하는 것을 할 때는 엄청난 집중력을 발휘한다는 거예요. 한번은 한국에서는 아직 발매되지 않은 게임을 사무실에서 하는 친구가 있어서, "이거 무슨 게임이야?" 하고 물었는데 대꾸도 안 하더라고요. "야, 이건 무슨 게임이냐고?"라고 두 번째 물었는데도 여전히 무시해서, 약간 화가 나 조금 세게 어깨를 툭 치며, "무슨 게임이냐고?" 하고 물었습니다. 게임 이름이 궁금하다기보다는 저를 무시하는 태도가 너무 마음에 안 들어서 화를 좀 낸 거죠. 그러자 그 친구가 잠에서 깬 듯이 "어, 형 왔어?" 하면서 알아보는 겁니다. 게임에 집중하느라 사람이 들어오는 것도, 옆에서 말을 거는 것도 몰랐던 거예요. 이 친구는 조금 더 특이한 경우지만, 멘사에는 이렇게 자신이 좋아하는 분야나 행동에는 엄청난 집중력을 발휘하는 친구가 많았어요. 아마 집중력 총량의 법칙 같은 것이 있어서, 평소에는 산만하게 행동하다가 자신의 지향에 맞는 분야에 집중력을 쏟아내는 게 멘사 친구들의 공통점이 아닐까 하는 것이 당시 저의 결론이었습니다.

그래서 누군가 "멘사는 어떤 게 달라?"라고 물어보면 저의 대답은 '머리가 좋다'가 아니라, '집중력이 좋다'입니다. 멘사에 들어올 때는 시험을 봐야 하는데 그 시험을 볼 때도 집중력이 발휘된 것이겠죠. 제가 멘사 활동을 한 것은 주로 대학생 때여서, 같이 활동하던 또래 친구들도 사회화가 좀 덜 된 상태였어요. 그래서 자신이 좋아하는 것에만 집중력을 발휘하고, 그렇지 않은 것에는 반대급부로 무척 산만한 편이었습니다.

그런데 이제 사회화가 좀 된 사람들은 자신이 좋아하지 않는 일에도 집중력을 조절할 수 있으면, 꽤 좋은 성취가 나오기도 해요. 저에게는 쓰는 일이 그렇게 집중력을 발휘하는 일이 됩니다. 어떻게 책을 그렇게 빨리 쉽게 쓰냐는 말을 많이 듣는데, 쉽게 쓰는 것은 아니에요. 다만 굉장한 집중력을 발휘하는 거죠.

그래서 '멘사는 어떻게 질문하는가?'를 물어본다면 집중이라고 말할 수 있습니다. 자신이 주목한 일에 집중하면 그에 대해서 자세하고 깊게 파게 되고, 그 과정에서 질문이 파생됩니다. 들어가면 들어갈수록, 알면 알수록 궁금증이 새록새록 생기기 때문이죠.

5 Why 기법

꼬리에 꼬리를 물고 집중해서 깊게 파는 것이 멘사의 질문법이라고 할 수 있습니다. 꼭 남에게 질문을 한다기보다 스스로 사고할 때도 바로 이렇게 자신에게 꼬리에 꼬리를 물고 질문함으로써 효과적으로 문제의 핵심에 가닿게 되는 거죠.

이렇게 질문을 거듭하다 보면, 표면적인 분석을 넘어서 문제나 사건의 본질에 접근하게 되는 경우가 생깁니다. 이런 원리와 비슷한 것이 문제해결능력에서 나오는 5 Why 기법입니다. 문제가 발생했을 때 그 원인을 물어보는 Why를 시전하는데, 그것이 한 번으로 그치는 것이 아니라 5번 정도는 이어지는 것입니다. 원래는 토요타 자동차 공장에서 적용한 생산관리 시스템인 토요타 프로덕션 시스템 TPSToyota Production System[3]에서 나온 기법이에요. 꼬리에 꼬리를 무는 질문을 통해 좀 더 근본적인 원인에 가닿게 되는 거죠. 겉원인에 속으면, 해결책을 시행해도 효과가 없게 돼요.

코브라 역설Cobra Paradox이라는 것이 있습니다.[4] 영국의 식민지 시절 인

끊임없이 Why를 떠올리는 모습.

도에서는 코브라에 물려 죽는 사람이 많았습니다. 그러자 총독부에서는 코브라를 잡아오는 사람한테 보상금을 지급했어요. 처음에는 총독부의 의도대로 코브라의 개체 수가 줄었어요. 하지만 곧 코브라의 개체 수가 갑자기 늘어났습니다. 그런데 보상금은 보상금대로 계속 나가고 있었거든요. 어떻게 된 일인가 알아보니, 사람들이 코브라를 사육해서 보상금을 받아간 거예요. 코브라 개체 수를 줄이려고 낸 해결책이 오히려 코브라의 개체 수를 늘리게 되었죠.

그래서 총독부는 보상금 제도를 폐지했는데, 코브라를 사육해봤자 돈을 벌 수 없다는 것을 알게 된 사람들은 코브라를 그냥 길에 내다 버렸어요. 결국 코브라의 개체 수는 제도를 시행하기 전보다 더 늘어났다고 합니다. 이게 코브라 역설이라는 것인데요, 어떤 문제를 해결하기 위해 시행한 정책이 오히려 그 문제를 심화하고 악화하게 되는 현상을 말해요. 어설프게 문제의 원인을 찾아서 그 현상적인 것만 제거하면 문제를 해결하기는커녕 또 다른 문제를 불러들이게 되는 것이죠. (이 경우에는 코브라가 정력에 좋다는 소문을 권위 있는 의사의 입을 빌려 퍼트렸으면 더 좋은 효과가 도출되었을 겁니다.)

제퍼슨 기념관의 외곽 조명을 2시간 정도 늦게 켜는 이유

꼬리에 꼬리를 무는 질문은 현상의 속과 안을 들여다보게 해줍니다. 그때그때 다른 질문을 할 필요도 없이 단순하게 Why를 다섯 번만 외쳐도 됩니다. 미국 워싱턴에 있는 제퍼슨 기념관의 대리석 외벽은 쉽게 부식된다는 문제가 있었어요. 그래서 이 문제를 해결하려고 그 원인을 살펴보니 비누청소를 자주 해서 그렇다는 것입니다. 그러면 비누청소를 그만두면 이 문제가 해결될까요? 여기서 한 번 더 Why를 넣어봅니다. '그러면 왜 비누청소를 자주 하는가?' 하는 거죠. 비둘기 배설물이 많아 지저분해서예요. 그러니까 비누청소를 그만두면 외벽의 부식은 막겠지만, 외벽이 지저분해지는 것은 감수해야 하는 것이었죠.

그런데 여기서 그치면 벽에 부딪힌 거라서요, 다시 Why를 넣어봅니다. '왜 비둘기들의 배설물이 많을까?' 여기에 대한 답은 비둘기들의 먹잇감인 거미가 많아서였어요. 그럼 또 Why를 넣는 거죠. '거미가 왜 많

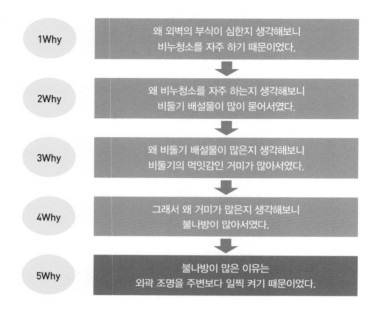

지?' 불나방이 많아서 이 불나방을 잡기 위해 거미가 많은 것이었습니다.

마지막으로 다시 Why를 넣어요. '불나방이 왜 많을까?' 이유는 외곽의

조명을 일찍 켜서였어요. 그래서 제퍼슨 기념관의 해결책은 외곽 조명을

2시간 정도 늦게 켜는 것이었고, 이것으로 대리석 외벽이 부식되는 문제

를 해결했습니다.[5]

도식적으로라도 Why를 다섯 번 외치기

이렇게 도식적으로 Why를 다섯 번만 외쳐도 근본적인 원인에 가닿을 수 있고, 그렇기 때문에 본질적인 해결책을 찾을 수 있습니다. 어떤 문제나 생각, 관심 등에 계속적으로 의문을 갖고, 조금 더 질문하고, 한발자국 더 나아가면 더 본질적으로 이해하게 돼요. 그래서 꼬리에 꼬리를 무는 질문의 방법은 집요하거나 집착하는 태도가 아니라, 집중하고 집약하는 자세인 것이죠.

그리고 다섯 번의 Why라고 수치를 정해놓은 것은 문제해결의 기법에서 그렇다는 것이지, 우리가 생각하거나 스스로에게 질문을 던질 때 이 숫자에 구애받지 않아도 됩니다. 꼬리에 꼬리를 물다가 어느 순간 물 꼬리가 없을 때까지 질문을 이어가면 되는 거죠.

왜 다이어트에 자꾸 실패할까? → 먹을 것을 못 참아서다. → 왜 참지 못할까? → 너무 쉽게 배달로 시켜 먹을 수 있어서다. → 왜 배달이 쉽지? → 배달앱의 VIP 고객이어서 그렇다 → 배달앱을 지워야겠다.

---

(3) ———— 똑똑한 사람이 질문하기 전에 생각하는 것

똑똑한 사람 하면 생각나는 사람은?

자신이 아는 사람 가운데 '똑똑한 사람' 혹은 '스마트한 사람'을 생각해보세요. 어떤 사람들인가요? 그 사람이 똑똑하다고 생각하는 이유를 한번 적어볼까요? (자기 자신이 똑똑하다고 생각하면 자신의 이름을 적어도 됩니다. 대신 이유는 확실하게 찾으셔야 하고요.)

좀 비슷비슷하지 않나요? 사람마다 자신이 생각하는 똑똑한 사람이 누구인지는 다 다르겠지만, 똑똑한 사람이라는 수식어에서 연상되는 이미지는 아마 비슷할 겁니다.

우리가 서로 아는 인물 중에 똑똑한 사람을 한번 찾아보면 제일 먼저

이름	이유

생각나는 사람은 아무래도 셜록 홈스입니다. 탁월한 관찰력, 논리적 사고, 냉철한 추리능력을 갖추고 여러 사건을 해결하는 탐정입니다. 사건의 포인트를 짚는 능력이 탁월하죠.

사건의 핵심을 놓치지 않고 본질을 찾아내는 면에서 보면 에르퀼 푸아로나 소년탐정 김전일 같은 탐정들도 떠오릅니다. 애거서 크리스티의 대표작 중 하나인《ABC 살인 사건》은 이름이 A로 시작하는 도시에서 이름이 A로 시작하는 사람이 살해되고, 그다음에 이름이 B로 시작하는 도시에서 이름이 B로 시작하는 사람이 살해되는 연쇄살인을 다루고 있어요. C 도시의 C, D 도시의 D 하는 식으로 살인이 이어지는데, 경찰이나 언론은 무차별하면서도 질서가 있는 이 살인 행각을 미친 사람의 소행으로만 간주하는데, 에르퀼 푸아로 탐정의 생각은 달랐죠. '숨겨진 이유가 무엇인가?', '왜 범인은 이렇게 떠들썩하게 살인을 벌이는 것일까?'를 생각하죠. 결국 진범은 이렇게 살해된 사람 중에 오직 한 사람에게만 진짜 살해 동기가 있었다는 것이 밝혀집니다. 그런데 만약 한 사람만 죽이면 살해 동기를 조사하는 순간 자신의 정체가 들통 날 수 있으니 ABC 순서로 일어나는 연쇄살인이라는 숲에 자신이 목표로 하는 나무 한 그루를 감춰버린 거예요.

에르퀼 푸아로는 사건의 저의와 핵심을 놓치지 않았죠. 에르퀼 푸아로가 처음부터 끝까지 중심에 둔 질문은 '살인이라는 번거롭고 위험한 행동을 굳이 ABC 순서에 맞춰서 하는 이유가 무엇일까?'였습니다.

소설이자 영화인 《해리 포터》 시리즈의 히로인 헤르미온느 그레인저 역시 똑똑한 사람이라고 할 수 있습니다. 해리 포터는 정의감이 넘치고 용감한 사람이긴 해도 똑똑한 사람이라는 이미지는 크지 않은데, 헤르미온느는 당차고 독립적이며, 무엇보다 학업성적도 우수하면서 일상생활에서도 똑 부러지는 이미지입니다. 헤르미온느는 문제해결능력이 뛰어나며, 새로운 상황에 재빨리 적응하고 그에 맞는 해결책을 찾습니다. 그리고 상당히 실용적인 사고를 하는 캐릭터이기도 한데요, 그렇다는 얘기는 맥락 파악, 상황 파악에 뛰어난 사람이라는 것이죠.

핵심과 맥락, 소셜 스킬

앞에서 직접 생각하신 똑똑한 사람들이나 몇몇 콘텐츠에서 나온 똑똑한 캐릭터들을 종합해보면 똑똑한 사람은 일반적으로 지능이 높고 머리가 빠르게 돌아가는 사람이라는 것을 알 수 있습니다. 그런데 단순히 머리가 좋은 게 전부가 아니라, 그 빠른 머리 회전을 핵심을 파악하거나 전체 맥락을 파악하는 데 씁니다. 혼란스러운 상황에서도 전체의 흐름을 놓치지 않고 필요할 때 정확하게 맥을 짚어요.

이성적, 논리적 사고가 앞서다 보니 차가운 면도 있지만, 약간의 감성적인 면이 보이면 똑똑함에 매력까지 더해집니다. 비판적 사고, 분석적 사고, 감성 지능, 그리고 다른 사람들과의 효과적인 의사소통 능력까지 포함되어 똑똑하다는 이미지가 형성돼요. 똑똑한 사람은 다양한 상황에서 유연하게 대처하고, 지식을 실용적으로 적용할 수 있는 능력을 갖춘 사람이라고 할 수 있어요.

가장 중요한 포인트는 핵심과 맥락입니다. 너무나 아는 게 많은 사람이지만, 상대방이 원하지 않을 때도 그 상식을 주저리주저리 늘어놓으면 그냥 아는 게 많은 사람이지 스마트한 사람이라고 하지는 않습니다. 그렇다면 스마트한 사람, 똑똑한 사람은 상황과 조건, 핵심과 의중 같은 것을 빠르게 파악하고, 그것을 적절하게 활용하는 사람이라고 할 수 있는 거죠. 지식과 통찰력이 있는 사람이 센스까지 갖췄을 때 우리는 '저 사람 진짜 똑똑하다'라고 말하는 겁니다.

또한 남들이 못 보는 이면의 모습, 겉으로 드러난 현상에 숨어 있는 저의 등을 잘 파악하는 사람에게도 똑똑하다는 표현을 씁니다. 그렇다면 똑똑하다는 특징은 사건이나 상태의 핵심과 원리를 파악하고, 그것의 이면의 모습이나 활용을 예측하는 인사이트를 가진다는 것입니다.

질문의 내용만 봐도 그 질문을 하는 사람의 수준을 알 수가 있죠. 질문

질문을 통해 인사이트를 보여줄 수도 있다.

이 핵심을 찌르고, 맥락에 잘 맞는지를 보고 똑똑함의 정도를 느낄 수가 있으니까요. 핵심과 맥락을 담은 질문은, 질문하는 사람의 인사이트를 고스란히 투영합니다.

똑똑한 사람은 자신의 질문이 맥락에서 벗어나는가?, 핵심을 꿰뚫고 있는가?, 무엇보다 상황에 적절한가? 같은 부분을 생각합니다. 그런데 여기서 상황에 적절한가를 체크한다는 것은 질문에도 소셜 스킬이 필요하다는 얘기나 마찬가지입니다. 핵심을 물어본다고 상대방의 기분과 상황, 인격을 무시하고 기계적으로 질문하면 좋은 대답을 들을 수 없겠죠. 말 한마디로 천냥 빚을 갚는다고 하는데, 자신이 똑똑하다고 생각하는 사람 중에는 말 한마디로 만냥 빚을 얻는 사람이 꽤 있어요. 그리고 예전에는 똑똑한 사람을 지나치게 차갑고 냉정하게 그리며, 소셜 스킬이 없는 것을 오히려 더 똑똑한 느낌으로 그리기도 했습니다. 셜록 홈스나 마블 〈아이언맨〉의 주인공 토니 스타크처럼 말이죠. 하지만 사회적 상호작용이 중요해진 요즘에는 소셜 스킬 여부도 똑똑한 사람의 중요한 요소입니다.

똑똑한 사람이 질문하기 전에 생각하는 것

똑똑한 사람은 질문을 하기 전에 어떤 것을 생각할까요? 크게 보면 핵심과 맥락입니다. 전체 흐름의 맥락을 파악해야 핵심을 짚어내는 것이 가능하죠. 그렇게 보면 핵심과 맥락은 다르게 표현한 같은 말이라고 할 수 있어요. '지금 가지고 있는 이 질문이, 전체 흐름에서 핵심적인 사항을 물어보고 있나?'를 기본적으로 체크해야 하는데요, 반면에 질문을 통해 핵심의 윤곽이 잡히고 맥락이 표면적으로 드러나게 될 때도 있습니다.

그래서 똑똑한 사람은 대화를 하거나 생각을 할 때, 그 맥락을 놓치지 않습니다. 대화를 하거나 혼자 생각을 하다가 '여긴 어디? 나는 누구?'라는 상태에 빠지지 않도록 계속 맥락과 핵심을 생각해야 합니다. 이러한 상태가 기본자세라면 구체적 스킬로 똑똑한 사람이 질문을 하기 전에 생각하는 것을 단계적으로 체크해볼게요.

1단계 – 질문의 목적을 정의하기

질문을 하는 목적이 정보를 얻기 위해서인지, 상대방의 의견을 알기 위해서인지, 또는 토론을 촉진하기 위해서인지 결정해야 합니다. 이 목적에 따라 뉘앙스나 질문의 자세 등이 바뀌니까요. 팀장님이 팀원들에게 "오늘 점심으로 중국집 어떨까?"라고 물으면 팀원들은 점심 메뉴가 중국집으로 결정되어 통보되는 것이라고 느낄 수밖에 없습니다. 사실 이렇게 물어보는 것 자체가 중국집 가자는 얘기긴 하죠. 실제로 팀원들의 의견을 묻기 위한 질문이고 자신은 그냥 중국집을 이야기한 것이지 다른 메뉴여도 상관없다면, 질문의 형태가 "오늘 점심 메뉴 어떤 게 좋을까?" 정도로 바뀌어야 합니다. 질문의 목적에 따라 질문의 형태가 바뀌는 것이죠.

2단계 – 배경지식 검토하기

질문에 담고 있는 지식이 올바른 것인지, 그리고 확실한 것인지 검토합니다. 서칭으로 질문의 수준을 보충할 수 있으면 좋은데, 그렇지 않다면 모호한 지식 부분은 빼고 질문을 구성하는 것이 좋습니다. 틀린 지식을 바탕으로 한 질문은 좋은 답을 이끌어내기 힘들거든요.

3단계 – 질문의 구체성 결정하기

질문이 구체적일수록 답의 유용성도 증가합니다. 대신 질문이 틀릴 확률도 높아지긴 하죠. 그래도 모호한 질문은 모호한 대답만 얻을 뿐이어서, 알 수 있는 한, 할 수 있는 한 구체적으로 질문을 구성하는 것이 좋습니다. '달은 지구를 공전하는가?'라는 질문보다 '달은 지구를 28일 주기로 공전하는가?'라는 질문이 조금 더 구체적이고 정보로서의 가치가 높아요. 대신 틀릴 여지가 더 있는 거죠.

4단계 - 상대방 입장 고려하기

상대방의 지식 수준, 관점, 감정 상태 등을 고려하여 질문의 방식과 내용을 조정합니다. 때로는 질문이 궁금해서 하는 것이 아니라 자신의 지식을 자랑하려고 행해지는 때도 있습니다. 최악의 질문이라고 할 수 있어요. 궁금한 것을 알게 되지도 않고 상대방에게는 반감만 사게 됩니다. 상대방의 입장을 고려하지 않은 것이니까요. 예전에 '경제 읽어주는 남자' 김광석 교수와 방송으로 경제에 관한 인터뷰를 한 적이 있는데, 제가 맥락에서 벗어나지만 조금 더 깊숙한 질문을 했어요. 그랬더니 김광석 교수가 무척 곤란해하며 '그런 식으로 잘난 척하는 질문은 자제해달라'고 하더라고요. 그렇다고 공격적인 어조로 말한 것은 아니었고, 개인적으로 친한 사이다 보니 농담처럼 말한 것이긴 한데, 인터뷰 맥락에서 보면 확실히 사족 같은 질문이긴 했어요. 저는 진짜 궁금해서 물어본 것이지만, 전체 맥락에서 벗어나는 더 깊이 들어가는 질문은 상대방 입장에서는 적절하지 않게 느껴질 수 있었던 것이죠. 이런 것도 질문을 하기 전에 상대방의 입장을 고려해야 하는 이유가 될 것입니다.

5단계 - 질문의 타이밍 가늠하기

적절한 타이밍에 질문하는 것이 중요합니다. 질문의 타이밍은 상황과 맥락에 따라 달라질 수 있습니다. 긴박한 순간에 본질적이고 원론적인 질문을 해봤자, 적합한 대답을 듣기 어렵습니다. 반면에 평온한 상황에서 Yes or No의 질문을 할 이유가 없죠.

6단계 - 답변 예측하기

질문에 대한 예상 답변을 미리 생각함으로써, 질문이 유도하려는 대화의 방향을 예측할 수 있습니다. 이는 대화를 더 효과적으로 이끌 수 있게 해줍니다. 그리고 이러한 점검은 자신의 질문에 대한 평가도 될 수 있습니다. 질문에 답변하기 무척 어려울 것 같다든가, 아니면 너무나 뻔하고 쉬운 답변이 예상된다면 그건 질문의 수준에 문제가 있는 거죠.

7단계 - 대안 질문 준비하기

원하는 정보를 얻지 못할 경우를 대비하여 대안적인 질문을 준비합니다. 이는 대화가 막히거나 예상치 못한 방향으로 흘러가는 경우에 대비하는 전략입니다. 은유적 질문이어서 알아듣지 못했다면 좀 더 직접적으로 묻고, 너무 직접적이어서 차마 대답하기 힘들어하면 간접적으로 물을 수 있습니다. 예를 들어 "타임머신을 타고 과거로 간다면 언제로 돌아가고 싶나요?"라는 질문을 받았다면 이 질문이 내포하는 것은 "과거에서

똑똑한 사람이 질문하기 전에 생각하는 것.

제일 기쁘거나 후회되는 순간이 언제인가요?"일 겁니다. 그런데 이런 속 뜻을 알아채지 못해서 상대방이 그에 합당한 대답을 하지 못하는 경우가 생길 수도 있습니다. "공룡시대로 가서 티라노사우루스와 인증샷 찍고 싶어요."처럼 말이죠. 그럴 때는 아예 직접적으로 "과거에서 제일 후회하 는 순간은 언제인가요?"라는 식으로 물어야 하는 겁니다.

이것이 바로 똑똑한 사람이 질문하기 전에 생각하는 것들입니다. 질문법뿐 아니라 사고하는 방법도 이와 다르지 않습니다. 질문을 자기에게 향하면 그게 사고가 되고 생각이 되는 것입니다. 정성스러운 질문은 정성스러운 답을 유도합니다.

물음표형 뇌로
세팅하는 법

뭐더라?

호주에서 배낭여행을 할 때였어요. 멜버른에서 배낭여행을 하던 한국인 몇 명이 우연히 같은 게스트하우스에 묶게 되면서, 저녁에 가벼운 맥주 파티가 벌어졌어요. 이런저런 이야기를 하다가 갑자기 무리 가운데 한 사람이 자신이 예전에 미팅한 사람과 패밀리 레스토랑에 갔다고 얘기하면서, "그 왜 그 레스토랑 있잖아? 신촌에 있고 하얀색 바탕에 빨간색 띠처럼 되어 있는 로고 가진 그 레스토랑?"이라고 하는데, 거기 있던 5명 모두 뭔지는 아는데 이름이 생각나지 않는 겁니다. 말하던 사람이 '미팅한 사람과 패밀리 레스토랑에 갔다'는 이야기를 하다가 나온 거라, 맥락상 그 레스토랑 이름은 사실 전혀 중요한 게 아니었거든요. 그런데도 5명은 갑자기 잡담을 멈추고 거의 5분간 "뭐더라?"를 외치다가, 결국 한국에 전화를 걸기로 했습니다. 가위바위보에 진 제가 한국 친구에게 전화를 걸었는데, 문제는 그 시간 한국은 한밤중이었다는 거죠. 친구에게 모처럼 전화를 걸었더니 자다가 받더라고요. 그 친구는 잠결에 전화를 받았는데 호주에 배낭여행 간 친구가 수화기 반대편에서 급하게 자기를 찾으니 큰일이 난 줄 알았답니다.

그런데 친구가 전화를 받자마자, 제가 "신촌에 있고 하얀색 바탕에 빨간색 띠처럼 되어 있는 로고 가진 그 레스토랑이 뭐지?" 하고 물었어요. 잠결에도 친구는 "T.G.I. 프라이데이 말이야?" 하고 말했는데, 그게 유일하게 통화에서 말한 내용이었어요. 제가 바로 전화를 끊어버렸거든요. 그래서 나중에 그 친구에게 욕을 좀 먹었습니다. 그래도 그 친구 덕에 5명의 궁금증은 일거에 해결되어 이어지는 맥주 파티를 편한 마음으로 즐길 수 있었죠.

물음표의 힘

물음표의 힘은 생각보다 강력합니다. 글을 시작할 때 물음표로 시작하는 것은 상당히 촌스러운 일이라고 하긴 하는데, 아는 맛이 무섭다고 그만큼 강력한 효과를 발휘해요. 유튜브 섬네일 같은 경우가 그런 효과를 노

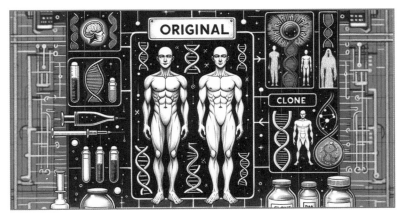
복제인간이지만 원본과 다를 수도 있다.

리고 흔히 제목을 짓죠. 신문기사도 마찬가지고요. '복제인간은 정말 원본과 똑같이 생겼을까?'라는 질문을 보면, 복제인간에 전혀 관심이 없던 사람도 '그럼 아니야?'라는 의문이 생길 수밖에 없죠. 한번 의문이 생기면 기사든 영상이든 그에 대한 답이 나올 때까지 봐야 하고요. (여기에 대한 답을 하지 않았다가 궁금증 때문에 잠을 못 이루시는 분이 있을까 봐 알려드리면, 모계에 있는 미토콘드리아 유전자 때문에 반드시 똑같지는 않을 수도 있다고 합니다.[6])

질문이 있다는 것은 그 일이나 생각에 의문을 가진다는 뜻입니다. 보통 모든 발전은 바로 이런 의문에서 시작돼요. '조금 더 편한 방법은 없을까?', '조금 더 효율적으로 할 수는 없을까?' 하는 생각이, '어떻게?'라는 질문으로 연결되면서 발전하는 거거든요. 그런데 '질문이 없다'라고 한다면 그건 현 상황에 만족한다는 것이니까, 지금 주어진 상황을 유지하고자 하는 관성이 작용하게 됩니다. 변화가 없는 삶이 지속되는 거죠.

만약 모든 사람이 그런 성향이었다면 신과 왕이 지배하던 중세 사회가 아직도 계속되고 있을 것입니다. 특정 소수가 모든 부와 권력을 독점하던 계급 사회에 대해 질문을 제기하지 않았다면 말이죠. 그랬다면 이 책을 읽고 계시는 분들 중 반은 아마 노비일 겁니다. 조선 초의 기록들을 보면 노비의 비율을 80~90%부터 못해도 50%까지라고 남긴 기록이 꽤 보입니다.* 1663년 호적에 따르면 한성의 노비는 인구의 73% 정도 되었다고도 해요.[7] 시대를 선동하는 몇 명이 이런 신분제 질서에 질문을 제기하고 그에 동조하는 사람들이 행동하여, 다행히 지금의 우리는 나무를 패거나 주인마님의 세수 시중을 들지 않아도 되는 자유인으로 살고 있는 거죠.

인간은 원래 변화를 싫어한다

그런데 인간은 원래 변화를 싫어해요. 인간뿐 아니라 모든 생물체의 특징이기도 한데요, 지금 익숙한 상황에 적응을 했고, 그런 행동 때문에 포식

---

* 조선 전기 학자 이심원은 "백성 가운데 노비가 팔, 구 할이나 된다."라 했고, 같은 시기 《용재총화》를 남긴 문인 성현은 "인구 가운데 노비가 거의 절반이다."라는 글을 남겼다.

자에게 잡아먹히거나 하지 않았으니까 나름 안전한 생활의 프로세스를 마련해놓은 거잖아요. 이 검증된 울타리에서 벗어나면 어떤 포식자에게 노출될지, 어떤 자연의 위협을 마주하게 될지 알 수 없습니다. 그러니 특별히 생존에 큰 위협이 없다면 하던 대로 하는 것이 가장 안전한 길이죠.

역사의 발전을 위해, 그리고 개인의 발전과 새로운 시대에 적응하기 위해서는 질문이 필요한데, 인간의 본성은 질문하지 않고 유지하려고 하는 것이니까, 우리의 뇌를 질문 상태로 만들려면 의식적으로 노력해야 합니다.

새로운 음료수가 편의점에 나와도, 평소 먹는 것만 먹는 분이 많죠. 새로운 음료 맛이 궁금하지 않은 거예요. 회사 출근길도 매번 가는 곳으로만 가고요. 근처에 카페가 새로 들어섰다고 해도 가던 곳만 갑니다.

프리랜서 분들은 카페에서 노트북을 켜고 일하시는 경우가 많은데, 이분들이 일하다가 막히면 다른 카페로 옮겨요. 뇌를 자극하기 위해 다른 분위기로의 변화가 필요하다는 거거든요. 이때 정말로 변화를 한번 주려면 독서실에 가본다든가, 고깃집 한가운데에서 노트북을 켠다든가, 놀이공원 벤치에서 일한다든가 하는 것이 진짜 색다른 분위기를 가져올 겁니다. 하지만 카페에서 일한다는 기본값에 어느 카페냐만 다르게 적용할 뿐인 거죠.

이렇게 자기 일상생활에서의 변화도 쉽지 않은데, 조금 더 큰 차원에서의 변화는 더더욱 어렵습니다. 회사를 옮기는 일이나 집을 옮기는 것도 그렇고, 생활을 뿌리째 흔드는 변화는 가능한 한 지양합니다. 물론 금전적인 이유로 결국 이 변화를 따를 수밖에 없을 때도 있지만, 분위기를 일신해서 새로운 느낌으로 일하거나 생활하기 위해 회사를 옮기거나 집을 옮기는 경우는 많지 않으니까요.

그러니 한 나라의 정치, 문화, 사회 같은 변화는 그 사회 구성원에게 커다란 스트레스를 줍니다. 그래서 가능한 한 현재 상태에 머무르려고 변화에 저항하게 돼요. 한번 지지하는 정당을 계속 지지하는 것이나, 한번 응원하는 스포츠팀을 계속 응원하는 것이나 모두 이런 성향에 기인하는 것입니다. 사실 자신의 스포츠팀을 계속 응원하는 것은 문제가 없어요. 언젠가는 프로야구팀 한화나 롯데도 가을 야구를 하는 날이 오겠죠.

하지만 기술이나 비즈니스같이 실제적으로 생산과 소비처럼 돈이 왔다 갔다 하는 영역은 다릅니다. 새로운 기술이 나오고, 그 기술들이 사회 문화적인 인간의 생활 형태를 바꾸고, 그것이 가져온 변화에서 비즈니스 기회가 일어나거든요. 반대로 그 변화에 적응하지 못하면 순식간에 몰락의 길을 걷고요.

폴라로이드는 즉석카메라로 유명한 브랜드였지만, 지금 손안에 든 스마트폰이 즉석카메라 역할을 하면서 (심지어 DSLR처럼 작동하기도 하죠.) 순식간에 회사의 규모가 급격히 줄어들었습니다. 중요한 포인트는 폴라로이드 역시 초창기에 디지털카메라 기술이 있었다는 것입니다. 자사의 비즈니스 모델과 배척되는 기술이다 보니 활용하지 않은 것이죠. 비즈니

광산업을 하던 3M이 포스티잇을 만드는 회사가 되었다.

스 모델을 바꾸어야 한다는 과감한 변화를 생각하긴 어려웠으니까요.

하지만 역사적으로 보면 비즈니스 모델을 확 바꾼 기업이 100년을 넘게 장수하는 경우도 많죠. 미네소타 광업 제조사로 1902년에 시작한 미국의 기업은 현재는 초거대 다국적 기업으로 성장했습니다. 이름에서 보듯이 처음 시작은 광산업인데요, 지금의 주력상품은 포스트잇이라는 메모지입니다. 미네소타 광업 제조사의 영어 이름이 Minnesota Mining and Manufacturing Company인데요, 줄여서 3M이라고 부르죠.[8] 이 경우는 완벽한 비즈니스 모델의 전환이 100년 기업이자 글로벌 기업을 만들었다고 할 수 있어요.

한국에서도 주력 비즈니스를 과감히 전환해 큰 기업으로 성장한 예가 있는데요, SK가 대표적이죠. SK의 원래 이름은 선경입니다. 이걸 따서

SK가 되었는데요, 1953년 창업할 당시 회사 이름이 선경직물입니다. 섬유사업을 한 거예요. 그래서 SK 학생복 같은 것을 만들었거든요. 하지만 지금은 석유, 통신, 반도체 같은 것으로 유명하죠.[9] 주력사업이라는 이유로 과감한 전환이 늦었다면 지금처럼 대기업으로 발전하기는 힘들었을 거예요.

개인의 격차는 시간이 지날수록 벌어진다

이렇게 기업의 예를 들면 개인들은 재미는 있어도 자기 얘기처럼 잘 느끼지는 않습니다. '내가 회장이면 과감하게 혁신했을 텐데.'라고 생각하며 CEO들의 둔감함을 탓하기도 하죠. 하지만 막상 자신의 일이 되면 쉽지 않습니다. 사실 개인 차원에서도 변화하지 않으면 사회적 경쟁력 면에서 뒤떨어지게 될 일들이 계속 벌어져요.

최근 들어 특히 그런 변화가 눈에 띄는데요. 생성형 AI들이 업무에 사용되면서 회사 환경에 역사적 변화가 예고되고 있어요. 예들 들어 마이크로소프트사는 코파일럿이라는 프로덕트를 만들었어요. ChatGPT를 오피스 365와 결합해 워드나 PPT, 엑셀 같은 오피스 프로그램을 자동으로 작동하게 만드는 솔루션입니다. 코파일럿 단추만 누르면 워드로 제안서를 만들어줘요. '10개 만들어.'라고 명령하면 제안서 10개도 금방 만들어줍니다. '그 제안서를 PPT로 만들어줘.'라는 명령도 단추 하나로 수행하고 말입니다. 관련자들에게 이메일을 자동으로 보내달라고 하면, 관련자에 맞춰 각기 다른 내용으로 이메일을 작성해서 보내줍니다.

이렇게만 봐도 업무, 특히 행정 업무에서는 혁명적인 변화가 예상될수밖에 없는데, '나는 쓰던 게 편해.'라고 생각하면서 수동으로 이 모든일을 그냥 하면, 생산성 면에서 뒤떨어질 수밖에 없어요. 처음에 "코파일럿이 만들어주는 결과물은 퀄리티가 떨어져서 쓸 수가 없어." 하시면서안 쓰시는 분들이 있는데, 그런 것을 쓰시면서 그 결과물의 기본값에 자신의 경험과 경력을 붙여 그럴듯한 결과물을 산출해내는 것이 사람의 경쟁력이거든요. 그런 면에서 보면 코파일럿을 꾸준히 활용하면서 그 응용성을 만들어내는 사람과 그렇지 않은 사람의 차이는 시간이 지날수록 벌어지게 되는 거고요.

발전의 가속화 시대에 유지는 곧 쇠퇴와 같은 말

우리의 뇌는 가만히 놓아두면 잠자게 됩니다. 호기심이 왕성한 사람도어느 정도 범위 안에서 호기심 탐색을 끝내면 낯선 것에 대한 호기심을주머니에 집어넣기 시작합니다.

주변 환경에, 조건에, 상식에 의문을 갖고 계속 질문을 만들기 위해 노력해야 합니다. 현재의 상태, 정해진 프로세스, 해야 하는 일 같은 것에의문을 품고, 그 의문의 핵심을 드러내는 질문을 만들고, 그 질문에 대한 답을 도출해가는 것이 생존의 길입니다. 지금의 아이들이 미래를 위해 받아야 하는 교육이기도 하고요.

요즘 같은 발전의 가속화 시대에 유지는 곧 쇠퇴와 같은 말이 되어버리거든요. 어제와 오늘이 변함없어 보인다고 안심하지 마시라는 거죠. 올해와 내년은 확실히 다르니까요. 미세한 차원에서의 변화를 느끼지 못한다고, 세상이 변화하지 않는 게 아닙니다. 하루하루의 변화는 미세하지만, 그것을 모아서 1년여만 놓고 봐도 완전히 다르거든요. 자신이 서서히 끓는 물 속에 들어 있는 개구리임을 빠르게 눈치채신 분은 폴짝 뛰어올라 그 위기를 벗어나지만, 후끈해지는 목욕물에 몸이 노곤해져 주저앉는 개구리는 그것이 곧 마지막으로 느끼는 감각이 될 것입니다.

질문하는 뇌로 뇌구조 바꾸기

그렇다면 다시 태어나는 것 말고, 우리의 뇌를 질문하는 뇌로 세팅하는 방법은 어떤 것이 있을까요? 뇌가소성이라는 개념이 있어요. 뇌세포와 뇌 부위가 유동적으로 변하는 것을 뇌가소성이라고 합니다. 뇌의 구조와 구성이 후천적으로 바뀐다는 얘기예요. 뇌는 선천적이라 변할 수 없다고 생각하시는 분이 많은데, 사실 그렇지 않다는 거죠. 심지어 유전자조차 후천적으로 획득된 것이 후대에 전해진다는 후성유전학도 있습니다. 후천적인 습관과 변화가 유전자에 실려서 전달된다는 겁니다.

그러니 우리의 노력과 의지로 생물학적으로 타고난 한계나 구조도 바꿀 수 있습니다. 질문하는 자세 역시 마찬가지죠. 본능적으로는 질문보다는 순응을 하는 편인 인간은 노력과 의지로 질문하는 뇌로 바꾸어야 하는 것입니다. 그렇다면 우리의 뇌를 리모델링하기 위해서는 어떻게 해야 할까요? 다음의 4가지 질문이 유용합니다.

- 뭐야? (탐구의 열정)
- 진짜? (비판적 사고)
- 좀 더? (문제해결적 사고)
- 왜? (이유, 분석) Why-사실은? (이면에 대한 통찰)

이 질문들에 대해 구체적으로 말씀드릴게요.

① 뭐야?

먼저 호기심의 텐션을 높이는 것입니다. 사람의 텐션을 높이라는 게 아니에요. 외향형의 사람이 유리하겠구나 하고 생각하실 필요가 없다는 거죠. 오히려 하나의 대상을 집중해서 파고들어 질문을 이어간다는 면에서는 집중을 잘하는 내향형 사람에게 더 유리할 수도 있는 일이 호기심의 텐션을 높이는 것입니다.

주변의 모든 일에 의문을 가져보는 거죠. 일부러요. 내향성인 사람이 영업 직무를 맡으면 외향적인 성격으로 보이기 위해 일부러 노력하잖아요. 호기심의 텐션도 일부러 만들 필요가 있습니다. 궁금해하는 거죠. 전혀 접해보지 못한 이국적인 음식의 맛, 편안한 여행이 아니라 전혀 모르던 루트의 여행, 새로운 사람들, 새로 나온 음료 등. 새로운 경험을 하기 위해 노력하는 것입니다. 그냥 의무적으로 새로운 것을 해보자는 체험일 뿐이라고만 생각하지 말고, 이런 경험을 하기 전에 먼저 '무슨 맛일까?', '어떨까?'라는 두근두근하는 호기심의 감각을 떠올려보세요.

드라마 이야기의 뒤편을 궁금해하면서 다른 사람들과 같이 이야기를 나눠보거나, 노래 가사를 내가 쓴다면 어떻게 쓰겠다거나, 새로운 기술이 나오면 저걸 써서 내 일에 적용해보고 싶다거나 하는 생각을 의식적으로 하자는 거죠. 이런 욕망은 실제 행동해보는 상상으로 발현될 수 있어요. 앞서 코파일럿의 이야기를 설명했는데, '그런가 보다', '신기하네' 하고 생각하시는 선에서 그치시는 분이 있고, '그런 게 있으면 내 일에 이렇게 쓸 수 있겠군' 하고 생각해보시는 분이 있을 거예요.

이렇게 새로운 것을 자신과 관련된 것에 디테일하게 적용해보시는 분은 그 적용과정에서 호기심이 생길 수밖에 없습니다. 그러니 새로운 것에 대한 지향, 그것의 디테일한 적용, 그 과정에서의 호기심, 다양한 변주와 반복이라는 구체적 액션을 통해 우리는 호기심 많은 사람의 뇌를 가질 수 있게 되는 것입니다. 그래서 호기심의 텐션을 의식적으로 높이려고 노력하는 것이 질문하는 뇌로 우리의 뇌를 세팅하는 방법이 됩니다.

② 진짜?

비판적인 사고입니다. 우리의 자세를 비판적으로 바꿔야 합니다. '긍정의 힘이 중요한데 그게 뭔 소린가?' 하시는 분도 있으실 텐데요, 비판적 사고는 부정적 사고와 같은 말이 아닙니다. 비판적 사고는 정보나 사실을 그냥 주어진 그대로 받아들이는 것이 아니라, '과연 그런가?'라는 자세로 다시 꼼꼼하게 따져보고 받아들여야 한다는 것입니다. 우리에게 주어진 새로운 생각이나 상황뿐 아니라 원래부터 당연하게 받아들이던 것도 '과연 그런가?' 하는 자세로 생각해보면 더 깊은 이해에 도달하게 되는 거죠.

늘 그렇게 해왔기 때문에 계속 하는 행동들이 단체에는 꼭 있습니다. 일종의 '전통'이라고 하기도 하고요, 아니면 '선배 때부터 늘 그렇게 했고 나도 그렇게 했으니 너도 무조건 그대로 따라.'라는 강압적인 분위기로 그 단체에 전해 내려올 수도 있습니다. 하지만 이제는 '지금까지 해왔기 때문에 계속 한다.'라는 말은 하지 말자는 거죠. 어제는 그게 맞았지만, '오늘도 맞나?'라는 생각을 해야 하는 거죠. 어제는 맞고 오늘은 틀릴 수 있거든요.

전통, 해오던 방식, 매뉴얼 등은 이 빠른 가속의 시대에 순식간에 뒤떨어진 방식, 심지어 잘못된 방식이 될 수 있어요. 간혹 운동선수의 학폭 문제가 터지는데요, 이들의 학창시절 때는 그게 문제가 되는 행동이 아니었던 거죠. 어떤 면에서 보면 학폭 때문에 문제가 된 운동선수는 억울할 수도 있어요. 그때는 그런 것이 용인되었거든요. 하지만 그때도 '어떤 이유에서라도 선배라는 이유로 후배에게 폭력을 가하는 것이 과연 맞는 일인가?'라는 비판적 사고를 했다면 그런 행동을 하지 않았을 수도 있었을 겁니다. '선배들이 그렇게 했다'는 이유로, '우리 운동부의 전통'이라는 이유로, 그리고 이게 제일 많은 이유인데요, '나도 그렇게 당했다'는 이유로 아무 의심 없이 잘못된 행동을 계승하는 겁니다. 그리고 지금에 와서 문제가 되는 거죠.

아무 의심도 없던 일을 의심해보자는 겁니다. 다만 비판적 사고는 사고로 그치는 것이 좋습니다. 비판적 언행으로 나오면 모든 말이 부정적으로 들리면서 사회생활하는 데 문제가 커집니다. "오늘 점심은 돈가스로 하지."라는 말에 대해 "과연 돈가스가 옳은 것인가?"라고 대꾸한다면 점차 동료들과의 대화에서 제외되는 자신을 발견하게 될 겁니다. 그렇다고 '돈가스 따위에는 비판적 사고를 하지 말자'라는 이야기는 아니에요. '과연 돈가스가 옳은 것인가?'라고 잠깐 생각을 해보니, 최근 한 달 동안 먹은 적이 없고, 이 근처 다른 밥집들의 메뉴는 조금 식상하기도 하고, 최근에 양식이 당긴다는 느낌을 가진 적이 있으며, 결정적으로 얼마 전 본 드라마 〈무빙〉에 나온 남산돈가스를 보고 돈가스 먹고 싶다는 생각을 바로 며칠 전에 한 게 기억이 나는 겁니다. 그러면 적절한 제안이잖아요. 이러한 사고 후에 그 제안을 한 사람한테 이야기하는 거죠. "와! 완전 베스트 초이스입니다. 너무 좋은데요."

비판적 사고는 질문하는 뇌를 세팅하고, 해당 주제를 더 깊이 이해하기 위해서 하는 것이지, 다른 사람을 비판하기 위해 하는 것은 아니라는 점을 명심하셔야 합니다.

③ 좀 더?

예전에 드라마 〈시크릿 가든〉에서 주인공 현빈은 재벌집 아들 역할을 꽤 매력적으로 소화해서 크게 화제가 되었죠. 그리고 거기 나온 몇몇 대사는 당대에 크게 유행어가 되기도 했는데요, 그중 아직도 기억하는 대사 중 하나가 "이게 최선입니까? 확실해요?"입니다.

결재서류를 가져온 임원에게 현빈이 서류를 들여다보지도 않고 묻는 말입니다. 그러자 임원은 서류를 주섬주섬 정리하더니 "다시 해 가지고 오겠습니다."라고 하고 물러나죠. 스스로 생각해도 최선은 아니었던 겁니다. 더 재미있는 것은 그다음에 다시 결재서류를 가지고 왔는데, 현빈이 또 물어요. "이게 최선입니까? 확실해요?" 하고 말이죠. 이번에는 그 임원이 자신 있게 이야기해요. "네, 이게 최선입니다. 확실합니다." 그러자 현빈은 여전히 서류를 들여다보지도 않고 사인을 합니다. 임원이 당황해서 묻죠. "아니, 내용은 안 보십니까?", "이게 최선이라면서요.", "네, 그렇습니다.", "그럼 됐죠."

물론 진짜 이런 상사가 있다면 조직이 잘 운영될지는 모르겠지만, 뭔가 매우 멋있는 느낌이잖아요. 까칠한 듯한데, 또 부하직원을 믿어주는 모습이기도 하고요. 하지만 어설프게 현빈을 따라 해서는 안 됩니다. 현빈이 하니까 멋있는 거지, 저 같은 사람이 하면 직무유기하는 상사가 되어버리는 거니까요.

우리가 여기서 따와야 할 것은 '이게 최선인가?' 하는 질문이에요. 더 나은 방법은 없을까, 개선의 여지는 더 없을까? 하는 질문을 계속 가지는 거죠. 어떤 방법, 방안, 해결책을 찾기 위해 더 나은 것을 고민하는 겁니다.

일을 시키면 편하게 하려고 잔머리를 굴리는 사람이 있어요. 예전에는 이런 사람을 지탄하는 분위기였지만, 최근에는 이런 사람이 각광받는 분위기예요. 어떤 일에 대해서 '더 나은 방법이 없나?', '더 편한 방법은 없나?'를 한 번 더 생각하는 사람이잖아요. 물론 이기적으로 자신에게만 좋고 남들에게 피해를 끼치는 방법을 택하면 안 되겠지만, 모두에게 더 나은 방안을 찾으려고 노력한다면, 이런 사람이 결국 기술을 발전시키고, 매뉴얼을 개선시키는 사람이 되는 것이니까요.

④ 왜? - 사실은?

모든 일에는 이유가 있습니다. 우리가 모를 뿐이죠. 인간은 어떻게든 이유를 찾고 싶어 하고, 모르면 억지로라도 그 이유를 만들고 싶어 합니다. 세계의 신화를 보면 재미있는 공통점이 있어요. 최고신의 역할이 거의 비슷하다는 것입니다. 많은 신화에서 번개나 천둥을 다루는 신은 최고신이거나 아니면 적어도 매우 높은 위치의 신이에요. 그 이유는 신화

가 대부분 자연현상을 의인화하거나 자연현상을 설명하려는 시도거든
요. 왜 수선화의 색깔이 저 색깔이며, 태양은 왜 매일 동쪽에서 떠서 서쪽
으로 지는지, 거미가 거미줄을 뽑아내는 이유는 무엇이며, 인간이 사랑
에 빠지는 이유는 무엇인지 신화가 설명해주고 있어요. 고대인들이 자연
과 사회를 이해하려는 시도가 바로 신화인 거죠. 우리가 지금 과학을 사
용하듯이 말이죠.

그렇게 주변을 설명하고자 하는 고대인들에게 가장 두려운 자연현상,
가장 설명하기 힘든 자연현상이 번개예요. 언제 어디서 갑자기 칠지 모
르는 게 번개잖아요. 워낙에 큰 임팩트를 주기도 하고요. 무엇보다 번개
가 한 번 치고 나면 나무가 불탄다든가, 집이 불타는 일이 발생하기도 합
니다. 피뢰침이 없던 시기니까, 지금보다 더 인간에게는 위협적인 현상

남유럽 신화의 주신 제우스나 북유럽 신화의 인기 신 토르는 모두 번개의 신이다.

이었거든요. 그래서 최고신이 번개가 된 겁니다. 그리스, 로마 신화의 제우스나 북유럽 신화의 토르가 번개의 신입니다.

이렇듯 이유를 설명하려는 것은 인간의 근원적인 욕구 중 하나예요. 주변 상황과 조건을 이해하지 못한 상태로 놓아두지 않습니다. 현상과 상황을 이해해야 그것이 우리의 생존과 번식에 도움이 되는지 아닌지 판단할 수 있으니까요. 그러니 설명의 범위에서 우리 주변을 파악하려는 인간의 시도는 사실은 생존을 위해 DNA에 새겨진 욕구라는 것이죠.

하지만 그 이유가 과연 맞는지는 모릅니다. 자신의 지식과 지혜 안에서 이해하다 보니 신화 같은 설명방식이 나온 겁니다. 더 깊이 이해하기 위해서는 조금 더 '왜?'에 천착해야 합니다. 겉보기에는 그런 이유지만, '진짜 이유는 무엇일까?'를 생각해보는 거죠. 명분은 알겠는데 '실제로는 왜?'라는 자세로 계속 숨겨진 이유에 대해 생각하는 자세가 또 질문하는 뇌를 만드는 것입니다. 실제 이유, 원인을 알아야 현상의 올바른 이해에 도달할 수가 있어요.

2장

상대에게
원하는 것을 얻어내는
질문의 기술

깨달음을 주는 것은 답이 아니라 질문이다.

−외젠 이오네스코

① ——— 논리만 앞세우지 말고, 공감으로 질문하라

네가 모른다는 것을 나는 안다

과학의 대표적인 아이콘이 아인슈타인이라면 철학의 대표적인 아이콘은 소크라테스죠. 그런데 놀랍게도 소크라테스는 자신의 저작이 없습니다. 《소크라테스의 변명》은 그의 제자인 플라톤의 저작이에요. 그러니까 소크라테스는 제자인 플라톤, 그리고 플라톤의 제자인 아리스토텔레스 같은 다른 사람들의 저작을 통해 역사 안에서 살아난 사람이에요.

소크라테스는 군인이기도 했죠. 조국 아테네를 위해 세 번이나 전쟁에 참여한 애국자인데요, 그런데 아이러니하게도 아테네의 대중은 그를 싫어했습니다. 게다가 정치적인 이유도 한몫해서 소크라테스는 국가가 믿는 신을 믿지 않으며 청년들을 타락시킨다는 죄목으로 고발당해 끝내 사형을 선고받습니다. 억울한 것은 소크라테스는 그저 다른 사람들과 이야기를 나누었을 뿐 딱히 반역적인 행동을 하지 않았다는 거죠. 철학자는 직업을 가지면 안 된다는 생각에 석공 신분임에도 평소 돈을 버는 행위를 하지 않던 소크라테스는 행동파라기보다는 사색파였거든요. 그러니까 '반역적인 행동'까지 갈 것도 없이 그다지 '행동'조차 많이 하지 않는 사람이었다는 거죠.

사실 소크라테스에게 사형을 언도한 것은 지나치다는 이야기가 지금도 있지만, 그때도 있었습니다. 그런데도 사형이 끝내 집행된 것은 소크라테스에 대한 당대 사회의 반감이 꽤 컸다는 이야기입니다. 그 이유는 소크라테스 하면 생각나는 그의 진리탐구법인 산파술 때문이에요. 소크라테스의 대화 패턴을 정리하면 다음과 같습니다.

① 상대의 주장을 듣는다.
② 상대의 주장에 나온 개념 중 불명확한 A에 대해 자세하게 물어본다.
③ 상대는 A를 B와 같은 것이라고 설명한다.
④ 소크라테스는 다시 B에 대해 묻는다.
⑤ 상대는 B가 C와 같은 개념이라고 설명해준다.
⑥ 소크라테스는 '요놈 잡았다'는 느낌으로 만면에 미소를 띠며 A와 C는 모순이 아니냐며 지적을 한다.

아테네 광장에서 군중과 이야기하는 소크라테스.

⑦　상대방은 얼굴이 붉으락푸르락하며 두고 보자는 듯한 걸음으로
　　뒤돌아가며 소크라테스와 대화하던 자리를 파한다.

　조금 희화화해서 썼지만 상대방 입장에서 화나는 상황임은 틀림없죠.
특히 그 상대방이 변론으로 밥 벌어먹고 사는 소피스트라면, 이 상황은
모욕에 가깝습니다. 그러니까 소크라테스의 질문법은 지적으로는 승리
를 획득할 수 있지만, 감정적으로는 결코 호감을 획득하는 방법은 아닌
거예요.
　소크라테스의 질문법에는 감정이 없어요. 논리만 있을 뿐이죠. 그의
손자뻘 제자라고 할 수 있는 아리스토텔레스만 해도 설득의 요소로 논리
보다 더 중요한 것을 감성이라고 했습니다. 아리스토텔레스가 그런 결론

을 내린 것은 어쩌면 소크라테스가 논리만 앞세우고 감정적 부분을 배제하다 실패한 것을 보아서인지도 모르겠습니다.

또 하나 소크라테스의 질문법에는 그 자신의 핵심이 없습니다. 상대의 주장이 아니라는 것을 증명하기는 하나, 자신의 주장이 무엇이고 그 주장을 증명하는 방법은 어떤 것인지 보여주는 방식은 아니잖아요. 그래서 도대체 소크라테스의 생각과 주장은 무엇인지 모르겠다는 이야기가 당시에도 있었고[10], 따라서 지금도 있습니다. 직접 소크라테스의 말을 들은 당시에 정리가 안 되었는데, 저작도 남아 있지 않은 지금 그걸 정리할 수 있는 사람은 없으니까요. 그의 행적과 생각을 기록한 책들에서도 딱히 소크라테스의 주장이 명확하게 드러나는 게 아니거든요. 역사적으로 소크라테스에 대해 한 가지 확실한 것은 그를 생전에 알았던 사람들 사이에서도 그의 실제 견해와 방법이 무엇인지에 대해 심각한 의견 차이가 있었다고 합니다.

소크라테스의 방법으로는 우리 자신이 안다고 생각한 것도 사실은 잘 모르는 것이기 때문에 '우리는 모른다는 것을 인정해야 한다.'라는 결론을 얻을 수는 있고, 사실 바로 이런 이유 때문에 유명한 것이지만, 많은 사람이 납득할 수 있는 결론이라고 할 수는 없죠. 'A가 아님을 알겠는데, 그럼 도대체 뭐냐고?'라고 하면 기껏 해줄 수 있는 말은 '나도 모르지. 그걸 모르는 것에서 진정한 앎이 시작되는 것이야.'라는 정도거든요. 다시 덧붙일 수 있죠. '그러니까 그 진정한 앎이 도대체 뭐냐고?'

공감을 담은 질문의 힘

소크라테스의 질문법은 진리를 탐구하는 방법론을 제시했다는 데 커다란 의의가 있지만, 소셜 스킬이 필요한 현대인이 일상적으로 쓰기에는 한계가 분명한 질문법입니다. 그래서 현실적인 질문법으로 우리에게 더 좋은 모델을 찾아보면, 정신건강의학과 의사이자 방송인인 오은영 박사의 질문법이 더 적절하다고 할 수 있습니다. 오은영 박사가 유명해진 것은 SBS 방송 프로그램인 〈우리 아이가 달라졌어요〉 덕분이었죠. 문제 행동을 하는 아이를 모니터해보고, 그 아이의 문제 행동의 원인이 사실은 양육자임을 알려줍니다. 그리고 실제로 양육자가 지적받은 행동을 고치니, 아이가 달라지는 게 눈에 보이는 거죠. 그래서 프로그램 제목은 〈우리 아이가 달라졌어요〉지만 실제로는 〈우리 부모가 달라졌어요〉라는 우스갯소리가 있을 정도였죠.

아이의 문제 행동의 원인을 부모로 지적함으로써 부모에게 죄책감을 일으킨다는 비판도 있지만, 부모 입장에서는 아이의 문제를 부모가 노력함으로써 고칠 수 있다는 희망은 죄책감 이상의 효용가치가 있거든요. 어쨌든 우리가 주목할 것은 오은영 박사의 육아법이 아니라, 오은영 박사의 질문법입니다.

채널 A의 〈요즘 육아 금쪽같은 내새끼〉의 한 에피소드를 볼게요. 갑자기 거식 증세를 보이며 몸무게가 18kg이 된 10세 딸 때문에 출연한 부모에게, 관찰 비디오를 한참 동안 본 오은영 박사가 한 질문은 "아이가 편안하세요?"라는 것이었습니다. 그러자 엄마는 머뭇머뭇하다가 마음속에서 우러나오는 공기 반 소리 반의 대답으로 "아니요."라고 했고요. 이렇게 대답한 엄마는 하소연하듯이 그동안의 과정을 털어놓더라고요.

이를 바탕으로 오은영 박사는 아이의 뜻대로 무조건적인 허용을 택한 부모에게 솔루션을 제시합니다. "강압적이어서는 안 되지만 깊고 따뜻한 사랑을 담은 부모의 굳은 의지는 보여줘야 해요. 이 아이가 안 먹을 때 우리는 너를 너무 사랑하기 때문에 이렇게 둘 수는 없어. 모든 엄마, 아빠의 사랑을 다 동원해서 우리는 너를 회복시킬 거야. 우리는 그렇게 할 거야라고 말했을 때 그 안에서 애들이 깊고 따뜻한 사랑을 느낀단 말이에요."[11]라고 말이죠.

오은영 박사의 질문에는 감정이 있습니다. 오은영 박사의 처음 질문은 "아이가 편안하세요?"였어요. 이 질문을 받은 엄마가 속마음을 들켰다는 듯 경계의 벽을 무너뜨리게 되었고, 그 이후에 오은영 박사의 솔루션은 엄마에게 진정성 있게 다가오게 됩니다. 아이가 불편하다는 엄마의 생각은, 아이는 물론 남들에게 말 못 할 이야기죠. 그래서는 안 된다는 사회적 압박과 '내가 이상한 건가?'라는 스스로의 의심 등 쉽게 인정할 만한 이야기가 아닙니다.

"아이가 편안하세요?"라고 물어본 것은 그렇지 않다는 것을 내가 알겠다는 이야기고, 그래도 괜찮다는 역설적인 위안이 돼요. '당신이 힘들다는 것을 내가 안다'라는 이야기 하나를 건네받는 것만으로도 힐링을 얻는다는 것과 비슷한 이야기입니다.

이 질문 하나로 엄마는 공감을 얻을 수 있는 상대를 만났다는 느낌을 갖게 되었고, 이후 고해성사 하듯이 오은영 박사에게 이러저러한 이야기를 털어놓습니다. 그리고 이어지는 오은영 박사의 솔루션도 감정적으로 매우 조심하면서 건네집니다. 무조건적인 허용보다는 단호하게 엄마, 아빠의 사랑을 보여주어야 오히려 더 아이에게 좋은 영향을 끼친다는 이야기는, 아이를 사랑하기 때문에 이 아이에게 자유를 허용한 부모에게 더 강한 설득력으로 다가옵니다.

소크라테스처럼 팩트를 기반으로 상대방을 논파해버리는 질문이 아니라, 공감과 감정을 담은 질문은 다른 사람에게 커다란 설득력과 깨달음으로 문제의 본질에 다가갈 수 있는 기회를 주는 것이죠. 이런 질문이 자신에게 향한다면 자신 역시 스스로 성장할 수 있는 기회를 얻게 되는 것이고요.

관찰로부터 시작되는 핵심 찾기

또 하나 오은영 박사의 질문법에서 주목해야 할 점이 있습니다. '아이가 편안하세요?'라는 질문은 엄마에게 핵심을 꿰뚫고 있다는 느낌을 준다는 점이에요. 사실 엄마 입장에서 딸아이를 대하는 방법이 무언가 이상

하긴 한데, 그게 무엇인지 애매한 부분도 있었을 거예요. 그런데 이 질문으로 '아! 생각해보니 내가 아이를 편안하게 대하지 못했구나.' 하고 깨닫게 되었을 수도 있죠.

상황에 대해 핵심을 꿰뚫고 그 핵심을 정확하게 건드리는 질문은 모든 상황을 정리하고 통제하는 힘을 갖게 됩니다. 이 질문 이후에 엄마는 조금은 의례적인 대답을 벗어나서, 마음속에서 우러나오는 어려움과 고민을 이야기하기 시작하거든요.

오은영 박사 정도나 되어야 이렇게 핵심을 꿰뚫는 이야기를 할 수 있다고 생각할 수도 있는데요, 이분도 그런 부분을 찾기 위해 관찰 비디오를 열심히 봅니다. 방송을 보시는 분은 느끼시겠지만, 관찰 비디오가 돌아가는 중에 패널들은 한마디씩 하지만, 오은영 박사는 열심히 비디오를 보며 무언가를 쓰고 있어요. 최선을 다해 관찰하고 맥락을 찾는 거죠.

오은영 클리닉에서 실제 컨설팅을 받으면 일단 아이를 관찰하는 시간부터 가진다고 해요. 그냥 일반적인 이론 끌어다가 대충 꿰어맞추는 것이 아니라 실제로 관찰을 통해 핵심을 파악하는 방법이니, 누구나 노력하면 할 수 있는 여지는 충분합니다. 특히 자신의 전문 분야에서 경험과 경력이 쌓인다면, 핵심을 파악하고 그것을 질문으로 승화시키는 방법은 도달 가능한 경지가 되는 거예요.

공감을 얻으려면 정확한 분석이 필요하다

앞서 감정을 배려하는 질문에 대해서 말했는데요, 오해하기 쉬운 부분이 있습니다. 이러한 감성적인 질문이 상대방의 공감을 불러일으킨다는 착각이에요. 하지만 일반적으로 상대방이 공감을 표하는 것은 감성적인 질문 때문이 아닙니다. 핵심을 건드리는 질문 때문이죠. 상황의 핵심, 알고 싶어 하는 알맹이를 이야기하니까, 저절로 '맞아, 맞아'라는 말이 나오는 것입니다.

그러니까 공감을 얻으려면 따뜻한 감성이 필요한 게 아니라 정확한 분석이 필요합니다. 정확한 분석을 통해 파악한 핵심을 따스한 말로 건네니 감동적인 것이지, 따뜻하지만 내용이 없는 질문은 사람을 움직일 수 없어요.

진리를 탐구하는 과정이 아니라 소셜 스킬에서의 대화라면 우리는 소크라테스의 대화법을 따를 것이 아니라 오은영 박사의 질문 방법을 벤치마킹해야겠죠. 우리가 오은영 박사의 질문법에서 따와야 하는 것은 정보를 최대한 분석하는 습관과 의지, 그리고 그런 데이터를 바탕으로 핵심을 파악하려는 노력입니다. 이게 이루어진 후에 그 핵심을 상대방을 배려하는 감성적인 대화에 담는 것이죠.

② ──── 첫인상을 만드는 질문의 애티튜드

말의 높이는 실제 높이와 반비례

질문은 다른 사람에게 묻는 행위이기 때문에 질문을 받는 상대방이 주인공입니다. 따라서 질문을 통해서는 관점이나 태도를 드러낼 수는 없다고 생각하는데, 사실 질문을 통해 질문하는 사람의 의도나 자세, 심지어 인격까지 분명하게 드러낼 수 있습니다. 질문 하나로도 다른 사람에게 자신의 인상을 각인시킬 수 있다는 것이죠.

여기서 중요한 포인트는 남들에게 좋은 인상을 만드는 것은 자신을 높이는 게 아니라, 다른 사람을 높이는 데 있다는 것입니다. 말의 높이는 실제 높이와 반비례하게 됩니다. 자신을 높이면 낮아지고, 자신을 낮추면 높아지는 거죠. 자기 자신을 높이는 말은 스스로만 높아진다고 생각하지, 대부분은 자신을 바닥으로 깎아내리는 말이 되기 쉬워요. SNS에는 자기애에 빠진 사람이 상당히 많이 존재하는데, 과도하게 자기 자신을 칭찬하는 사람치고 실제 만났을 때 SNS에서 스스로 떠들던 것만큼 일치감을 준 사람은 거의 없었습니다.

한번은 자신이 강의를 하면 담당자들이 연단으로 올라와 내년 강의 스케줄을 잡는다느니, 강의 후기에서 평점 만점을 받았다느니, 강의를 들은 수강생한테 '모든 강의 통틀어 최고였다'는 문자가 왔다느니 하면서 심하게 자랑하는 강사분에게 강의를 부탁할 일이 있었어요. 물론 이런 말을 하는 사람치고 그렇게 믿음직한 경우는 거의 없었지만, 워낙에 인증샷 등으로 증명하시는 분이어서 정말 속는 셈치고 맡겨봤거든요. 그러다가 정말 속았습니다. 구체성도 없고, 그러다 보니 진정성도 없고, 인사이트도 없는, 재미있는 PPT 몇 개와 다년간의 경험에서 우러나오는 말빨로 버티는 그런 강의였어요. 대부분의 수강자에게는 도움이 안 되는 강의였죠.

그 후로는 더더욱 SNS에서 스스로를 칭찬하는 사람은 잘 믿지 않습니다. 물론 SNS에는 약간의 나르시시즘을 가지신 분이 많기 때문에, 자기 자신에 대한 애정이 있다고 다 그렇다는 것은 아닙니다. 자신에 대한 애정은 자존감으로 연결되기 때문에 장점도 있거든요. 다만 그것이 과도해져 자뻑으로 진화하면 곤란하다는 것이죠. (자뻑이 아닌데, 저렇게 스스로를

SNS는 사실 어느 정도의 나르시시즘을 전제한다.

과대광고하는 것은 더 나쁩니다. 알고서도 거짓말을 하는 것이니까요.)

상대방에게 자신의 좋은 인상을 각인시키는 질문법

반면에 말의 기준을 상대방에 놓으면 이 높이의 관계는 순식간에 비례 관계로 바뀝니다. 상대방을 높이면 자신도 높아지고 상대방을 낮추면 자신도 낮춰지는 거예요. 상대방을 존중하면 대화 상대인 자신도 존중받게 되는 것이죠. 질문도 마찬가지입니다. 질문 안에 상대방에 대한 존중과 진정성을 넣으면, 그러한 존중이 다시 나에게 '캐시백'됩니다. 질문을 통해 상대방에게 좋은 첫인상을 각인시키는 방법에는 다음과 같이 세 가지 정도가 있습니다.

① 상대방이 이룬 성취에 관심을 보여주는 질문

누군가 자신에 대해 진정성 있게 관심을 갖고 있다면, 그리고 그 관심의 영역이 자신이 성취한 부분에 대한 것이라면 상대방에게 호감을 갖지 않을 사람은 없습니다. 그야말로 자신을 인정해주는 것이니까요. 士爲知己者死(사위지기자사), '선비는 자신을 알아주는 사람을 위해서 목숨을 바친다'는 말까지 들먹이지 않더라도, 자신의 가치를 알아주는 사람에게는 좋은 인상을 받게 되는 것은 확실합니다.

반대로 보면 상대방의 호감을 얻기 위해서는 상대방에 대한 지식이 있어야 하고요, 자신이 아는 범위에서 상대방의 자랑거리가 될 만한 것들, 뿌듯해하는 것들에 대해서 의식적으로 질문을 하는 것이 효과적이라는 것이죠. 다음과 같은 질문으로 호감 가는 인상을 만들어보자는 거예요.

'저번에 끝내신 그 프로젝트, 제가 케이스 스터디 때문에 자세히 살펴보았거든요. 그 프로젝트를 하시면서 시스템적으로 가장 힘들었던 것은 뭐였나요?'

'5년 전에 발표하신 글을 보았는데 굉장히 인상 깊었어요. 그런데 그때 추구하시던 마케팅 방법론은 여전히 유효하신 거죠?'

② 상대방의 의견을 묻는 질문

누군가 어떤 일에 대해서 진지하게 자신의 의견을 물어오면 대부분의 사람은 흔쾌히 그에 대한 이야기를 나누는 편입니다. (경쟁사의 스파이라든가 하는 특수한 상황이 아니라면 말이죠.) 왜냐하면 누군가 자신의 의견을 진지하게 묻는다는 것은 자신을 인정한다는 뜻이거든요. 전문가로서의 경력이든, 인사이트 있는 사람이든, 어떤 면에서라도 인정하는 부분이 있으니까 의견을 묻는 거잖아요. 자신을 인정하는 사람한테 호감이 가는 것은 당연한 일입니다. 다음과 같은 질문을 예로 들 수 있죠.

'전문가로서 이러한 부분을 어떻게 생각하시나요?'

'10년 동안 이런 일들을 해오시면서, 지금같이 심각한 교착상태에서 빠져나오는 가장 좋은 방법은 어떤 것이었나요?'

'귀하의 경험에서, 이런 유형의 고객 문제를 어떻게 해결하셨나요?'

③ 칭찬이나 인정으로 시작하는 질문

지금까지가 간접적인 칭찬이나 인정이라면 아예 직접적인 칭찬을 질문에 포함하는 방법이 있습니다. 한 전문가 방송인에게서 들은 이야기가 있는데요, 인터뷰를 많이 해야 하는 입장에서 바쁘게 하다 보면 준비 없이 인터뷰를 하게 되는 경우가 있대요. 그러다가 말문이 조금 막히는 질문을 받으면, 생각할 시간을 벌기 위해 쓰는 자신만의 마법의 단어가 있다고 하더라고요. "정말 좋은 질문 주셨습니다."라는 말인데요, 이런 말을 기계적으로 하는 그 잠깐 사이에 자신이 할 말을 찾는 거죠. 라디오 같은 생방송 위주의 매체는 1~2초라도 말이 끊기면 무척 답답한 느낌이라서, 말이 끊기지 않게 이런 말을 하면서 대답을 준비한다는 겁니다.

그런데 이 말의 효용은 단순히 시간 벌기에 그치지 않아요. 갑자기 좋은 질문이라고 칭찬을 받은 인터뷰어는, '이 질문이 그렇게 좋았나?'라고 스스로를 의심하지는 않고, 보통은 자신이 핵심을 짚었다고 생각하게 되거든요. 인터뷰를 제대로 하고 있다고 인식하는 거죠. 그러면서 그러한 점을 알아봐준 인터뷰이에 대해 긍정적인 감정이 샘솟게 되고, 아주 우호적인 입장에서 인터뷰를 진행하게 된다는 것입니다. (그러고 보니 그분은 제가 인터뷰 진행할 때, 저한테도 그 단어를 몇 번 썼습니다. 지금 생각하니 제가 정말 좋은 질문을 한 것은 아닐 수도 있겠다 싶긴 하네요.)

칭찬은 고래도 춤추게 한다는 말이 있잖아요. 생각해보면 고래를 춤추게 해서 뭐에 쓰겠어요? 말이 통하는 상대방을 춤추게 해야죠. 상대방을 춤추게 만드는 마법은 바로 칭찬과 인정입니다. 적절한 칭찬은 그것을 말하는 사람에 대해 좋은 인상을 200% 끌어올립니다. 꼭 큰 칭찬이 아니어도 되고 아주 사소한 칭찬도 상관없어요. 오히려 예상치 못한 포인트에서 들어오는 칭찬이 더욱 효과적일 수도 있으니까요.

질문을 할 때 처음부터 칭찬이나 인정을 포함하는 식으로 질문을 구성해봅니다. 예를 들면 다음과 같습니다.

'당신의 발표가 정말 인상적이었습니다. 어떻게 그런 아이디어를 떠올리셨나요?'

'생각지도 못한 인사이트여서 정말 신선했습니다. 그런데 세 번째 방안에 대해서는 조금 더 자세한 설명이 필요해 그에 관해서 질문드립니다.'

이렇게 상대방이 이룬 성취에 관심을 보여주거나 적절한 칭찬을 포함하는 질문, 그리고 상대방의 말에 호기심을 표현하는 질문 등은 상대방에게 좋은 인상을 주게 됩니다. 이러한 질문법은 상대방의 의견을 존중하고 그들의 전문 지식과 경험을 인정하는 방법으로, 상대방과의 관계를 강화하고 긍정적인 첫인상을 남기는 데 중요한 역할을 합니다.

질문에 실어서 상대방에게 호감을 줄 수 있는 특징 두 가지

질문으로 좋은 인상을 남기는 데는, 앞서 말한 의도를 드러내는 질문의 방법들도 있지만 더 은은하고 장기적인 방법으로는 자신의 좋은 관점이나 태도를 드러내는 방법도 있습니다. 질문을 통해 '저 사람은 어떻다'라는 인상을 줄 수 있는데, 그중에서도 특별히 질문에 실어서 상대방에게 호감을 줄 수 있는 특징은 긍정성과 겸손함이에요.

긍정성은 질문을 기본적으로 긍정의 기준에서 하는 것입니다. 대표적으로 유명한 것이 반 정도 남은 컵의 물을 바라보는 관점이죠. 질문 역시 그렇습니다. "반밖에 안 남은 이유가 뭐죠?"라고 묻는 것과 "반이나 남을 수 있었던 원인은 무엇이죠?"라고 묻는 차이죠. 질문 자체에 얼마든지 부정적인 뉘앙스나 긍정적인 뉘앙스를 실을 수 있는 겁니다.

"이직이 잦은 직군인데, 한 회사를 5년이나 다니는 이유가 뭐죠?"라는 질문보다는 "이직이 잦은 직군인데도, 한 회사를 5년이나 다닐 수 있는

컵에 남은 물을 바라보는 두 관점.

원동력은 무엇이라고 생각하십니까?" 같은 질문이 질문자의 긍정성을
나타냅니다.

유독 말을 예쁘게 하는 사람이 있잖아요. 왜 그런가 살펴보면 전체적
으로 긍정의 시각에서 말을 하기 때문인 경우가 많아요. 긍정 마인드에
적대적인 사람은 없으니, 긍정적인 관점으로 이루어지는 질문을 계속 하
다 보면 상대적으로 주변에 적이 없어지는 것을 느끼실 수 있을 거예요.

이러한 긍정의 관점에 기술적으로는 칭찬 기법까지 같이 얹으면 더욱
효과적이죠. 앞에서 예로 든 물 컵에서 "반이나 남을 수 있게 하신 방법은
어떤 것입니까?"라는 식으로 상대방의 액션 덕분에 반이나 남을 수 있게
되었다는 식의 뉘앙스를 얹는 것이죠.

질문에 실어서 상대방에게 호감을 줄 수 있는 특징 중 두 번째는 겸손

입니다. 겸손한 사람을 싫어하는 사람은 없어요. 겸손하면 다른 사람이 얕잡아 본다고 생각하시는 분도 있는데, 어차피 겸손함과 자신 없음을 구분하지 못하는 사람과 계속 엮이면 좋지 않기 때문에, 그런 사람은 빠르게 정리하는 것이 바람직합니다.

같은 질문이라도 자신의 겸손을 말하며 시작하면 공격적인 내용의 질문이라도 날선 분위기를 한결 누그러뜨릴 수 있어요. 예를 들어 "제가 이해하지 못한 부분이 있어서 질문하는데요"라든가, "제가 잘못 생각한 것일 수도 있는데요", "한 가지 우둔한 질문을 드리자면" 같은 서두는 질문하는 사람을 겸손하게 보이도록 만듭니다. 이런 겸손은 한 가지 복합적 효과를 만드는데요, 상대방을 높이는 방법이기 때문에 상대방을 인정하고 칭찬하는 작용도 한다는 겁니다.

칭찬거리는 만드는 것이 아니라 찾는 것이다

그런데 여기서 이런 질문법을 적용할 때 주의해야 할 포인트가 있어요. 결론부터 말하면 이러한 질문법이 기술적으로만 적용되어서는 오히려 역효과가 날 수도 있다는 것입니다. 상대방을 칭찬했는데 그것이 없는 말이거나 실패한 일에 대해서라면 이건 칭찬이 아니라 비꼬는 것이 됩니다. 그러니 빈말로 해서는 안 됩니다.

진정성과 상대방에 대한 진실된 관심이 대화의 키워드가 됩니다. 칭찬으로 시작하라는 말을 없는 말을 만들라는 뜻으로 받아들이지 마시고, 그만큼 상대에게 관심을 가지고 칭찬할 것을 찾으시라는 말로 이해하라는 거죠. 좋은 점을 찾으려고 노력하면, 좋은 점이 보입니다. 자신의 주변에 좋은 사람밖에 없다고 주변 사람을 칭찬하는 사람들의 공통점은 그 사람 자신이 좋은 사람이라는 거예요. 좋은 사람의 눈으로 주위를 보니 다 좋아 보이는 것이고, 상호작용의 법칙에 따라 그 사람에게 좋게 대하게 되는 것이죠. 칭찬을 하려고 마음먹고 칭찬할 점을 찾는 상대에게는 상대방도 칭찬의 눈으로 응수하게 되거든요. 그러니 진정성 있게 칭찬의 질문을 적용하면, 상대방 역시 긍정의 눈으로 우리를 대하게 될 것입니다.

③———— 처음 비즈니스 현장에 들어가는 사람은 어떻게 질문해야 할까?

당신은 꼰대가 아닙니다

꼰대라는 말이 있잖아요. 사회적으로 자주 쓰니까 익숙해진 말이긴 한데, 따져보면 도무지 한국말인지 외국말인지도 가늠이 잘 안 되죠. 꼰대의 어원에 대해서는 크게 두 가지 설이 있는데 하나는 번데기의 경상도 사투리인 꼰데기에서 유래했다는 설로 번데기처럼 주름이 많은 노인을 의미하는 뜻으로 쓰였다는 것입니다. 또 하나는 프랑스어로 백작을 의미하는 콩테Comte에서 유래했다는 것으로, 일제 강점기 시절에 친일파들이 일본의 작위를 받은 후 자신들을 자랑스럽게 꽁데라고 불렀다는 설로, 이때 친일파들이 하는 짓을 꼰대짓으로 불렀다고 해요. 이런 불확실

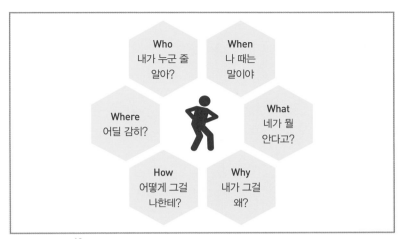

꼰대의 6하 원칙.[12]

한 어원 말고 공식적인 기록은 1961년 동아일보에 '하층민이 나이 많은 남자를 지칭하는 말'로 처음 등장합니다. 이후 나이가 많은 사람이나 선생님을 가리키는 은어로 쓰이다가 지금은 이 '꼰대'라는 말에 행위를 뜻하는 '질'을 붙여 '꼰대질'을 '자기의 경험을 일반화해서 나이가 어리거나 지위가 낮은 사람에게 낡은 사고방식을 강요하거나 시대착오적 설교를 늘어놓는 것'으로 지칭합니다.

그러니 지금의 꼰대는 나이가 많고 적음의 문제가 아니라, 자신의 과거 경험만을 절대시해서 그것에 맞춘 행동과 판단을 남에게 강요하는 사람인 것입니다. 따라서 왕년에 자신의 업적과 행동, 생각을 자랑하는 순간 꼰대가 될 확률이 높아지는 거죠.

상사가 꼰대로 인식되는 순간 직원들은 꼰대의 명령에 진정성 있게 따를 확률이 확 줄어들죠. 그래서 요즘 상사들이 제일 겁내는 것이 자신이 '꼰대'로 인식되는 것입니다. 어려운 일이에요. 하는 짓은 꼰대면서, 꼰대가 아닌 사람으로 인식되려고 하니 말이죠. 그래서인지 사회적 직급이 높고 나이가 어느 정도 있는 사람일수록, 자신이 꼰대로 인식되지 않는 것에 큰 기쁨을 가지고 있어요.

이것을 질문의 기술에 대입해서 생각하면, 사회초년생이나 주니어 입장에서는 윗사람에게 당신은 꼰대가 아니라는 인식을 심어주는 질문을 하면 매우 호감 어린 인상을 남길 수 있게 된다는 얘기예요. 그리고 이런 인상은 업무나 네트워킹에도 큰 도움이 되죠.

어른을 움직이는 질문의 기술

어른을 움직이는 질문의 기술에 대한 이야기입니다. 이런 기술을 익히기 위해서는 먼저 질문이라는 것이 꼭 궁금해서 하는 것만은 아니라는 사실을 알아야 합니다. 제가 대학교에서 대학원으로 진학할 때의 일입니다. 지금은 대학원의 경쟁률이 많이 낮아져서 대학원 진학이 큰 고민이 아닌 시대가 되었지만, '나 때는 말이야' 대학원 경쟁률이 꽤 셌고, 많은 사람이 대학원에 지원했다가 떨어졌습니다.

그래서 저는 대학교 4학년 여름방학 때 학과 주임교수님을 찾아갔어요. 수업도 몇 번 들은 터라 제가 연구실 문을 열고 들어가 진로상담을 부탁드린다고 하니, 그 정도 시간은 흔쾌히 내어주시더라고요. 저는 자리에 앉아서 이렇게 물었어요.

"교수님, 제가 내년에 대학원에 가려고 하는데 서울대 대학원에 가는 게 나을까요? 아니면 그냥 우리 학교 대학원에 가는 게 나을까요?"

참고로 저는 서울대 대학원에 갈 마음이 전혀 없었습니다. 그런데 이렇게 물은 거죠. 그랬더니 일단 교수님의 첫 번째 반응은 한숨을 한 번 쉬시더니, "대학원에 꼭 가야 해? 그냥 취직을 해라."였습니다.

제가 다시 "취직은 계획에 없고, 대학원 가려고요."라고 했더니 교수님이 이렇게 말씀하셨죠. "정 그러면 그냥 우리 학교에 있는 게 낫지. 서울대 대학원 가면 6두품밖에 안 돼서 나중에 진로가 유리벽에 막힐 수 있어."라고 하셨어요. 빙고! 저는 듣고 싶은 대답을 들었습니다. 교수님이 직접 우리 대학원에 오라고 말씀하신 거잖아요.

처음부터 서울대 대학원에 갈 생각은 없었지만, 굳이 이렇게 찾아가서 질문을 한 이유는 교수님에게 제가 대학원에 갈 생각이 있다고 미리 알려드리기 위해서였어요. 서류 정리하시다가 제가 지원한 것을 아시는 것보다는, 이렇게 한 학기 정도 전에 자연스럽게 알려드리는 것이 좋겠다 싶었던 거죠. 그리고 이렇게 말했을 때 교수님이 저의 선택을 극구 말리지 않는다면, 나중에 대학원 입시 과정에서 저의 입학을 극구 반대하지는 않을 것이라고 생각했거든요. 그런데 교수님 입에서 우리 대학원으로

교수님과 진로상담을 하는 대학생. 제 모습은 아닙니다. 이렇게 생겼으면 좋겠네요.

오라는 말까지 듣게 된 겁니다. 자신이 직접 우리 대학원으로 오라고 말했으니, 동점자가 있으면 이왕이면 저를 뽑을 것 아닌가 하는 생각이 드는 거죠.

그래서 저는 4학년 여름방학을 놀면서 보냈습니다. 당시 방학이면 저는 대학생들을 유럽으로 데리고 가서 길라잡이를 하는 아르바이트를 했는데, 이 여름방학에는 한 달짜리 코스를 2번 연속으로 나가서 두 달 내내 유럽에 있었어요. 다른 친구들은 취업 준비하느라고 정신없는 그 시기에 말입니다. 다행히 대학원에는 합격을 했고, 여름방학에 벌어놓은 아르바이트비가 학업을 하는 데 아주 유용하게 쓰였죠.

이 경우 여름방학 때 제가 교수님에게 한 질문은 사실 궁금해서 물어보는 질문이 아니었던 거죠. 교수님이 말씀해주신 6두품론을 저도 그전에 당연히 생각했기 때문에, 우리 대학원에 가야겠다고 결정한 상태였거든요. 이때 저의 질문의 용도는 어른에게 노골적으로 저의 선택을 알려드리는 신호였던 거죠.

그리고 어른의 조언이 필요하다고 어필하는 질문이기도 했어요. 어른들은 자신의 필요성을 인정받는 것을 매우 좋아합니다. 그래서 조언이 필요한 일에 매우 적극적이고, 자신이 도울 수 있는 일이면 도와주시는 경향이 있어요. 생각해보면 당연한 것이 제자나 부하직원이 찾아와서 조언을 요청하고, 그 요청을 들어보니 어느 정도는 자신이 해줄 수 있는 일이 있을 때, 그 도움을 주지 않을 사람은 별로 없습니다. 그리고 나중에 그 결과에 관심을 가져주시며 신경을 써주시기도 하죠.

프리 라이더가 아니라 멘티로 인식되는 방법

멘토와 꼰대의 차이는 종이 한 장입니다. 정확하게 그 종이가 뭔지 알려드리면 '당신이 필요하다는 요청증'이죠. 아랫사람이 어른에게 요청할 때 그에 대해 답을 해주면 멘토가 됩니다. 그런 요청이 없는데 자신이 생각하기에 필요할 것 같아 아랫사람에게 먼저 이야기하면 그게 바로 꼰대입니다. 멘토나 꼰대나 보통은 하는 얘기의 내용은 같아요. 그런데 요청의 유무, 그러니까 필요성에 대한 신호를 받았는가 아닌가에 따라 '존경받는' 멘토와 '멸시받는' 꼰대로 갈리는 거예요.

처음 비즈니스 현장에 들어가는 사회초년생이나 조직에서 아랫사람에 더 가깝게 자리해 있는 분이라면 이러한 특성을 이용하여 재미있는 인연을 만들 수도 있습니다. 지금은 공기업에 다니는 제 후배 하나는 원래는 대기업에서 근무했었습니다. 이 친구는 대기업에 엔지니어로 입사해 인사HR 쪽 업무를 한 특이한 케이스인데, 여기에는 이 친구의 소셜 스킬이 작용했어요. 그 기업의 인재원 원장을 찾아가 상담을 한 거예요. 자신은 원래 어느 계열사의 엔지니어인데, 인사나 교육 업무에 관심이 있어서 기회가 되면 이쪽 일을 해보고 싶은데, 방법이 없냐고 상의를 한 거죠. 그 원장은 (상의할 당시에는 그런 기회가 없었기 때문에) 마음은 잘 알겠는데 당장은 방법이 없다고 돌려보냈다가, 나중에 이 친구의 열정이 생각나서 기회가 생기자 이 친구에게 연락을 했고, 그것이 전환의 계기가 되어서 인사, 교육 쪽으로 업무가 변경되었다고 합니다.

이 친구 같은 경우는 직접적으로 요청을 했지만, 보통은 진로나 업무, 전망 등에 대해서 질문하는 식으로 윗사람과의 인연을 만들 수 있어요. 시간을 너무 빼앗지 않는 한 윗사람은 아랫사람과 이야기하는 것을 좋아합니다. 많은 사람이 자신의 노하우와 이야기를 강의로 다른 사람에게 전달하고 싶어 하는 욕구가 있더라고요. 다른 사람이 자신의 이야기를 들어주기를 바라는 거죠.

윗사람을 움직이기 위해서는 그들에게 가르침을 유발하는 질문을 하는 것이 좋은 방법이 됩니다. '제가 세운 커리어 패스가 적절한 것일까요?', '역량을 개발하기 위해 사이버대학에 진학해서 일과 학업을 병행하는 것이 맞는 것일까요?' 같은 질문은 윗사람의 조언을 유발합니다. 그리고 이런 질문은 가르침뿐 아니라 합리적인 선에서의 도움을 동반하기도 합니다. '학업을 병행한다고 하면 이런 부분은 내가 배려해주지.' 같은 이야기가 윗사람의 입에서 뒤따라 나올 수 있다는 것이죠. 중요한 것은 도움이라는 부분이 이야기의 앞머리에 오면 안 된다는 것입니다. 도움을 먼저 청하면 프리 라이더처럼 보이지만, 가르침이 유발될 만한 질문을 하고 도움을 받으면 멘티처럼 인식되거든요. 멘토가 멘티를 도와주는 것은 당연한 일입니다. 그러니 멘토와 멘티인 거잖아요.

어른에게 질문할 때 주의할 점

어른에게 질문할 때 주의할 점이 두 가지 있습니다. 먼저 질문을 할 때 질문의 내용을 잘 선정해야 한다는 것입니다. 보통은 어떤 것을 선택할지 물어보는 것이 제일 무난한데, 이미 마음속으로 어느 정도 결정했을 수 있거든요. 그런 상태에서 윗사람에게 자리를 마련해서 조언을 얻었는데, 그 조언이 자신의 선택과 어긋날 때도 있을 거예요. 그런데 그 조언을 무시하면, 윗사람 입장에서는 기껏 시간 내서 정성스럽게 한 조언을 새겨듣지 않은 느낌이잖아요. 그러면 오히려 역효과가 날 수도 있습니다. 그러니 질문을 할 때는 어느 정도는 자기 뜻대로 유도하는 질문이 좋습니다.

그러면서도 반대의 선택에 대한 이야기가 나올 때는 방어력이 있어야 겠죠. 자신의 선호와 반대되는 이야기로 흘러간다 싶으면, 그것이 불가능한 (숨겨놓은) 이유를 살짝 꺼내라는 것이죠. 조언이 확언이 되어 나오기 전에 막아야지, 입에서 나온 후에는 따르지 않으면 어색해질 수 있어요. 말로는 참고만 하라고 하지만, 그것이 윗사람의 본심이 아님을 꼭 참고만 하세요.

그리고 또 하나 주의할 것은 이러한 질문은 필살기로 써야지 주특기로 써서는 안 된다는 것입니다. 게임을 하는 것으로 비유해서 생각해보면 위급할 때 한 번 쓸 수 있는 폭탄이지, 계속 쏘아야 하는 총알이 아니라는 거예요. 총알처럼 쓰는 폭탄은 이미 폭탄이 아니거든요. 오히려 총알의 위력보다 못할 수도 있어요.

그리고 비즈니스 환경에서 이런 질문을 잘못 쓰면 자신을 무능하게 보이게 만들기도 합니다. 그러니 구체적 대안을 가지고 질문을 하셔야 해요. '어떻게 해요?'가 아니라 '이렇게 하려고 하는데 어떻게 생각하시나요?'라고 해야 하는 거죠.

이러한 질문의 방식은 팀장에게 질문하는 팀원의 입장에서도 명심해야 합니다. 질문을 잘못 하면 무능함을 넘어 책임을 전가하는 느낌을 줄 수도 있거든요. 예를 들어 '클레임이 들어왔는데 어떡해야 하나요?'라는 질문보다는 '클레임이 들어와서 이렇게 처리하려고 하는데, 예상되는 또 다른 문제점이 있을까요?' 같은 질문이 훨씬 바람직하다는 것입니다.

아랫사람의 특권 중 하나는 질문할 수 있는 자유

윗사람이 아랫사람에게 질문을 하기는 쉽지 않습니다. 자칫 이런 질문은 질책하는 것으로 인식될 수도 있어요. 아랫사람의 특권 중 하나는 질문할 수 있는 자유입니다. 아랫사람이 질문하는 것은 하는 사람이나 받는 사람 모두에게 어색한 일이 아닌 거죠. 그런데 나이가 들어가고, 조직에서 중간급 이상으로 올라갈수록 질문하는 일이 부끄러운 일로 느껴지기도 합니다. 많이 질문하고 그 질문을 잘 활용할 수 있는 것은 사회초년생의 얼마 안 되는 장점이에요. 없어지기 전에 많이 써먹으세요.

4 ⎯⎯⎯⎯ 어떻게 (상대방이) 원하는 것을 아는가?

상대방이 원하는 것을 아는 진짜 비결

책을 살 때는 아무래도 책을 한 번 살펴보고 대강 어떤 내용인지 유추한 다음에 사잖아요. 그런데 지금까지 살아오면서 책의 제목만 보고 안의 내용은 들여다보지도 않고 산 책이 세 권 있습니다. 하나는 에리히 프롬 의 《사랑의 기술》인데, 고등학생 때 샀어요. 제목을 보시면 이 책은 약간 의 착각과 잘못된 기대에 입각해서 샀다는 것을 짐작하실 거예요. 그리 고 두 번째가 버트런드 러셀의 《게으름을 위한 찬양》입니다. 이 역시 제 목에서 주는 기대와는 조금 다른 내용이었죠. 그리고 세 번째가 스튜어 트 다이아몬드 교수의 《어떻게 원하는 것을 얻는가》입니다. 부제로 붙어 있는 '13년 연속 와튼스쿨 최고 인기 강의'라는 카피도 흥미로웠지만 무엇보다 제목 자체가 정말 어그로 끌기에 충분하잖아요.

책을 보니 협상론이었어요. 책의 전체 내용은 처음부터 끝까지 한 가지 메시지입니다. 상대방의 니즈를 알면 된다는 거예요. 상대방의 니즈를 알아서 그것을 충족시키면 반대급부로 내가 원하는 것을 협상에서 얻게 된다는 이야기인데요, 일견 너무 당연한 이야기라서 책을 다 읽고 '이게 뭐지?' 하고 다시 한번 떠들어보기도 했답니다. 생각해보면 서양은 자기중심적이어서 협상도 상대방의 입장에서 생각하지 않고 자기 입장과 주장만 관철시키려고 하다 보니 타인의 입장에서 생각해보는 것이 대단한 비결이 되는구나 하는 생각도 들었어요.

어쨌든 중요한 것은 그렇다면 진짜 문제는 '어떻게 (상대방이) 원하는 것을 아는가'잖아요. 하지만 이 책에서 이에 대한 힌트는 부족하더라고요. 상대방의 니즈를 충족시키니 일이 풀리더라는 다양한 사례를 주로 이야기해요. 그래서 말씀드립니다. 《어떻게 원하는 것을 얻는가》에도 나오지 않은 어떻게 상대방이 원하는 것을 아는가에 대한 방법 말이죠.

핵심은 너무나 단순합니다. 듣고, 질문하고, 정리하는 것입니다. 생각해보면 이 비결은 굉장히 당연합니다. 그런데 당연할 정도로 모두 알고 있다는 것은 그것이 보편적 진리에 가깝다는 뜻이고, 그런데도 계속 거론된다는 것은 '그것을 실천하기 어렵다는 것' 역시 보편적 진리라는 거죠. 따르고 싶은 의지는 있어도 실천하기 어려운 것은 디테일한 적용과 상황에 맞춰서 조금씩 변주되어야 하는 변환적 적용이 잘 안 되기 때문입니다. 이 당연한 비결을 제대로 이해하기 위해서 듣고, 질문하고, 정리하는 3단계를 한 단계씩 뜯어서 보도록 하죠.

전적으로 집중해 듣기

듣기는 대화의 시작입니다. 이 말에 동의하지 않는 사람은 말하기가 대화의 시작이라고 생각하실 텐데요, 이것이 바로 대화의 기준을 상대방에 놓느냐 나 자신에게 놓느냐의 시각 차이를 극명하게 보여주는 인식이죠.

모든 대화가 남 중심일 필요는 분명 없지만, 이 장에서 다루는 협상 같은 사회적 대화에서는 남 중심으로 대화하는 기준을 세팅할 필요가 있죠. 특히 다른 사람이 원하는 것을 알려면 적극적인 경청이 반드시 필요합니다. '전적인 주의 집중하기'가 필요한 거예요. 의식적으로 상대방의 말에 집중하는 건데요, 상대방이 말을 잘하는 사람이면 의식적으로 하지 않아도 저절로 그 말에 빨려들어가면서 듣는 것이 재미있겠지만, 불행하게도 우리가 원하는 것을 손에 쥔 사람들은 대부분 말을 잘 못해요. 굳이 말을 잘하지 않아도 사람들이 그의 말을 귀담아 들으니 대화 스킬을 향상시킬 필요가 없어서 그런 것 같기도 합니다. (억울하면 성공하라는 말이 바로 이런 것일까요?)

그러니 다른 사람의 말을 경청하기 위해서는 일단 주변 환경의 방해요소를 최소화하는 노력이 필요하죠. 휴대폰을 손에서 내려놓는다든가, 이 대화에서 지금은 눈에 잘 안 보이지만 어딘가에 분명히 있을 긍정적인 요소를 찾는 겁니다.

그런데 중요한 것은 상대방이 말하는 대화 내용만 듣는 것은 반밖에 안 듣는 격이라는 점입니다. 수어에서 중요한 것은 표정이라고 하죠. 손으로 표현하는 것은 내용 전달의 30% 정도 되고요, 표정으로 70%를 이야기한다고 해요. 말하자면 손으로는 '너를 좋아해'라고 말하지만, 얼굴은 잔뜩 인상을 쓰고 있다면, 비꼬는 것으로밖에는 해석되지 않을 겁니다. 그래서 대화에서는 실제 말의 내용 못지않게 비언어적 요소를 알아채는 것이 중요합니다. 코로나 봉쇄로 비대면 회의나 줌 대화가 많아지면서 이런 부분이 한계가 있어서 의사소통에 고생했다는 이야기가 있었습니다.

그러니 경청에서 중요한 것은 몸으로 이야기하는 부분도 알아들어야한다는 것이죠. 그게 더 진실되거든요. 몇 가지 방법이 있습니다.

① 얼굴 표정 관찰하기

상대방의 기쁨, 슬픔, 놀람, 분노 등 감정을 반영하는 얼굴 표정을 주의 깊게 관찰합니다. 특히 감정적인 사람일수록 얼굴 표정을 잘 감추지 못하므로, 내용의 감추어진 면을 알아채는 분명한 포인트가 됩니다.

② 눈의 움직임 주시하기

이성적인 사람은 얼굴 표정까지도 단조롭기 때문에, 의도를 알기 어려울 수 있어요. 그런데 이성적인 사람도 눈동자의 움직임까지는 감추기 힘듭니다. 흔히 동공지진이라고 하는 반응도 당황했을 때 순간 나오는 것이고요, 전문적으로 거짓말을 직업으로 하는 사람이 아니면 (사기꾼이나 정치인 말이죠) 거짓말을 하는 순간 눈빛이 흔들리는 경우가 많죠. 눈동자의 움직임, 눈 맞춤의 빈도, 눈 깜빡임 등은 상대방의 관심사나 안정감을 나타낼 수 있습니다.

③ 자세와 몸짓, 제스처 해석하기

팔짱 끼기, 손짓, 몸을 기울이는 동작 등은 상대방에 대한 호감이나 감정 상태를 나타내는 경우가 많습니다. 방어적일수록 몸에서 어딘가에 X 자를 그리는 경우가 있어요. 팔짱이라든가, 다리꼬기라든가 말이죠.

④ 몸의 방향 분석하기

대화 중에 상대방의 몸이 어디를 향하는지에 따라 지금 대화 상대에게 집중하고 있는지, 아니면 의례적인 이 자리를 벗어나고 싶은지 알 수 있습니다. 당연히 대화 상대를 향해 몸의 방향이 맞춰져 있을수록 상대를 존중하거나 호감을 가진다는 표시가 되겠죠.

⑤ 프록시믹스 고려하기

프록시믹스는 근접학이라고 원래는 여러 가지를 포함하는 단어인데 여기서는 공간적 거리라는 개념으로 썼습니다. 대화 시 상대방과의 물리적 거리는 그들의 편안함과 친밀감을 나타낼 수 있습니다. 미주리대학교 심리학자인 패터슨 박사는 대화 거리를 30cm, 60cm, 90cm, 120cm로 변화시키며 동일인물에 대한 평가를 실시한 결과, 60cm 정도의 거리가 가장 이상적이라는 결론을 얻었습니다.[13]

이 거리는 일반적인 카페 테이블에서 마주볼 때의 거리고, 옆에 앉아서는 약간 떨어져 있지만 손만 뻗으면 닿을 수 있는 정도의 거리입니다. 이 거리보다 가까우면 무례하고 고집스럽다는 인상이 생기기 쉽고, 이 거리보다 멀면 친밀감이 느껴지지 않고, 무언가 불안한 사람으로 느껴지기 쉽다고 합니다. 그러니 상대방과의 거리조차 무언의 이야기를 자신에게 건네고 있는 거예요.

⑥ 목소리의 톤과 높낮이 살피기

목소리의 높낮이, 강도, 속도 등은 감정과 확신의 정도를 반영합니다. 사실 '목소리가 차분하다', '오늘따라 말하는 것이 들떠 있다'같이 이런 부분은 알아차리기 쉽기도 합니다.

⑦ 옷차림과 외모의 변화 인식하기

상대방의 옷차림이나 외모 변화는 그들의 기분이나 자신감의 변화를 반영할 수 있습니다. 메타의 CEO인 마크 저커버그는 항상 똑같은 회색 티셔츠나 후드티만 입고 다닙니다. 결정할 게 많아서 옷에 대해 고민하는 시간을 줄이기 위해서라고 하는데[14], 이런 마크 저커버그도 2018년 상원 청문회에 불려갔을 때는 정장을 입었습니다. 보기 드문 마크 저커버그의 정장 차림 때문에 청문회 내용보다는 패션으로 더 화제가 되기도 했는데, 마크 저커버그는 이런 옷을 입음으로써 자신이 얼마나 진심이고 진정성 있게 청문회에 임하는지, 말보다 강하게 어필하는 거죠.

상원 청문회에 정장을 입고 간 마크 저커버그.[15]

질문을 통해 더 많은 정보를 유발하는 활성적 듣기

상대방의 니즈를 파악하는 방법으로 가장 이상적이고 효과적인 것은 직접 묻는 것입니다. 이기적으로 자기 할 말만 하는 듯한 상대방도 의외로 자신의 니즈가 아닌 대화 상대를 고려해서 실제 니즈를 감추며 이야기할 때가 많습니다. (그러니까 우리 팀장님이 할 말 다 하는 것 같지만, 사실은 팀원들 눈치 보며 할 말 못하는 경우도 많다는 거죠.)

상대방의 니즈에 대해서 자신이 반응을 하고 안 하고는 선택의 문제이니, 그 선택권을 자신이 가져오기 위해서는 상대방의 니즈를 아는 게 좋잖아요. 그럴 때는 직접적으로 물어보는 것이 제일 효과적일 수밖에 없습니다. 하지만 "그래서 하려는 말이 뭡니까? 빙빙 돌려서 이야기하지 말고 빨리 털어놓으시죠."라고 할 수는 없잖아요. 효과적으로 상대방의 니즈를 파악하는 질문의 기술을 정리해볼게요.

① 직접적인 요청

제가 '빙빙 돌려서 이야기하지 말고 털어놓아보라'고 질문하는 것이 안 좋다고 말씀은 드렸지만, 그것은 일반적 관계의 사이에서 그렇고요, 조금 친밀한 사이라면 이런 질문이 더 효과적일 수 있어요. 그래서 그렇게 술 먹고 이 말 저 말 하는 거기도 합니다. 하지만 술 먹고 나누는 대화의 단점은 많이 마시면 다음 날 기억이 안 나고, 적게 마시면 다음 날 부끄럽다는 거거든요. 그렇게 해도 되는 사이라는 판단이 선다면 (술 안 마시고) 직접적으로 질문하는 것이 사실은 가장 좋은 방법입니다. '의례적인 것 말고요, 당신의 솔직한 의견을 듣고 싶습니다. 이에 대해 어떻게 생각하시나요?'라고 말이죠.

친밀하지 않아도 직접적으로 물어보는 것이 사회적으로 허용되는 경우는 캐릭터가 그렇게 구축되는 경우가 있습니다. '원래 그렇게 직접적이고, 막힘이 없고, 시원시원한 사람이야. 탁 까놓고 이야기해도 돼'라는 캐릭터를 가지고 있다면 직접 질문을 해도 상대방이 그렇게 부담스러워하지 않을 수 있어요. 다만 이런 캐릭터를 가지려면 솔직한 말을 들어도 뒤끝이 없고, 화내거나 기분 나빠하지 않으며, 진정성 있게 조언을 받아들일 자세가 되어 있어야겠죠.

② 개방형 질문 사용

개방형 질문은 상대방이 자유롭게 답변할 수 있는, 폭넓은 답변을 유도하는 질문 형태입니다. 상대방 입장에서는 질문에 다양한 베리에이션이 가능하다는 것이죠. Yes or No로 대답하는 닫힌 질문은 한정적인 결론을 유도하기 쉬운데요, 개방형 질문은 상대방에게 자신의 생각, 감정, 경험을 자세히 말할 기회를 제공합니다. 더 자연스럽게 진실된 피드백을 줄 가능성이 많죠. '이 일에 대한 당신의 경험을 공유해주실 수 있나요?', '이 문제에 대해 어떻게 생각하세요?', '이 프로젝트에 대해 어떤 개선점이 있다고 보시나요?' 같은 질문이죠.

주의할 점은 이 질문의 비중이 너무 높으면 그냥 의존하는 느낌이거든요. 처음부터 끝까지 다 말하라는 것이니까요. 그러니 전체 대화에서 이 질문의 비중은 높지 않게 하는 것이 좋습니다.

③ 구체적인 영역에 대한 피드백 요청

전체 의견에 대해 부담스러워하거나, 특정 분야의 전문가가 대화 상대일 때는 한 영역을 구체적으로 짚어서 피드백 질문을 건네는 것이 좋습니다. 요리를 잘하는 요리사일 뿐인데, 이 사람에게 레스토랑 경영에 대한 피드백을 구하거나 전체 외식업계의 동향을 묻는다면, 그것을 감당할 사람도 있겠지만 그렇지 못할 사람이 대부분입니다. 미슐랭 레스토랑 출신의 요리사가 자기 레스토랑을 낸다고 다 성공하지는 못하는 것은 요리와 외식경영은 다른 영역이어서 그렇습니다. 그러니 대화 상대방에 따라 구체적인 영역에 한정해서 질문을 건네는 것이 훨씬 효과적일 수 있다는 것이죠. '어떤 요리를 시도하는 것이 레스토랑의 맛 평가를 높이는 데 기여할까요?'나 '이 부분에 대한 당신의 생각은 어떠신가요?'같이 말입니다.

주의할 것은 물어보는 영역을 제한하는 것은 상대방의 기분을 상하게 할 수도 있는 일이라는 것이죠. 다 알고 이야기해줄 수 있는데, 당신은 이것만 이야기하라는 뜻이 되니까, 상대방의 영역을 축소한다는 인식을 줄 수 있습니다. 그러니 대화 상대방의 의중과 자부심을 잘 이해하고 질문해야 합니다.

④ 대안적인 제안 요청

지금 논의하는 사안이 아니라, 아예 다른 것으로 빠져나가는 방법입니다. 이에 대한 상대방의 반응을 보면 그가 원하는 것이 지금 논의되는 것인지 아닌지 극명하게 알 수 있죠. '그럴까요?'라고 하면서 기쁘게 지금의 대화에서 빠져나간다면 지금 이야기되는 것은 사실 상대방이 원하는 것은 아니었던 거죠. '다른 방법이 있다면 어떤 것을 제안하시겠어요?', '이거 말고 아예 다른 방향의 접근은 없을까요?' 같은 질문입니다.

하지만 대화라는 것은 상대방의 니즈도 있지만, 자신의 니즈도 있는 것이기 때문에 자신은 지금 논의되는 내용이 좋다고 하면, 이렇게 섣불리 다른 내용으로 나가보자는 제안은 안 하는 것이 좋습니다. 상대방이 원하는 경우라면, 한번 나갔을 때 다시 돌아오기 힘들어지기도 하거든요. 자신의 니즈가 완전히 빠져서는 또 안 되잖아요.

⑤ 향후 방향성에 대한 조언 구하기

앞으로의 행보를 묻는 질문에서도 상대방의 니즈는 드러납니다. 지금은 그 니즈에 맞는 방안을 구현하지 못하더라도, 앞으로는 이렇게 하면 좋겠다는 것이니까 사실 지금 하고 싶지만 못하는 것이 반영될 수 있거든요. 예산 때문이든 사회적 통념 때문이든, 시기상조라는 스스로의 판단 때문이든 접어둔 니즈를 끌어내는 질문이 됩니다. '앞으로 어떤 방향으로 나아가는 것이 좋을까요?' 같은 질문이 되겠죠.

⑥ 감성적인 말 덧붙여 질문 구성하기

대화는 사람 사이에 일어나는 일이기 때문에 감성적인 한두 마디의 말이 크게 도움이 될 때가 있습니다. 감사의 마음을 표현하며 피드백을 요청하면 그에 대한 답변도 더욱 진정성 있어집니다. '당신의 의견이 큰 도움이 됩니다. 이 부분에 대해 어떻게 생각하시나요?' 같은 감성적인 말이 들어가는 것이죠.

또 하나 감성적인 말을 덧붙이는 좋은 요령은 피드백의 중요성을 강조하는 거예요. '당신의 피드백이 중요합니다. 이 문제에 대해 어떻게 느끼시나요?' 같은 질문의 구성은, 상대방에게 '최선을 다해 조언을 하리라'는 결심을 이끌어내게 됩니다. 예전에 저와 한두 번 본 사이의 지인이 저한테 잠깐만 시간을 내달라고 해서 만난 적이 있습니다. 어떤 영상을 봐달라고 하더라고요. 그러면서 덧붙인 말이 "지금 이 영상을 보시는 게 제 인생에서 정말 중요한 일이에요. 주의 깊게 봐주세요."였어요. 한두 번 본 사이여서 그분의 인생에 중요한 게 저한테도 꼭 중요한 것은 아닐 수도 있었거든요. 그런데도 이런 말을 들으니 뭔가 비장한 기분이 들어서 카페에서 노트북으로 틀어준 3분 정도 되는 영상을 주의 깊게 시청했어요.

알고 보니 저한테 그다지 필요 없는 물건을 파는 다단계 판매여서, 조금 맥이 빠지긴 했습니다. 그런데 처음에 '자신의 인생에 정말 중요하다'는 말 한마디가 덧붙으니까, 저도 모르게 힘이 들어가서 영상을 보게 되긴 하더라고요.

물론 사람 간의 대화에서 이런 말을 자주 쓰면 너무 비장한 느낌 때문에 효과가 떨어지기 쉬우니 필요할 때 한정해서 쓰는 것이 좋지만, 앞서서 이야기한 감사의 마음을 덧붙이는 것은 언제 먹어도 괜찮은 비타500 같은 거라 자주 쓰셔도 좋습니다.

들은 것 너머의 상황적 맥락까지 고려해서 정리하기

우리의 목적은 질문을 통해 상대방의 니즈를 파악하는 것입니다. 직접적이든 간접적이든 상대방의 표현을 통해 그것을 판단하는 방법이 있고, 그리고 상대방의 표현 외에 다른 것을 힌트로 해서 니즈를 판단하는 방법도 있습니다.

예전에 서강대에 강연하러 간 적이 있어요. 전국대학생연합의 큰 행사에서 강연을 했는데, 질문 시간에 한 학생이 "지금 4학년인데, 여름에 유럽여행 가는 것에 대해 고민하고 있어요. 주위에서는 취업 준비 시간이 모자란다고 말리는데, 여행을 가야 할까요? 말아야 할까요?"라고 묻더라고요. 저는 1초도 고민하지 않고 "가세요."라고 했습니다. 당연히 그 이유

강연에서 질문하는 학생.

를 묻는 눈빛을 바로 쏘더라고요. 그래서 이야기했죠. "지금 학생이 무척 가고 싶은 거잖아요. 그러니까 400명쯤 되는 학생 앞에서 그런 고민을 이야기하신 거고요. 그러니 가셔야 해요."라고 말이죠.

다들 웃고, 그 학생 역시 웃더라고요. 하지만 여기서 그치면 저야말로 맥락을 파악하지 못하는 겁니다. 그 학생이 가고자 하는 마음은 확실한데, 이렇게 공개적인 장소에서 연사에게 의견을 구하는 것은 유럽여행을 가야 하는 당위성을 획득할 만한 조언을 얻으려는 거거든요. 그래서 덧붙여서 이야기했어요. "유럽여행을 가기 위해서는 두 가지가 필요한데 시간과 돈입니다. 그런데 취업해서 유럽여행을 가려고 하면 시간이 없어요. 학생일 때 가려고 하면 돈이 없죠. 두 상황 중에 어느 것이 그나마 타개할 수 있냐 하면, 돈은 빌릴 수 있습니다. 부모에게라도 말이죠. 하지만 시간은 빌릴 수가 없어요. 나중에 취업해서 유럽여행 가는 것이 그래서 어렵습니다. 지금 기회가 된다면 가는 것이 좋아요." 그러자 그 학생의 얼굴이 무척 밝아졌어요. 받고 싶은 선물을 받은 아이의 표정처럼 말이죠.

누군가 문제의 해결책을 물어볼 때 주의 깊게 들어보면, 사실 그 사람은 자신의 해결책을 이미 가지고 있을 수도 있습니다. 그 사람의 해결책을 찾아내 그에 맞추어 약간의 변화만 주고 이야기를 하는 것이 좋습니다. 자신이 무의식적으로 가지고 있는 방향과 완전히 어긋나게 제시되는 해결책은 받아들이기에 힘들 수 있어요.

그러니 대화 가운데 표현되지 않은 맥락을 고려하는 것도 상대방의 니즈를 알아채는 좋은 방법입니다. 몇 가지 정리해보면 다음과 같아요.

① 전체 대화의 목적 이해하기

대화가 실제 이루어지기 전에, 이 대화가 성립하기 위한 전제를 보는 거죠. 대화의 전반적인 목적과 목표를 파악하여 상대방의 말을 그 맥락에 맞게 해석해야 합니다. 예를 들어 카센터에서 너무 심하게 우리의 안전을 걱정해주면서 벨트 교환을 권하는 말에 아주 큰 감동을 받을 필요는 없습니다. 카센터 영업활동의 지향점을 생각해보면 말이죠.

② 상황, 맥락, 배경 고려하기

대화가 이루어지는 현재 상황을 고려하고, 그리고 상대방의 문화적 배경, 개인적이고 직업적인 배경 등 여러 배경을 고려하여 대화를 이해해야 합니다.

③ 상식적인가 체크하기

대화의 맥락이 상식적인 선에서 맞는지 생각합니다. 바라는 것 하나 없이 도와주겠다는 말은, 손해보고 판다는 장사꾼의 말 같은 것입니다. 손해를 보면 장사를 할 필요가 없잖아요. 조금 이익이 있거나, 아니면 다른 식으로 수익을 내거나 하겠죠. 그러니 상식적이지 않은 말과 요구는 신중하게 검토해봐야 해요. 그러니 상대방의 표현 너머의 부분까지 파악하기 위해 노력해야 합니다.

그리고 질문에 대해서 대답한 내용도 중요하지만, 질문에 대답하지 않는 부분도 중요합니다. 질문의 대답에 무언가 망설인다면, 사실 말하기에는 부끄럽거나 이야기하기 싫은 이유가 있는 것이겠죠. 그리고 보통은 바로 그 부분이 핵심입니다. 돈이 있는 척했지만 사실은 예산이 부족하다든가 하는 문제이니, 이 부분에서는 또 다른 질문으로 이런 교착상태에서 빠져나가야 합니다. '혹시 조금 더 경제적인 방법을 원하시나요?' 같은 확인 질문으로 말입니다.

대화의 패턴을 설계하는 질문법

5 ————

질문은 비교적 객관적이라는 착각

대화는 두 사람 이상이 하는 것이죠. 따라서 한 사람의 말에 대해 상대방은 어떤 식으로 대응하고 답을 할지 전혀 알 수 없습니다. 그리고 그다음 대화, 그다음 대화가 모두 예측불허다 보니 그야말로 작은 변화 때문에 엄청난 결과가 나타난다는 나비효과라는 것이 바로 대화가 아닌가 싶기도 해요.

하지만 정말 그럴까요? 대화는 분명히 앞으로 가라고 맞혔는데도 자꾸만 옆으로 빠져버리는 골프공 같은 것일까요? 많은 분이 오해하는 게 질문은 어느 정도 객관적이라고 생각하는 겁니다. 나의 의견을 말할 때

프레임으로 세상을 보기.

는 말에 주장을 담아서 말할 수 있지만, 질문은 상대방의 의견이나 생각을 묻는 것이기 때문에 상대방의 주장을 담아내는 방아쇠는 되어도, 나의 의견을 담아내는 권총은 될 수 없다는 것이죠. 하지만 바로 이런 착각 때문에 질문을 잘 활용하는 사람과의 대화에서는 페이스에 말려들 염려가 생기는 겁니다.

질문은 다큐멘터리와 비슷합니다. 객관적인 것 같지만 매우 주관적일 수 있어요. 하지만 사람들은 객관적인 줄 알기 때문에, 누군가의 의견을 강요당했다는 사실을 모르게 되죠. 다큐멘터리는 영화와 달리 객관적인 사실을 취재해서 보여주지만, 문제는 그 사실이라는 것이 프레임 안에 담긴다는 거예요. 전체 전경에서 일부만 따로 떼어서 프레임에 담는 순간 이미 프레임이라는 주관의 영역이 들어가버리는 것이죠.

이 프레임은 다큐멘터리를 제작하는 사람의 주관적인 시선이거든요. 이 사람이 강력하게 주장을 전한다고 생각하면 그에 대해 우리는 그것을 받아들일지 말지 판단할 수가 있는데, 이 사람이 전하는 것이 객관적 사실이라고 믿는다면 우리는 비판적 시각 없이 그냥 무조건적으로 남의 시각을 수용하게 되는 것입니다. 무척 위험한 일이죠.

스티브 잡스의 대화 설계

질문은 객관적이라고 생각하는데 그것이 바로 교묘한 점이에요. 질문을 통해 전체 대화를 설계할 수 있습니다. 질문으로 프레임을 짤 수 있다는 것이죠. 다큐멘터리와 비슷한 것입니다. 예를 들어서 1983년 애플이 마케팅을 강화하기 위해 당시 펩시콜라 사장인 존 스컬리를 영입하려고 했을 때입니다. 존 스컬리는 펩시의 '블라인드 테스트'나 '지금은 펩시시대'라는 광고를 만들어 코카콜라의 점유율을 역전할 계기를 마련해준 공로로 펩시콜라 CEO까지 오른 인물이에요. 이런 사람에게 이제 막 성장하는 IT 업체의 CEO가 되어달라는 것은 그다지 구미가 당기는 제안은 아니었죠. 거듭 고사했는데, 마지막으로 스티브 잡스가 스컬리를 자신의 콘도로 초청해 애플의 CEO를 맡아달라고 다시 한번 제안을 해요. 이때도 스컬리의 대답은 No였습니다. 그때 스티브 잡스가 그 유명한 질문을 하죠.

남은 평생을 설탕물이나 팔며 보내고 싶으신가요, 아니면 나와 함께 세상을 바꾸고 싶으신가요? Do you want to sell sugar water for the rest of your life, or do you want to come with me and change the world?

존 스컬리는 이 질문에 강한 인상을 받아 애플로 이직하기로 결심하게 됩니다. 그런데 생각해보면 저 질문에서, '나는 설탕물이나 팔면서 여생을 보내겠다.'라고 대답할 사람이 얼마나 될까요? 질문 자체가 기울어진 운동장이에요. 한쪽 선택은 너무 좋아 보이고, 다른 쪽 선택은 너무 나빠 보입니다. 그런데 사실 이 질문은 다음 질문과 같은 질문이에요.

'원래는 탄탄하고 안정적이며 성공이 보장된, 그리고 무엇보다 계속 펩시에 있었기 때문에 누구보다 전문성을 가진 사람으로서 펩시 CEO를 계속 하실래요, 아니면 이제 막 시작해서 장래가 어찌 될지도 모르고, IT 문외한이라는 입장에서 어려움이 예상될 수밖에 없는 IT 기업의 CEO를 하실래요?'

이렇게 물어보면 쉽사리 애플로 이직하는 결정을 하기 힘들지 않을까요. 그러니 스티브 잡스의 질문은 마치 양자택일의 선택처럼 보이지만, 사실은 한쪽 선택이 강요되는 함정 질문입니다. 반대로 스티브 잡스 입장에서 보면 대화 설계를 엄청 잘한 것이죠. 상대방이 다른 선택을 생각하기 힘들어지도록 한 번의 질문으로 자신의 페이스로 끌어들였으니까요.

질문으로 대화의 패턴을 설계하기

대화는 상호작용을 전제로 하지만, 그 상호작용을 어느 정도 유도할 수 있습니다. 능숙한 대화자라면 대화의 패턴을 설계해서 자신의 페이스로 끌어들일 수도 있죠. 효과적인 질문 하나만으로도 상대방의 의지를 가져올 수 있어요. 스티브 잡스처럼 말이죠. 그렇다면 도대체 어떤 질문으로 대화의 패턴을 자신의 구미에 맞게 설계할 수 있을까요?

① 질문의 시작점으로 전체 대화의 패턴을 설계

질문의 시작점은 관심의 포인트를 지정합니다. '왜?', '어떻게?', '만약에?', '구체적으로 예를 들자면?' 같은 시작점은 전체 대화의 패턴을 주도할 수 있습니다.

'왜?'로 시작하는 질문은 이유나 원인이 궁금한 것이죠. ('도대체 왜?'라고 한다면 지금의 상황이 못마땅한 것이니, 이유를 따져 묻는 대화가 될 것입니다.) 어떤 문제가 발생했을 때 '왜?'라는 질문이 먼저 나오면, 문제의 원인을 찾아내는 것이 관심 포인트라는 이야기예요. 물론 사건이나 문제의 원인을 밝혀내는 것은 합리적인 행위입니다. 문제가 발생한 원인을 알아야 그 문제의 재발을 방지할 수 있으니까요. 하지만 그 원인이 사람에게로만 향하면 책임소재를 따지는 일이 되기 쉽죠. 자칫 비난과 벌칙의 화살을 쏠 방향을 지정하기 위한 질문이 될 수 있으니 주의해야 합니다.

'어떻게?'라는 시작은 방법을 질문하는 거잖아요. 문제가 생겼을 때 '왜?'를 앞머리에 놓는 것이 과거 지향적이라면 '어떻게?'를 앞머리에 놓는 것은 미래 지향적입니다. 어떻게 해결할 것인가에 관심의 초점이 있는 것이니까요. 그렇다고 이것을 흑백논리로 '왜?'는 바람직하지 않고, '어떻게?'는 바람직하다는 식으로 받아들여서는 안 됩니다. '어떻게?'의 답으로 방법론을 제시하려면, 결국 왜에 대한 답을 찾아 그 원인을 제거하는 방식으로 해결해야 하니까요. 다만 '어떻게?'에 초점이 맞춰졌다는 것은 문제해결 행위 위주로 사고방식이 맞춰져 있다는 것이죠. 많은 스타트업이 이런 식의 사고방식을 가지고 대화를 나눠요. 어떻게 해결할 것인가가 관건이라는 거죠.

'만약에?'는 다양한 가정을 해본다는 것인데요, 창의적인 사고를 유도하죠. 그러다 보니 대화 역시 다양한 상황을 가정해보며 재미있게 전개될 수 있어요. 이러한 대화 가운데 창의적인 해결책이 나오기도 하니까, '만약에?' 뒤에 재미있는 가정을 붙이면 자연스럽게 즐거운 대화가 유도될 수 있습니다.

'구체적으로 예를 들자면?'은 사고가 구체화되고 정확하게 형상화되는 대화를 유도합니다. 보통 추상적으로 흐르는 대화는 겉돌기 마련이고, 핵심을 비껴가는 경우가 많은데요, 구체적으로 예를 들어서 나누는 대화는 확실히 실용적이고 실제적이죠.

② 긍정형, 부정형으로 상대의 감정을 유도

처음 질문을 긍정형으로 묻느냐 부정형으로 묻느냐에 따라 이후 대화의 방향을 어느 정도 유도할 수 있습니다. 긍정형 질문은 대화의 긍정적이고 건설적인 분위기를 조성하는 데 도움이 됩니다. 이런 질문은 상대방이 긍정적인 생각과 해결책을 고려하도록 유도할 수 있어요. 예를 들어 '이 프로젝트에서 성공을 거둘 수 있는 방법은 무엇이라고 생각하나요?'라는 질문은 이미 성공을 전제함으로써, 상대방이 성공적인 결과와 가능성에 집중하게 만듭니다. 그런 기대를 하게 되는 거죠.

반면, 부정형 질문은 문제점이나 도전 과제에 초점을 맞추게 합니다. 그러니까 부정형 질문이 부정적 감정은 아니라는 거예요. 초점의 문제죠. 부정형 질문은 보통 문제를 해결하기 위한 방안을 모색하거나 위험요소를 인식하는 데 유용할 수 있습니다. 예를 들어 '이 프로젝트에서 어려움을 겪을 수 있는 부분은 무엇일까요?'라는 질문은 대화 상대방이 잠재적인 문제점을 인식하고 이에 대해 생각하게 합니다.

이렇게 대화의 시작에서 긍정형 또는 부정형 질문을 선택함으로써 대화의 방향을 유도할 수 있습니다. 긍정적인 질문은 대화를 좀 더 낙관적이고 해결책 지향적으로 만들 수 있으며, 부정적인 질문은 문제 해결과 위험 관리에 초점을 맞출 수 있습니다. '우리 팀의 강점은 무엇이라고 생각하나요?' 같은 질문은 팀원들이 긍정적인 요소와 강점을 공유하게 하여, 팀의 자신감을 높이는 데 기여합니다. 반면 '이번 프로젝트에서 가장

큰 리스크는 무엇일까요?' 같은 질문은 팀원들이 위험 요소를 고려하고
이에 대한 대비책을 생각하도록 동기부여를 할 수 있습니다.

③ 질문할 때의 어조나 분위기

질문의 내용뿐 아니라, 질문을 하는 어조, 말투, 분위기 등으로도 대화
의 방향을 유도할 수 있습니다. 긍정적인 어조(말투, 분위기 등)의 질문은
대화 상대방을 격려하고, 열린 대화를 촉진합니다. 조금은 자유로운 분
위기가 가능하다는 것이죠. 이런 분위기에서는 보통은 긍정적인 해결책
이 나오고, 간혹 창의적인 아이디어까지 나오기도 합니다. '이번 프로젝
트에서 우리가 달성할 수 있는 가장 큰 성공은 무엇이라고 생각하시나
요?' 같은 질문은 무언가 가슴이 웅장해지는 느낌을 줍니다. 이러한 질문
을 통해 팀원들이 프로젝트의 긍정적인 가능성을 생각하게 되고, 동기부
여를 받게 되는 것이죠.

반면 부정적인 어조(말투, 분위기 등)의 질문은 대화 상대방을 방어적으
로 만들거나 긴장감을 조성할 수 있어요. 이런 분위기는 문제점에 초점
을 맞추거나 리스크 관리에 유용할 수는 있지만, 창의성이나 협력적 태
도를 저해할 수도 있습니다. 보통 부하직원이 싫어하는 상사는 부정적인
어조로 질문하는 상사인 경우가 많죠. '이 기획안으로 도대체 얼마나 우
리 회사에 이익이 있을 거라고 생각하나?', '도대체 사전 조사는 하고 말
하는 거야?' 같은 말은 일하는 의욕을 꺾거든요.

그런데 어조나 말투, 분위기의 문제는 사실은 매우 감정적인 문제예요. 질문의 내용이 문제가 아니라 질문하는 사람의 감정이나 관점의 문제라는 것이죠. 그러니 말하는 사람의 성격적인 특성도 반영이 됩니다. 그런 면에서 보면 부정적인 어조가 나쁜 것만은 아니에요. 신중한 성격, 돌다리도 두들겨보고 건너는 성격의 사람이 이런 어조를 많이 사용하죠. 이런 사람의 매니지먼트하에 있으면 활력은 줄어들지만, 실패 가능성 역시 줄어드는 편입니다.

질문으로 잘못된 결론 유도하기

때때로 자신의 필요를 위해 질문을 사용해서 대화 상대방을 잘못된 결론으로 유도할 수 있습니다. 편향된 정보 제공, 오해를 조장하는 질문 구성, 그리고 오도된 가정을 바탕으로 한 질문 등을 활용하는 것인데요, 반대편 입장에서 보면 이런 질문을 조심해야 한다는 이야기이기도 합니다.

① Yes or No 질문

맞고 틀리고만 존재하는 세계가 Yes or No죠. 논리에서 보면 흑백논리의 오류라고 합니다. 두 가지 극단적인 선택지만을 제시함으로써 중간의 가능성을 배제하는 오류입니다. '너 나 좋아하니? 아니라고? 그럼 나를 싫어하는구나.' 같은 논리예요. 좋아하지 않는다고 싫어하는 것은 아닙니다. '너 나 좋아하니?'라고 물었는데, '누구시죠?'라고 할 수도 있어요. 누군지도 모르는데 싫어하거나 좋아하는 감정이 생길 여지가 없습니다. 그냥 모르는 사람이거든요.

세상에 두 가지만 존재하는 것이 아닙니다. 그런데 마치 두 가지만 존재하는 듯이 생각하고, 질문 구성도 그렇게 하는 거죠. '나를 전적으로 지지하지 않으시나요? 그렇다면 당신은 나의 진정한 친구가 아닙니다.', '이 문제에 대해 목소리를 높이지 않을 것인가? 그렇다면 당신은 문제의 일부다.', '건강을 위해 매일 운동하지 않으십니까? 그러면 당신은 건강에 전혀 신경 쓰지 않는 것입니다.' 같은 예입니다.

이런 질문은 세상에는 흑과 백 두 가지밖에 없다는 오도된 가정을 바탕으로 합니다. 이런 질문을 만난다면, 세상에는 노란색이나 초록색도 있다는 중간지점을 지적함으로써 함정에서 벗어나야 합니다.

② 양자택일의 질문

양자택일의 질문 역시 오도된 가정을 바탕으로 합니다. 선택지가 두 개만 제시되는 거예요. 마치 이 두 가지 중 하나는 꼭 골라야 할 것처럼 말이죠. 하지만 선택지는 두 개밖에 없는 게 아니라, 훨씬 더 다양한 것이 가능하거든요. 그래서 논리에서는 이를 양자택일의 오류라고 해요. 앞서 스티브 잡스가 제시한 질문도 양자택일의 오류입니다. 설탕물을 팔거나 세상을 바꾸는 일, 둘 중에 하나는 꼭 해야 한다고 몰아가는 거죠. '밥 먹을래? 나랑 같이 죽을래?', '너희 나라는 미국 편이야? 중국 편이야?', '이번에 프로젝트가 어긋난 것은 팀원들의 팀워 문제인가요? 팀장의 리더십 문제인가요?' 같은 질문입니다. 둘 중 하나가 아닌데도, 둘 중 하나를 골라야 한다는 압박감을 주는 것이죠.

③ 군중에 호소하는 질문

정당성의 근거를 군중에 두는 것은 합리적인 구성은 아닙니다. 많은 사람이 믿거나 지지하는 것이 반드시 옳거나 진실이라고 할 수는 없거든요. 그래서 논리에서는 이를 군중에 호소하는 오류라고 합니다. 이러한 오류는 인기나 대중의 의견을 근거로 삼아, 실제적인 증거나 논리적 근거를 무시하는 경향이 있습니다.

군중의 선택이나 지지를 들이대면서 상대방에게 선택을 강요합니다. 다수의 선택이니 그게 맞다는 오해를 조장하는 질문 구성을 하는 거예요. '물어보니 다들 이렇게 생각하던데, 너는 어때?', '다들 이번 주 안에는 낸다던데, 너는 언제 낼 거야?' 같은 질문이죠. '그 책 베스트셀러인데, 아직 안 보셨어요? 좋은 책인데 보셔야죠.', '우리 사회 대부분이 이 전통을 따르고 있습니다. 그러므로 이것은 올바른 방식이므로 따르는 것이 어떠실까요?' 같은 것도 모두 군중에 호소하는 오류에 불과합니다.

④ 권위를 가져다 붙이는 질문

편향된 정보를 제공하는 것인데요, 질문에 특정 분야의 전문가나 권위 있는 인물의 의견을 근거로 가져다 붙이는 겁니다. 권위에 호소해서 내용을 전개할 때는 권위가 어디까지인가가 문제인데요, 해당 전문가의 전문성 범위를 넘어서거나, 전문가 의견이 논쟁의 주제와 직접적으로 관련이 없는 경우에도, 그 근거가 옳다고 주장할 때 문제가 발생하는 것입니다. 그래서 이를 논리에서는 권위에 호소하는 오류라고 해요.

'유명한 철학자 칸트는 시계같이 정확한 생활 방식으로 유명합니다. 그러니 이것이 최선의 삶의 방식 아니겠습니까?', '저명한 과학자 아인슈타인도 신의 존재를 믿었으니, 신은 존재하지 않을까요?' 같은 말입니다. 조금 더 생활적으로 들어오면 각종 광고에 나와서 이야기하는 전문가들이 사실은 해당 분야의 권위자가 아닌 경우가 생각보다 많기도 합니다.

공기의 흐름을
한순간에 바꾸는 반전 질문법

⑥————

잘 나가던 예능 MC가 순식간에 사라진 이유

TV 예능 프로그램을 몇 번 해보았어요. 그러면서 재미있는 점을 발견했는데, 토크쇼의 주인공은 누구인가 하는 거죠. 보통 인기 MC가 이름을 걸고 하거나 간판 진행을 하기 때문에, 얼핏 생각하기에 토크쇼의 주인공은 MC일 거라는 생각이 들어요. 하지만 사실 토크쇼는 게스트에 따라 시청률이 좌지우지되기도 하고, 핵심 콘텐츠가 해당 회의 게스트에 관한 것이기 때문에 주인공은 게스트입니다. 이것을 인지하는 MC가 있고, 그렇지 않은 MC가 있어요.

　제가 파일럿 프로그램에 참여한 적이 있는데, 한번 방영해보고 시청자 반응이 좋으면 정규 프로그램으로 편성되는 조건의 방송이었어요. 저는 그때 5명의 MC 중 전문가 T.O.의 MC로 참여했습니다. 이 프로그램이 계속 가려면 첫 녹화가 굉장히 중요했는데요, 첫 녹화를 해보고 저는 이 거 안 되겠다는 감이 오더라고요. 메인 역할을 하는 남자 MC가 자꾸 주 인공이 되려는 사람이었거든요. 게스트에게 질문을 해서 게스트를 빛나 게 하고 게스트의 이야기를 듣기보다는, 이야기의 흐름 속에 끼어서 자 신이 계속 웃길 타이밍만 보는 것이 녹화하면서 느껴졌어요.

여러 이야기가 바닥에 널브러지게 되면 그것을 한번 정리하고 다음 스 텝으로 넘어가야 하는데, 메인 MC가 그 역할을 안 하는 거예요. 사실 자 신이 웃길 것만 생각하니 게스트의 이야기를 귀담아듣지 않고, 그러다 보니 전체 흐름을 못 잡는 거죠. 누군가 정리는 해야 방송이 되기에, 녹화 때 제가 그 역할을 하게 되었거든요.

아니나 다를까 파일럿 프로그램이 방송되었는데, 메인 MC보다 제 가 말을 더 많이 하는 것으로 편집이 되어서 나왔습니다. 문제였죠. 메인 MC보다 보조 MC가 말을 더 많이 한다는 것은 방송이 망했다는 얘기입 니다. 결국 아쉽게도 그 방송은 파일럿 한 번만 나가고, 정규 프로그램이 되지는 못했어요.

MC가 토크 분량을 욕심내는 순간, 그 토크쇼는 망하더라고요. 좋은 토크쇼의 MC분들을 보면 말을 많이 하기보다 질문을 잘하시는 분들입 니다. 질문의 대답은 게스트가 하니까, 이 대화의 분량은 게스트가 가져

토크쇼의 다섯 MC.

갑니다. 그런데 질문이라는 것은 큰 흐름이거든요. 질문을 한다는 것은 흐름을 주도하는 역할을 한다는 거예요. 계속 질문을 해서 토크쇼를 이 어간다는 것은 물줄기의 방향을 통제한다는 얘기입니다. 그러니까 질문 을 하는 사람이 진정한 강의 주인인 거죠.

　마찬가지로 대화의 주인은 흐름을 이끄는 사람입니다. 대화의 지분이 많고 적은 것이 문제가 아니라, 누가 대화의 흐름을 이끌어가는지가 중 요한 거죠. 흐름을 이끌어가는 핵심은 질문입니다. 말을 많이 하는 것과 는 상관없이, 적절한 질문으로 대화의 방향을 자유자재로 조정하는 사람 이 진정한 대화 마스터라고 할 수 있어요.

대화의 메타인지 하기

대화의 흐름을 알기 위해서는 한 발은 대화 안에 걸치지만, 다른 발은 대화 밖으로 빼고 있어야 합니다. 흐름 안에만 있으면 보통은 수영하기에 바빠서 강의 흐름이 어디로 향하는지 살필 겨를도 여유도 없습니다. 대화의 메타인지는 대화를 하면서 자신이 강의 어디쯤에 있는지 인식하는 일입니다. 정확하게는 대화를 하는 동안 자신의 생각과 감정, 그리고 대화의 흐름과 과정을 인식하고 분석하는 능력을 대화의 메타인지라고 말할 수 있어요. 이렇게 메타인지가 된 상태에서야 반전도 가능합니다.

이러한 메타인지를 위해서 우선 가장 중요한 것은 대화의 구성원과 목적을 정확히 인식하는 것이죠. 비즈니스, 업무나 정보전달 같은 다소 딱딱한 목적으로 대화가 이루어질 수도 있고, 친구들과 편하게 담소를 나누거나 처음 보는 사람들과 어색하지만 친교를 위해 나누는 가벼운 대화일 수도 있습니다. 누구와 어떤 자리에서 이야기를 나누냐에 따라서 대화의 소재나 주제가 어느 정도 제한될 것입니다. 공식적인 업무와 관련 있는 대화를 나누는데, 저번 주에 한 소개팅에 관한 이야기를 꺼내는 것은 어색한 일입니다. 친구들과 편하게 대화를 나누는데, 종교 이야기를 하는 것은 피해야 할 주제이고요. (교회 친구나 절 친구 사이라면 괜찮겠지만요.)

대화가 막상 시작되면 서로 상호작용하며 진행되는 만큼 대화 하나하나를 분석하기는 힘듭니다. 하지만 전체적인 방향이라는 게 있죠. 보통 주제에 따라 이야기가 진행되지만, 가끔 단어 하나를 고리로 해서 계속 꼬리에 꼬리를 물어 다른 방향으로 빠지는 사람이 있어요. 그만큼 생각 자체가 산만하거나, 자신의 지식을 자랑하고 싶은 욕망을 절제하지 못하는 사람인데, 이런 사람이 대화 가운데 끼어 있으면 그야말로 에너지 뱀파이어를 만난 기분이 들 겁니다. 이런 경우에는 적당한 선에서 "그건 그렇고 하던 얘기를 마저 하자면"이라고 대화를 다시 원래의 길로 돌려놓는 조절이 필요합니다.

대화의 메타인지를 위해 제일 중요한 것은 내용 정리입니다. 말 한마디 한마디를 다 정리할 수는 없지만, 핵심 내용은 분명히 있으니까 그 핵심 내용을 정리하는 것인데, 보통 핵심 내용은 주장이나 설명, 혹은 감정의 표현 정도입니다. 설명은 해당 사건이나 내용을 자세하게 말해주는 것이니까, 일반적으로는 정리할 필요가 없긴 합니다. 다만 상대방이 설명이 장황해진다거나 이미 한 얘기를 계속 반복한다면 "그건 이해했어."라고 하면서 그 화제를 넘겨야 할 겁니다. (안 그러면 귀에서 피가 나기 시작하거든요.)

보통 대화가 티키타카를 하면서 길을 잃는 경향이 나타나는 것은, 이러한 설명의 대화보다는 두 사람의 주장이 맞붙을 때입니다. 이럴 때야말로 메타인지를 통해 흐름을 장악해야 합니다. 그러기 위해서는 상대방의 주장을 명확하게 판단해야 합니다.

A 대리의 승진에 반대하는 이유

다음의 두 가지 교통 표지판을 비교해봅시다.

실제로 미국에서 쓰이는 표지판들인데요, 호감이 가는 표지판은 어떤 것인가요? 개인적인 취향이야 워낙 다양해서 모든 사람이 그렇다고 할 수는 없지만, 일반적으로는 오른쪽 표지판을 더 선호할 것입니다. 그 이유가 무엇일까요? 디자인 면에서야 6각형의 Stop만 적힌 표지판이 더 매력적으로 보이지만, 오른쪽 표지판이 눈에 들어오는 가장 큰 이유는 왼쪽 것은 그냥 '금지'를 표시한 명령인 반면, 오른쪽 것은 '왜 서행해야 하는지', 그러니까 '왜 빠르게 달리는 것이 금지되어야 하는지' 친절하게 설명하고, 그 설명이 이치에 닿기 때문일 것입니다. 아이가 있으신 분이라면 마치 우리 아이일 것 같아서 감정적으로 호소가 되기도 하고요.

어떤 주장이 설득력이 있으려면 반드시 그에 대한 이유, 논거가 같이 따라와야 합니다. 보통은 그 이유를 보고 합리적이라고 판단하면 주장을 받아들이는 것이고, 그 이유가 합리적이지 않거나 자신의 생각과 다르면 그 주장을 받아들이지 않는 거죠.

'그 영화 꼭 봐. 톰 크루즈가 나오거든.'이라는 주장은 톰 크루즈가 나온다는 이유와 그 영화 꼭 보라는 주장으로 구성되어 있습니다. 톰 크루즈를 좋아하는 분에게는 이 주장이 매우 합리적 권유로 느껴질 테고요, 톰 크루즈를 그다지 좋아하지 않으시는 분에게는 그다지 설득력 있는 주장이 아닐 겁니다. 영화가 재미있다거나 공짜 표를 주겠다거나 같은 이유가 더 합리적으로 생각이 되죠.

남을 설득하기 위해 제시된 정당한 주장이라면 반드시 이유를 포함하고 있습니다. '다른 사람에게 방해가 되니까 도서관에서는 조용히 합시다.'라는 진술에서는 '떠들면 다른 사람에게 방해가 된다.'라는 부분이 이유가 되고, '조용히 합시다.'라는 부분은 주장이 됩니다. '대한민국 국민의 편안한 잠자리를 위해서 저녁 10시 이후에는 TV에 정치가가 등장하지 못하게 합시다.'라는 진술에서 이유는 '대한민국 국민의 편안한 잠자리를 위해서', 주장은 '저녁 10시 이후에 TV에서 정치가가 나오지 못하도록 하자.'가 됩니다. (제가 한 이야기가 아니라 예전에 유명했던 개그맨 고 김형곤 씨가 한 이야기입니다.)

사실, 우리가 일상생활에서 많이 쓰는 말도 주장과 이유로 구성되어 있습니다. 그런데 이유가 생략된 경우가 많아 우리가 주장과 이유의 필연적인 결합을 인지하지 못할 때가 많은 것뿐이에요. 가령, "밥 먹으러 가자."라고 친구가 말할 때는 보통 '배가 고프니' 혹은 '저녁 시간이니' 하는 이유가 숨어 있기 마련입니다. 강도가 "꼼짝 마!" 하고 외칠 때는 '움직이면 너를 해치겠다'는 이유가 숨어 있는 것이죠.

누군가의 주장이 있다면 그에 대한 명확한 이유들이 있고, 바로 그 이유들을 보면서 동조하거나 비판하는 자세를 정하게 되는 건데요, 대화 가운데 이런 메타인지가 되려면 대화 중에 상대방의 주장과 이유를 찾아서 인식해야 하는 거죠. 보통은 논리적으로 명확하게 정리해서 대화를 이어가는 것이 아니기 때문에 일반적인 대화에서는 의식적으로 정리하지 않으면 헷갈리는 경우가 많아요.

예를 들어 점심시간 내내 회사 직원들과 A 대리의 승진 문제로 '남격정'을 했습니다. 특히 B 대리가 입에 거품을 물어가며 A 대리가 이번에 승진 대상자가 된 것을 걱정했는데요, 한 시간 내내 떠들던 이야기를 정리해보니 결국 다음과 같은 것이었어요.

A 대리의 승진에 반대한다.
- ① A 대리는 원래 회사에서 불성실한 사람으로 손꼽히는 사람이다.
- ② A 대리의 외모는 일을 잘하게 생긴 관상이 아니다.

앞의 두 가지 이유는 'A 대리가 승진해서는 안 된다'는 주장을 뒷받침하는 진술입니다. 이것이 사실인지 아닌지 여부를 떠나 어쨌든 이 두 가지는 모두 A 대리의 승진을 반대하는 이유입니다. 하지만 ①의 논거는 설득력이 있는 반면, ②는 설득력이 좀 떨어지죠.

송곳 같은 질문을 하게 만드는 정리의 기술

이렇게 상대방의 이야기를 정리하면 핵심에 대한 질문을 할 수가 있어요. 1시간 내내 B 대리의 인물평을 듣고 있던 동료 가운데 C 대리가 "그래? 난 A 대리가 놀기는 좋아해도 자기 할 일은 확실히 해놓는 사람으로 보이던데?"라고 하면 B 대리의 1시간에 걸친 토로는 순식간에 물거품이 되어버립니다.

다른 여러 가지 이야기는 사족 같은 것이고 핵심은 바로 ①번 이유에 있었는데, 그 ①번 이유를 말끔하게 부정해버린 것이니까, 사실상 B 대리의 이야기를 강력하게 비판한 것이나 마찬가지입니다. 결국 이 점심시간은 그냥 승진에서 누락된 B 대리의 신세한탄인 셈이 된 거죠.

상대방의 이야기를 이유와 주장으로 정리하면, 장황하던 대화도 생각보다 깔끔하게 정리가 됩니다. 시사 프로그램의 진행자를 보면, 토론자가 이야기할 때 무언가 자꾸 쓰는 모습을 관찰할 수 있는데, 바로 토론자의 이야기에서 핵심이 되는 이유를 간단하게 정리하는 거예요. 예전에 시사 프로그램 진행자로 유명하던 한 아나운서가 있습니다. 저도 가끔 그분이 하는 라디오 프로그램을 들었는데요, 한번은 패널 한 분이 5분여를 주저리주저리 말하시더라고요. 그런데 그 아나운서가 다 듣고 나서는 "그러면 결국 대한민국의 인구 감소가 걱정되어 그 일을 시작하셨단 말이죠?"라고 한마디로 정리를 해버리는 겁니다. 그러자 그 패널이 "아… 네… 네…." 하면서 당황하더라고요. 자기가 생각해도 이렇게 간단하게 정리해서 말할 수 있는데, 계속 장황하게 말을 했다는 자괴감이 순간 든 거죠.

그래서 대화의 흐름을 장악하는 가장 큰 비결은 상대방 말의 핵심을 주장과 이유라는 도식으로 정리하는 것입니다. 특히 자신이 하는 말이 정리가 안 되는 사람한테는 '지금 하는 말이 이거지?'라고 주장만 정리해줘도, 깜짝 놀랍니다. 거기에 '그 주장에 대해서 네가 이야기하는 이유는 이거와 저거 두 가지 맞지?'라고 정리하면 훨씬 깔끔하지만, 굳이 그럴 필요는 없어요. 그 도식을 내가 알고 있으면 흐름에서 벗어나는 것과 그렇지 않은 것의 완급조절을 할 수가 있기 때문에 자신의 무기로 가지고 있는 것이 더 좋을 수 있죠.

반전을 끌어내는 질문의 방법

주장과 이유의 정확한 구분이 정리를 통해 대화의 흐름을 가져오기 위한 정석적인 방법이라면, 대화의 흐름에서 반전을 가져오는 것은 조금은 변칙적인 방법이라고 할 수 있습니다. 이것은 대화의 흐름이 자신에게 불리하거나 전환해야 한다고 생각할 때, 효과적인 방법이에요. 스킬적으로 다섯 가지를 정리해볼게요.

① 교묘하게 논점에서 벗어나기

대화의 흐름이 자신에게 불리하거나 바람직하지 않다고 생각해서 반전을 가하는 만큼 가장 좋은 것은 지금의 흐름에서 완전히 벗어나는 것입니다. 눈에 띄게 벗어나는 방법은 아예 화제를 전환한다는 신호를 주고 다른 이야기를 던지는 거예요. 첫마디가 다음과 같은 말로 시작하면 그런 신호인 거죠. '어쨌든', '그건 그렇고', '저번에 말씀하신', '참! 그거 알아?' 같은 말이요.

눈에 잘 안 띄게 벗어나는 방법은 작은 꼬리를 물고 빠져나가는 것입니다. 단어의 뜻이나 개념 같은 것이 그런 버튼 역할을 할 수 있어요. 예를 들어 "이 정책이 실패한 이유를 설명해주세요."라는 말에 "실패라고 하니까 생각나는데, 그보다 중요한 것은 우리의 경제가 실패하지 않는 방법을 강구하는 것 아닐까요?" 같은 말로 전환하는 거죠. 누가 이런 수법에 당할까 싶기도 하죠. 하지만 의외로 이런 것을 잘 쓰는 사람에게는 쉽게 당하는 것이 논점에서 벗어나기입니다.

"(의료사고를 범한 의사의 변호인이 최종변론을 하며) 그 환자가 사망한 것은 그 의사의 탓이 아닙니다. 그 의사는 과로에 시달렸고, 이는 그가 너무 많은 환자를 돌보아야 했기 때문입니다. 물론 이러한 현상은 현재의 의료 보험 제도 때문입니다. 보험 수가가 낮기 때문에 환자들은 종합병원으로만 몰려드는 것입니다. 그를 탓하기보다는, 현재의 보험 제도를 개선해야 하지 않을까요?"

그럴듯하죠? 하지만 지금은 변론의 단계고 핵심은 의사의 과실인데, 국가의 과실로 책임을 전가하며 의사의 실수에서 주의를 돌리고 있어요. 과로 때문이지만 어쨌든 실수라면, 그것은 의사의 책임이거든요. 이렇게 보니까 변호사 같은 말의 기술자가 논점에서 벗어나 자신에게 유리한 방향으로 대화의 흐름을 이끌면 아주 그럴듯하게 되어버려요.

논점 일탈의 질문은 일반적으로도 대화의 흐름에서 벗어나는 방법으로도 자주 쓰여요. "우리 회사의 복지는 좀 열악한 편이에요. 그 흔한 커피머신도 없고, 탕비실에 음료수나 컵라면 같은 것도 구비되어 있지 않잖아요."라는 말에 불편한 총무팀 관계자가 "그런데 요즘 컵라면은 정말 다양하지 않나요? 뭐가 제일 많이 팔리죠?" 같은 말로 불편하게 전개될 것 같은 대화의 흐름에서 탈출을 시도하는 겁니다. 혹시라도 제일 많이 팔리는 컵라면을 구비해주려나 하는 일말의 기대감으로 대화 상대방이 컵라면 종류를 이것저것 대는 순간, 화제는 열악한 회사 복지에서 잘 팔리는 컵라면으로 전환되는 거거든요.

② 메타인지로 대화 자체에 의문을 제기하기

대화에서 빠져나와 밖에서 그 대화를 지켜보는 듯한 메타인지를 잘 활용하는 방법으로는 대화 자체에 의문을 제기하는 방법을 생각할 수 있습니다. '우리가 지금 이렇게 탁상공론 하면 뭐하나?', '그런데 지금 이 이야기가 우리에게 어떤 소용이 있지?' 하는 식으로 대화의 효용성을 의심하는 거죠. '우리가 이렇게 말로만 떠드는 가운데도, 사람들은 죽어 나가고 있습니다. 중요한 것은 현실에서 실천해야 하는 것 아닐까요?' 같은 식입니다. 대화 자체의 필요성에 의심을 제기함으로써, 대화의 중단을 유도하는 것입니다.

일전에 출판인들이 모여서 포럼을 하는데 제가 토론자로 초청받아 참석한 적이 있어요. 유튜브나 SNS 광고로 왜곡되는 출판계에 대해서 기존 영세한 출판사로서는 어떻게 해야 하는지 대책을 논의하는 포럼인데, 저는 나름 이러저러하게 새로운 흐름에 적용하는 방법에 대해서 이야기했습니다. 그런데 결론이 뭐였냐면 '우리가 유튜브 광고하는 데 비용을 많이 쓸 수 있는 것도 아니고 SNS 같은 것은 잘 모른다. 사실 할 수 있는 것이 거의 없지 않은가? 그런데 책을 잘 만들면 결국 콘텐츠의 힘으로 독자가 찾아올 것이니, 책을 잘 만들자.'라는 결의였습니다. 그런 상황에서 좋은 방법이 무엇인지 논의하기 위해 열린 포럼인데, 결론은 '책을 잘 만들자'라니요? 당연한 말을 당연하지 않은 자리에서 당연하게 해서 사실 깜짝 놀랐습니다. '포럼에서 논의되는 제안들을 우리는 지금 할 생각이 없다.'라고 말하는 것인데요, 포럼에서의 모든 대화를 그야말로 제로로 만들어버리는 반전이었어요.

아니면 대화 상대방을 인신공격하는 식으로 대화의 유용성에 대해서 이의를 제기할 수도 있습니다. '그 회사의 제안은 고려할 필요가 없지 않을까요? 그들은 과거에 실패한 적이 많으니까요.' 같은 이야기는 일견 그럴듯해 보이지만 과거의 실패 경험으로 지금의 프로젝트를 판단하는 오류를 저지르는 거예요. 지금 프로젝트 자체를 보고 사업성을 판단해야 하는데, 과거의 경험만으로 섣부르게 판단하는 것입니다. 하지만 의외로 이런 감정적인 부분에 사람들은 흔들리므로 대화의 흐름을 반전시키고자 할 때 효과적인 방법이기는 해요.

③ 갑과 을이 순식간에 바뀌는 문제의 재정의

주어진 문제를 재정의하는 것은 행하기가 쉽지 않지만 할 수 있다면 확실하게 대화의 흐름을 가져오는 좋은 방법입니다. A라는 문제를 B라고 재정의하면 새로운 흐름의 대화가 가능해지니까요. 애플이 그들의 XR 기기인 비전프로를 발표하면서 기존에 업계에서 쓰던 '메타버스'라는 말을 쓰지 않고 그것을 '공간 컴퓨팅'이라는 말로 재정의하거든요. 개념이나 기술은 거의 그대로이지만, 공간 컴퓨팅이라는 재정의는 애플을 메타버스의 후발주자가 아니라 공간 컴퓨팅의 선두주자로 만들어버리는 것입니다.

이 재정의만 적절하게 잘한다면 비즈니스 관계의 대화에서 갑과 을이 순식간에 바뀌는 효과도 나올 수 있어요. 예를 들면 이런 거죠. "납기일을 이틀 정도만 당겨주실 수 있을까요?"라는 갑의 질문을 받았을 때, "저희가 지금 이틀을 당기려면 물리적으로 직원들이 밤을 새워야 하고……." 하는 식으로 받아치면, 그냥 갑과 을의 관계지만, "지금 노동법에 명시된 법정 근무시간을 어기고, 무리하게 계약서보다 과한 의무를 강요하시는 건가요?"라고 이 문제를 재정의하면, 아쉬운 말을 해야 할 필요가 확 줄어들죠. "아니 오해가 있었나 본데, 꼭 그런 것은 아니고요."라는 식으로 순식간에 갑과 을의 입장이 바뀔 수 있습니다. 물론 이런 대화는 현실적으로는 다음 계약 가능성을 줄어들게 만드니, 상황과 여건을 잘 봐서 해야 하지만 말이죠.

어떤 문제를 자신이 다루기 쉬운 문제로 재정의하는 것은, 대화의 흐름에 반전을 가하는 아주 효과적인 방법입니다. 다만 재정의를 할 때 남들이 듣기에는 말도 안 되는 것으로 하면 안 되고 상식적으로 용인되어야 하기 때문에, 이 재정의를 잘하는 것에는 많은 노력과 생각이 필요합니다. 보통 법, 규칙, 상식, 윤리같이 그 사회 구성원들에게 보편타당한 것들과 연관지어 재정의하는 것이 효과적입니다. 도둑질은 나쁜 것이지만, '아이가 너무 굶어서 아이를 먹일 생각에 분유를 훔치다 걸린 엄마'에게는 선처가 내려지기도 합니다. 분유를 훔친 행위가 절도가 아니라 아이를 살리기 위한 절박한 행동으로 재정의되는 거예요. 이 경우에는 법보다는 상식이 더 앞서는 거죠.

④ 유머를 활용하여 재미있게 문제에서 빠져나오기

유머는 주의를 환기시키고 순식간에 분위기를 바꾸죠. 그래서 잘만 쓰면 대화의 흐름도 순식간에 바뀌버립니다. 자신한테 곤란한 이야기도 유머를 쓰면, 분위기를 좋게 유지하면서도 한순간에 벗어날 수 있어요. 사실 최근 정치인들이 간혹 쓰는 것이 눈에 띄지만, 최근 정치 이야기는 민감하니 좀 멀리 다른 나라에서 예를 찾아볼게요.

링컨이 대통령 선거를 할 때 공화당 경선에 나선 정적은 상원의원 더글러스였어요. 더글러스 의원은 합동회견 자리에서 링컨을 가리키며 두 얼굴을 가진 이중인격자라고 비난했습니다. 이에 대해 링컨은 흥분하지 않고 침착하게 이렇게 이야기했어요. "더글러스 후보가 저를 두고 두 얼굴을 가진 사나이라고 몰아붙이고 있습니다. 좋습니다. 여러분께서 잘 생각해보시기 바랍니다. 만일 제가 두 얼굴을 가진 사나이라면, 오늘같이 중요한 날 잘생긴 얼굴로 나오지 이렇게 못생긴 얼굴을 가지고 나왔겠습니까?"[16]

이 이야기를 들으시는 분들이나 하시는 분들이나 모두 링컨의 그릇에 감탄하면서 이 이야기를 전하는데요, 사실 이는 링컨의 엄청난 분위기 반전의 기술입니다. 이 공방을 현장에서 본 사람들이나 나중에 들은 사람들이나 모두 부정적인 더글러스보다는 그것을 재미있게 받아친 링컨

링컨의 이중인격을 표현하는 그림.

에게 더 호감을 보이게 되었을 텐데요, 더글러스가 제기한 의혹은 링컨
이 이중적인 생활을 하고 있다는 것입니다. 토론회에서 나온 이와 같은
질문의 적절한 답은 '그것이 왜 아닌지'에 대한 증명 같은 것이 되어야 합
니다. 하지만 링컨은 자신이 이중적으로 보이는 생활에 대해 답하지 않
아요. 유머로 그냥 자연스럽게 그에 대해 언급하지 않고 지나간 거죠.

　유머는 재미있다는 전제하에서는 좌중에 호감을 줍니다. (부장님들은
재미있다는 전제를 꼭 기억하셔야 해요.) 그러니 슬쩍 대화에서 벗어나 자신
의 흐름을 가져다붙여도 충분히 허용하게 되거든요. 적절한 유머는 원래
부터 대화의 분위기를 좋게 만드는 필요한 기술이지만, 때로는 대화의
흐름을 반전시키는 아주 필요한 기술이기도 합니다.

⑤ 침묵이나 지연으로 반전 흐름 가져오기

대화에서 분위기를 반전시킬 때는 말뿐 아니라, 말을 안 하는 것도 때로는 효과적인 방법이 됩니다. 지연이나 침묵인데요, 지연 같은 경우는 비즈니스 대화에서도 종종 쓰이는 방법이에요. 예를 들어 중요한 협상을 위해 대화를 시작하는데, 그 이야기는 안 하고 날씨 이야기, 영화 이야기 같은 것만 하는 경우가 있어요. 누군가 먼저 해당 대화를 꺼내기를 기다리는 거죠. 그리고 보통 먼저 꺼내는 쪽이 주도권을 잃습니다. 그쪽이 조금 더 급하다는 뜻이 되는 것이니까요.

대화 중간에도 지연은 일어납니다. 협상 자리에서 "이런 건 어때요?"라는 제안을 받았는데, 그에 대해 가타부타 말하지 않고 갑자기 다른 이야기를 꺼내는 경우가 있죠. 보통 영화에서는 악당들이 많이 그러는데요, 이 역시 관련된 내용의 흐름이 이어지는 것을 지연시키는 것이죠. 이렇게 흐름에서 벗어나면서 생각할 시간을 벌거나, 상대방의 흐름을 끊어버리는 전략이라고 할 수 있습니다.

침묵 같은 경우는 글자 그대로 보면 말하기를 거부하는 것이니 매우 극단적인 방법입니다. 대화를 하다가 입을 닫아버리면 대화 자체에 대한 거부니까, 흐름을 바꾸는 것이 아니라 그냥 흐름을 끊어버리고 파행으로 만들어버리는 거죠. 그래서 이때의 침묵은 대화에서 잠깐 벗어나는 실체적인 방법이라고 할 수 있어요. 어렵게 말했지만, 쉽게 말하면 잠깐 화장실에 다녀오는 거죠. 흡연자이신 분들은 "담배 한 대 피우고 이야기하시죠."라고 할 수도 있고요.

이렇게 대화에서 벗어나 잠깐 시간을 갖는 것은 흐름을 점검하고, 다시 자신에게 유리한 흐름으로 대화의 방향을 돌려놓을 수 있는 효과적인 방법이 되기도 합니다.

3장

지식을 지성으로 만드는
질문의 알고리즘

올바른 질문을 할 줄 모르면 아무것도 발견하지 못한다.

―에드워즈 데밍

진정한 지식은
스스로 질문하고
답하는 과정에서 생긴다

꿈이 선물해준 노벨상

대화할 때 상대방에게 하는 질문이 발산형 질문이라면, 나 스스로에게
건네는 질문은 수렴형 질문입니다. 외부로 향하는 발산형 질문은 지식을
얻게 하지만, 내부로 향하는 수렴형 질문은 지혜에 가닿게 도와줘요. 외
부와의 관계에서 지식이나 정보를 끊임없이 획득하는 것도 중요하지만,
내부에서 그것들을 정리하는 시간이 없다면 지식과 정보들은 나와 관계
없이 따로 존재하는 피사체, 그 이상도 그 이하도 아닙니다. 지식과 정보
가 자신의 뇌 안에서 소화되고 관계 지어질 때 비로소 스스로의 성장과
발전에 도움을 주는, 그리고 인생의 깨달음과 행복에도 결정적으로 작용

하는 소중한 영양분이 될 수 있는 거죠.

최근 들어 MRI가 발달하면서 뇌에 대한 연구가 활발하게 진행되고 있어요. 그러면서 사람들이 궁금해하는 하나의 질문에 어느 정도 답을 찾아가고 있는데요, 바로 꿈의 역할입니다. 왜 사람은 꿈을 꾸는 것일까요? 지금의 연구는 뇌파를 통해, 실험 대상자가 어떤 꿈을 꾸는지 파악할 정도까지는 도달했습니다. 반대로 말하면 이러한 기기를 사용하지 못할 때는 사실 꿈에 대해서 우리는 아는 것이 없었다는 것이죠. 그래서 프로이트가 주장하는 것처럼 말도 안 되는 이야기들이 나왔던 겁니다. 물론 프로이트가 꿈을 신의 뜻에서 인간 뇌의 작용이라는 과학의 차원으로 전환시킨 공로는 큽니다. 하지만 내용은 다 틀렸어요. 일단 꿈을 왜곡이나 위장된 욕망으로 치부하는 것부터 말이죠.

꿈의 중요한 기능은 우리의 정서적, 정신적 건강을 함양하는 것과 관련이 있고, 또 하나의 기능은 문제해결력과 창의력입니다. 꿈이 우리의 경험을 얼마나 재현하는지 알아보는 실험을 했는데, 내용적 재현은 1~2%에 불과하다고 합니다. 낮에 마감에 쫓겼다고 꿈에 마감을 하는 건 안 나온다는 것이죠. 하지만 자신이 겪은 정서가 재현될 확률은 35~55%였다고 합니다. 개에게 쫓긴다는가 하는 식으로, 마감에 쫓겼을 때 느끼는 긴박감이라는 정서가 꿈에서 재현된다는 것이죠. 꿈의 역할은 특히 자신이 겪은 부정적인 감정을 꿈에서 재현함으로써 그 감정을 극복하는 힘을 주는 것입니다. 마치 우리가 화가 날 때 다른 사람에게 이야기하는

것만으로도 어느 정도 해소되는 느낌을 받는 듯이 말이죠.[17]

그리고 꿈은 우리가 아는 지식을 비논리적으로 결합하면서 우리가 생각하고 고민하던 문제의 창의적인 해결책을 주기도 해요. 자고 나서 생각하면 어렵던 문제가 풀리는 경험은 그래서 가능한 것입니다. 골똘히 어떤 문제를 생각하고 잤더니 꿈에서 그 해법을 보았다는 이야기들이 그냥 나온 말은 아니라는 거죠.

주기율표를 만든 드미트리 멘델레예프는 원소들의 패턴을 찾으려고 애쓰다가 잠들었고, 꿈에서 모든 원소가 필요한 위치에 떨어지는 표를 보았어요.[18] 이 꿈이 주기율표 창조로 이어질 수 있었습니다. 꿈에서 멘델레예프는 정보를 분류하고 패턴을 찾아내는 작업을 할 수 있었던 거죠.

그리고 오토 뢰비 역시 꿈의 도움을 받은 과학자입니다. 1936년 노벨 의학상을 받은 사람인데요, 그에게 이 상을 수여한 것은 개구리 실험을 통해 신경전달 물질을 발견한 공로를 인정했기 때문이에요. 이 개구리 실험을 구상할 때 재미있는 일이 있었는데, 평소 뢰비는 실험 구상을 하긴 했지만 딱히 좋은 아이디어가 떠오르지 않았다고 해요. 그러다가 꿈을 꾸었는데, 실험 장치에 관한 아이디어를 꿈에서 보게 된 거죠. 잠에서 깨어 비몽사몽 상태로 종이에 메모를 했는데, 다음 날 아침 일어나 보니 너무 정신없이 써서 글씨를 알아보지 못했다고 합니다. 아무리 떠올리려고 해도 기억이 나지 않아 낙담했는데, 반전은 다음 날 자면서 다시 한번 똑같은 꿈을 꾸게 되었다는 것이죠. 그래서 이번에는 꿈에서 깨자마자

개구리 실험을 설계한 오토 뢰비.

꿈의 내용을 자세하게 또박또박 적어놓았어요.[19] 다행히 다음 날 아침에 충분히 알아볼 수 있었고, 그 내용을 바탕으로 노벨상을 타게 만들어준 개구리 실험 장치를 구상할 수 있었다고 합니다. 이 정도면 조상님이 로또 번호를 카톡으로 보내준 거나 마찬가지예요.

그리고 수학에 관한 정규교육을 거의 받지 않았지만 생전 6,165개의 가설을 만들어낸 천재 인도 수학자 스리니바사 라마누잔[20] 역시 꿈의 도움을 받은 것으로 유명합니다. 특히 꿈의 방식이 힌두 여신이 수학 증명을 보여주는 꿈이었다고 하니 마치 계시처럼 느껴졌을 것 같아요. 이 꿈은 그가 평생에 걸쳐 개발한 증명, 정체성, 추측, 방정식에 기여했습니다.

직업 환경의 변화

꿈은 정보를 이리저리 결합해서 패턴을 찾거나 이론을 세우거나 증명을 하는 데 도움을 준 거예요. 하지만 우리 모두에게 일어나는 일은 아니죠. 무엇보다 간밤에 꿈을 꾼 느낌은 남아 있어도 일어나는 순간 전혀 꿈이 기억나지 않는 게 일반적이다 보니, 꿈에서 이번 주 로또 번호를 보았다고 해도 전혀 쓰질 못합니다. 그러니 인류의 진보, 지식의 생성, 새로운 이론의 발견을 꿈에 맡겨놓을 수는 없죠. 의식적으로 인간이 통제할 수 있는 것 중에 꿈의 역할을 할 수 있는 것이 바로 질문입니다. 스스로에게 하는 질문을 통해 기존의 정보를 바탕으로 새로운 정보를 지향하는 움직임이 만들어지는 것이죠.

지식이나 정보는 산산조각 난 모양으로 존재합니다. 불과 몇십 년 전만 해도 한 사람이 직업을 영위하면서 사회생활을 해나가는 데 필요한 정보의 양은 매우 한정적이었습니다. 사회가 그다지 변하지 않아서 한번 습득한 기술이나 정보를 가지고 10년, 20년 일을 하는 데 무리가 없었거든요. 카센터에서 도제식으로 일을 배우며 5년, 10년 경력을 쌓고, 자기 카센터를 열고 사업을 시작해도 차 정비가 그렇게 크게 달라지지 않는 거예요. 30~40년 직업으로 삼고 살기에 무리가 없었죠.

이런 시기에 지식은 크게 변하지 않기 때문에, 한 번 익히면 오래 갔고, 사회생활에서는 그 정도만 외우고 있어도 괜찮았습니다. 매뉴얼만 숙지하고 있으면 그 매뉴얼이 꽤 오랜 기간 바뀌지 않거든요. 그러니 매뉴얼대로 충실하게 잘 외우면 문제가 없었어요. 새로운 지식은 재미를 위해 필요할지는 몰라도, 살아가는 데 필수적인 것은 아니었어요. 사회가 잘 변하지 않았으니까요.

그런데 30~40년 전부터 PC와 인터넷이 보급되면서, 정보 혁명이 일어나요. 그리고 10~20년 전부터 모바일 인터넷이 보급되면서, 정보 혁명이 대중화되었죠. 혁명의 수혜를 입은 일부만이 정보 혁명의 열매를 누리는 것이 아니라, 개개인 차원에서 이 혁명의 변화를 체감하게 됩니다.

카센터의 예를 다시 들면 근본 구조에는 큰 변함이 없던 차도 변하기 시작하거든요. 차는 점점 기계가 아닌 전자장비처럼 바뀌고 있습니다. 이제는 전자적으로 차를 체크할 수 있는 진단 기기가 없으면 카센터를 운영하기 어렵죠. 그리고 앞으로 전기차가 더욱 널리 보급되면, 일반적인 카센터의 기능이 많이 축소될 수밖에 없습니다. 그리고 차가 더욱 발전하면 차 자체에 센서와 AI, 예방 기능이 장착되면서, 카센터의 기능이 더욱 줄어들 수밖에 없습니다. 무엇보다 자율주행차가 보급되면 차를 소유물보다는 공유물로 만들 것이고, 그렇게 되면 개인들이 자차를 카센터에서 수리하거나 정비할 일도 없어지죠. 그런 일은 공유차 업체에서 한꺼번에 전문적으로 처리할 겁니다. 만약 지금 카센터에 들어가서 일을 배워 자신의 카센터를 차리겠다고 생각하는 사람이 있다면, 그 직업이 평생 가지는 않을 거라고 생각해야 합니다.

지식의 증가 속도

차의 경우에는 30년 전에 나온 차도 존재하고 20년 전에 나온 차도 여전히 운행 중이기 때문에, 카센터가 일거에 바뀔 일은 없습니다. 서서히 바뀌죠. 하지만 최근에 핫한 IT나 콘텐츠 같은 비즈니스는 그야말로 하루아침에도 명암이 갈려요. 특히 최근에 생성형 AI 분야에서는 1~2개월 만에도 스타트업이 생겼다가 사라지곤 합니다.

2023년 11월 ChatGPT 개발사인 OpenAI가 데브데이 행사를 통해 GPTs를 개발했고 GPT 스토어를 열겠다고 발표했습니다. 개인이 자신의 데이터를 바탕으로 개별적으로 미세조정을 한 챗봇을 쉽게 만들게 한다는 거예요. 코딩 같은 것 없이, 5분 만에 개인 챗봇이 완성되는 모습이 발표 영상을 탔죠. 그리고 이렇게 개인이 만든 챗봇을 거래할 수 있게 하겠다는데, 이게 왜 충격적이냐 하면 GPT 모델을 이용해서 이런 식의 챗봇 서비스를 개발하던 스타트업이 많았기 때문이에요. 그런데 이런 것을 개인이 집에서 쉽게 5분 만에 만들 수 있도록 기술을 오픈해버리니까, 이 스타트업들은 한순간에 사업 모델을 잃어버리게 된 겁니다.

예를 들어 영어회화를 챗봇으로 익히는 서비스를 준비하던 업체는 OpenAI가 무료 모델 사용자에게도 모두 음성지원을 열어준다고 발표하니까 하루아침에 이 일을 포기할 수밖에 없었어요. ChatGPT에게 '지금부터 영어회화 연습을 할 건데, 네가 뉴욕 사람이고 나는 관광객이라고 가정하고 물어볼 테니 대화를 나눠줄 수 있어?'라고 하면 '물론이죠.' 라고 하면서 바로 대화모드로 들어갑니다. 게다가 '발음을 지적해달라' 거나 '더 좋은 표현을 알려달라'는 요청에도 즉각 응대하죠. 심하게 보면 영어회화 학원을 다니거나, 인강을 들을 이유가 없어지는 거예요. 게다가 ChatGPT는 나에게 딱 맞게 맞춤으로, 24시간 연습하게 해주니 사용하기에 따라 훨씬 효과적이긴 합니다. (개인적으로는 언어 AI를 활용하는 스마트폰들이 실시간으로 통역을 해주는데 굳이 영어회화를 열심히 익혀야 할까라는 의문이 더 강하긴 하지만요.)

지금 세상의 속도는 이렇습니다. 몇몇 기업은 연말에 내년도 계획을 따로 세우지 않는다고도 해요. 갑자기 코로나가 와서 사업 환경이 변하고, 갑자기 AI가 뜨더니 사업 방향이 바뀌는 일들을 경험해보니, 그때그때 빠르게 대응하는 것이 필요하지, 변화와 새로운 환경이 반영도 안 되는 1년의 장기계획을 지키는 것은 의미가 없다는 판단 때문이에요.

그러면 도대체 이렇게 가속화된 세상, 배울 것은 하염없고 새로운 정보는 무한으로 생성되는 시기에 우리는 어떻게 해야 생존할 수 있을까요? 생존을 넘어 이런 세상을 잘 살 수 있게 만드는 방법이 있어요. 그게 바로 질문이죠. 질문을 통해 한정된 지식, 지나간 지식을 지혜로 바꿔서 변화된 세상을 살아가는 동력으로 만들어주거든요.

왜 요즘 초등학생들은
갤럭시를 안 쓰고 아이폰을 쓸까?

우리에게 필요한 것은 모든 지식을 외울 수 있는 대용량의 뇌가 아닙니다. 그건 지구상에 존재하는 최고의 컴퓨터라도 못 하는 일이거든요. 그리고 새로운 지식, 데이터 생성속도가 그것을 저장하는 속도를 뛰어넘는 시대기 때문에, 지식을 무턱대고 저장하는 것은 의미가 없습니다. 이제는 있는 지식, 아는 지식을 활용해 새로운 상황에 대비하는 지혜가 훨씬 더 중요한 시대죠. 그러니 지식을 지식으로만 놓아두지 않고 화학작용을 거쳐, 그것을 지혜로 만들어서 우리 생활에 써먹어야 합니다.

우리 스스로에게 던지는 질문은 알고 있는 지식을 꿰어서 의미를 만드는 작용을 합니다. 왜, 어떻게, 무엇을 같은 질문은 지식과 지식, 정보와 정보를 연결하는데, 이 연결의 네트워크가 통찰이 되고 지혜가 되는 것입니다. 그러니까 질문은 정보와 지식을 연결하는 실의 역할을 해요. 예를 들어 요즘 초등학생들은 갤럭시를 안 쓰고 아이폰만 쓴다는 데이터를 알게 되었다고 합시다. 나에게 주어진 데이터는 연령별, 브랜드별 스마트폰 사용 데이터인 것이죠.

이 통계는 18세부터 있기 때문에 초등학생이나 중학생의 통계가 잡혀 있지는 않지만, '갤럭시 키즈폰'을 머지않아 아이폰으로 바꾸려는 초등학생이 넘쳐난다고 하죠.[21] 이러한 데이터에서 알 수 있는 것은 '삼성

연령별 주 사용 스마트폰 브랜드 조사[22]		주 사용 스마트폰 브랜드					
2023년 7월 11~13일	사례 수(명)	삼성 갤럭시	애플 아이폰	LG	기타	모름/ 응답 거절
스마트폰 사용자	975	69%	23%	6%	0.4%	2%
성별 남성	489	70%	22%	5%	1%	2%
성별 여성	486	68%	23%	7%	0%	2%
연령별 18~29세	161	32%	65%	1%	1%	–
연령별 30대	148	56%	41%	2%	–	1%
연령별 40대	185	78%	18%	2%	–	2%
연령별 50대	194	86%	6%	6%	0%	2%
연령별 60대	167	85%	4%	9%	–	2%
연령별 70대 이상	120	71%	1%	21%	1%	6%

이 제대로 준비하지 않으면 앞으로 힘들어질 수 있겠다' 정도예요. 하지만 그건 누구나 알 수 있는 것이니까 딱히 경쟁력 있는 인사이트가 되지는 못합니다. 그러니 이 데이터가 조금 더 유용하려면 질문을 가해야 합니다. 이 데이터를 보면 생각나는 당연한 질문이 있잖아요.

"왜 요즘 초등학생들은 갤럭시를 안 쓰고 아이폰을 쓸까?"

이에 대한 대답은 '다른 친구들이 다 써서 유행하는 데다가, 아이폰이 더 매력이 있으니까'입니다. 그런데 다른 친구들이 다 써서 그런다는 것은 '닭이 먼저냐 달걀이 먼저냐?'의 문제가 될 수 있기 때문에, 이것을 빼고 다시 한번 더 물을 수 있죠.

"요즘 초등학생들에게 갤럭시보다 아이폰이 더 매력 있는 이유는 무엇일까?"

'조금 더 감성적이기도 하고, 미국 같은 데서도 아이들은 주로 아이폰을 많이 써서'이기도 합니다. 그러니까 '힙'하다는 거죠. 힙한 것, 감성을 자극하는 것에는 비싸더라도 지갑을 여는 것이 잘파세대(Z+알파세대)의 특징인 겁니다.

이 질문의 답에 대해 생각하다 보니, 미래의 소비 주축이 될 잘파세대 아이들에게는 실용보다는 감성이 더 중요한 기준이라는 것을 알 수 있습니다. 그리고 보니 캐릭터가 그려진 빵은 그냥 빵보다 더 비싼데도 잘 팔린다든가 하는 경향을 볼 수 있거든요. 알맹이 빵은 똑같은데, 껍데기에 캐릭터가 그려져 있다고 가격이 1.5배가 되는 거예요.

만약 이런 세대를 겨냥한 문구류를 출시하려고 한다면, 다소 투박하더라도 실용적인 것을 하는 게 나을까요? 아니면 예쁘고 브랜드가 있고 힙해 보이는 것을 비싸게 출시하는 것이 나을까요? 결론은 너무나 뻔합니다. 갤럭시와 아이폰의 판매 비교 데이터에서 질문을 통해 만든 인사이트를 다른 제품의 생산 결정에 활용하는 거죠.

갤럭시가 아니라 아이폰을 많이 쓴다는 데이터 따로, 문구가 팔리는 데이터 따로, 음료나 빵이 팔리는 데이터 따로 생각해서 그때그때 데이터를 정리하고 분류하고 결론 내는 것이 아니라, 몇 가지 데이터에서 잘파세대의 경향성을 추론하고, 그 경향성에 맞게 다른 요소도 짐작하는 것이 더욱 효과적인 방법이 됩니다.

우리가 계속 스스로에게 질문하고 대답하는 연습을 해야 하는 이유

'왜?'라는 간단한 질문뿐 아니라, '어떻게?', '무엇을?'같이 다양한 질문과 결합하고, 더 디테일하게 들어가서 구체적인 질문과 결합하면 우리는 더 유용한 인사이트에 다가설 수 있어요. 그 과정에서 다양한 지식과 정보를 활용하겠지만, 한번 인사이트가 성립하면 매번 새로운 데이터를 수집하고 분석하지 않아도 됩니다.

《트렌드 코리아》처럼 다음 해의 소비 유행을 짐작하는 책은 그 전 해에 인기를 끈 현상이나 잘 팔린 물건을 톺아보면서 '왜?', '무슨 공통점 때문에?'라는 질문을 가지고 분류해서 경향성을 찾아내는 거거든요. 그것이 '소확행'이나 '욜로', '워라벨', '언택트' 같은 단어로 정리가 된 다음에는 사회의 많은 현상이 이해가 되고, 내년도 유행도 예측이 되는 거에요. 바로 이것이 지식을 지혜로 바꾸는 방법입니다.

이런 것을 잘해서 경쟁력을 가지려면 결국 이 질문들을 얼마나 경쟁력 있게 잘 뽑아내느냐, 그러니까 나 스스로 무엇에 답할지 잘 찾아내는 것이 핵심이 되겠죠. 그것이 우리가 계속 스스로에게 질문하고 대답하는 연습을 해야 하는 이유입니다.

그리고 이런 자문자답은 사회에서의 경쟁력뿐 아니라 스스로에게 삶의 이유와 방향성을 자꾸 상기시키기 때문에 인생을 행복하게 사는 데도 큰 도움이 돼요. 자존감이 있는 사람은 자기 자신에 대해 비교적 잘 알고,

누구보다 자신이 자기를 잘 알기 때문에 자존감이 생기는 근거를 갖는 거거든요. 그러기 위해서 자신에게 던지는 질문이 도움이 됩니다.

그러니까 끊임없이 스스로에게 던지는 질문은 외적으로도 내적으로도 자신을 성장시키고 행복하게 만들기 위한 가장 효과적인 노력인 겁니다.

② ——— 스스로에게 질문을 던져라

자네는 뭐가 미안한가?

지식들을 연결하기 위해 '왜?'나 '어떻게?'를 던지고 그것을 꿰맞추는 과정에서 알게 되는 경향성, 공통점, 추세 등을 우리는 흔히 인사이트라고 부릅니다. 그런데 스스로에게 던지는 질문 중에서 조금 다른 식으로 작용해 우리를 깊은 이해에 다다르게 하는 질문이 있습니다. '과연 그런가?'라는 질문이에요.

제가 대학 시절에 '고전문학의 연구'라는 수업을 들은 적이 있어요. 강의명을 보면 짐작하시겠지만, 선풍적인 인기를 끌 만한 강의는 아니었죠. 그래서 수강하는 사람이 20명이 안 되었습니다. 자연히 가족적인 분

똑똑한 사람은 어떻게 생각하고 질문하는가

172

위기가 형성될 수밖에 없었는데요. 그러다 보니 수업에 빠지거나 늦으면 무척 눈치가 보였어요.

그러다가 학기 중간쯤 되었는데, 한 친구가 좀 늦게 온 거예요. 뒷문을 살짝 열고 강의 중이신 교수님께 조용하게 목례를 하고 들어오는데, 교수님이 그 친구를 보시고는 "자네는 지금 오는 건가?" 그러시는 거예요. 누가 봐도 지금 오는 사람인 그 친구가 황급히 "교수님 죄송합니다."라고 말하며 90도로 허리를 굽혀 인사를 했어요.

그러자 교수님이 "자네는 뭐가 미안한가?"라고 다시 묻는 겁니다. 이거 대놓고 질책하는 거잖아요. 오늘 교수님이 지각하는 학생에게 한마디 하려고 작정하셨다고 앉은 자리에 있던 학생들은 생각했죠.

뻘쭘해진 지각생은 다시 한번 "교수님 정말 죄송합니다." 하고 할 수 있는 한 죄송한 표정을 지으며 앉지도 못하고 서지도 못한 엉거주춤한 자세를 취했습니다. 그러자 교수님이 그 학생에게 웃으며 자리에 앉으라고 하고, 다시 한번 묻더라고요. "아니 진짜로 물어보는 건데, 자네가 늦어서 나한테 미안한 게 뭔가 하고 말야."라고 하시는 겁니다.

저를 비롯한 다른 학생들도 교수님이 하신 말씀을 생각해보게 되잖아요. 강의시간에 지각해서 조용히 들어오는 대학생이 교수에게 미안한 포인트는 뭘까요? 약속을 어겨서요? 둘만 약속했는데 한 명이 지각했다면 다른 사람은 분명 피해를 받겠지만, 이 경우에는 학생이 약속을 어겼다고 해서 교수님이 강의를 늦게 시작한 것도 아니고, 다른 학생이 피해받은 것도 전혀 없습니다.

그러면 수업 중간에 들어와서 수업을 방해해서요? 지각생은 뒷문을 살짝 열고 조용히 들어왔기 때문에 처음에는 앞자리에 앉은 학생들은 이 학생이 늦게 들어오는 것을 알지도 못했어요. 이 학생에게 말을 걸어서 강의의 맥을 끊은 사람은 오히려 교수님이죠.

이런 식으로 학생의 지각이 교수님에게 미안한 이유를 찾아봤는데, 관습이나 매너 이런 개념을 제외하고 실제로 학생의 행동이 교수님에게 피해를 끼쳤나 하는 실용적인 관점에서 생각하면 죄송한 일이 아니더라고요.

오히려 강의에 늦어서 그 부분의 내용을 듣지 못한 것을 생각하면 피해는 학생이 받는 겁니다. 동영상으로 보충되는 것도 아니니까요. 학생의 지각은 스스로에게 피해를 끼치는 행동이기 때문에, 스스로에게 미안한 일이지 교수님에게 죄송할 일은 아니라는 것이 우리의 결론이었어요.

그런데 또 생각해보니 이게 교수님의 의도더라고요. '지각을 하는 것은 너 스스로에게 피해를 끼치는 행동이다'라는 이야기를 우리에게 하시는 거였어요. 이건 교수님이 직접 이야기했으면 그냥 잔소리일 텐데, "학생은 지각한 게 왜 죄송한가?"라는 질문으로 던지시니까, 마치 우리는 깨달음을 얻은 수행자들처럼 고무되더라는 것이죠. 오죽 인상적이었으면 대학을 졸업한 지 오래된 지금도 기억하고 있잖아요.

나는 의심한다 고로 존재한다

이런 태도를 논리에서는 비판적 사고라고 합니다. '내가 아는 것은 과연 아는 것인가?', '정말 내가 이해한 게 맞나?', '지금 눈에 보이는 것이 진짜인가?' 같은 의심하는 자세에서 출발을 하죠. 하지만 이것은 부정적인 눈으로 세상을 보자는 얘기가 아니에요. 이러한 비판을 통해 다다른 결론은 그야말로 믿을 만하다는 명확한 토대를 세우기 위해서입니다.

이런 자세를 가진 가장 유명한 사람은 르네 데카르트예요. 그의 대표작이 《방법서설》이죠. 사실 이건 줄인 제목이고요, 원제목은 '이성을 잘

아리스토텔레스의 책을 밟고 있는 데카르트.[23]

인도하고 학문들에서 진리를 찾기 위한 방법서설'입니다. 제목만 봐도 고리타분한 느낌이죠? 하지만 이 책은 고대에서 중세로 내려오는 철학의 방법론을 깡그리 무시하는 혁신적인 내용을 담고 있어요. 그래서 철학계를 뒤집어놓았죠. 데카르트의 모습이 담긴 그림이 남아 있는데 그가 밟고 있는 책이 바로 아리스토텔레스의 책이에요.

데카르트의 방법론은 쉽게 말하면 모든 것을 의심해 보기입니다. '과연 진짜인가?', '정말 그런가?'라는 잣대를 기존의 학문이나 진리에 적용해보는 것이죠. 그런데 적용해보니 그동안 진리라고 믿던 것이 꼭 그렇지는 않다는 것을 알게 되었어요. 여기서 그 유명한 표현인 "나는 생각한다. 고로 존재한다.Cogito, ergo sum"[24]라는 표현이 나옵니다.

이것저것 의심하다 보니 밤하늘에 보이는 달도 내 눈이 속이는 거짓일 수 있고, 물리 법칙도 거짓일 수 있어요. 그런데 그럴 때도 절대 의심할 수 없는 것은 그렇게 의심하는 자기 자신입니다. 원래 원문은 '나는 회의한다' 혹은 '나는 의심한다'에 더 가깝다고 합니다. 생각하는 자기 자신은 일단 확실하니까, 모든 것의 제일 원리를 자기 자신에 두게 됩니다. 확실한 토대 위에 진리를 세워야 진리가 제대로 서니까요.

여기서 바로 근대인이 나오는 거예요. 중세인은 모든 인식의 기준을 신이나 성경 같은 외부에 두었잖아요. 그런데 데카르트는 인식의 기준을 자기 자신에게 둔 것입니다. 사실 근대인이라고 말했지만, 서양인이죠. 흔히 개인주의라고 말하는 서양인의 사고방식은 데카르트에서부터 시작된 거예요. 세상에 확실한 것은 자기 자신밖에 없으니까, 모든 행동 기준이나 생각의 원칙을 자기 자신에 맞추게 되는 거죠.

꼰대가 되지 않기 위해서 필요한 태도는?

철학으로 가면 이야기가 어려워지니 여기서 멈추기로 하고요, 중요한 것은 데카르트가 적용한 비판하는 태도입니다. 자기 자신이 알고 있는 것, 확실하다고 생각하던 것이 틀릴 수도 있다는 자세는 스스로를 부정적인 사람으로 만드는 것이 아니라, 다른 의견에도 열려 있는 사람으로 만들어요. 이런 자세를 가지면 우리는 '꼰대 백신'을 맞는 셈입니다. 왜냐하면 많은 사람이 생각하는 꼰대는 자기 자신의 생각을 무조건 옳다고 믿는 사람이거든요.

시장조사 전문기업 엠브레인 트렌드모니터가 전국 만 19~59세 직장인 남녀 1천 명을 대상으로 실시한 '2023 꼰대 관련 인식 조사' 결과에 따르면, 꼰대가 되지 않기 위해 필요한 태도를 묻는 말에 1위가 '내 가치관이 틀릴 수 있음을 인정'(56.0%)하는 것이고, 2위가 '잘못된 부분을 고쳐나가려는 태도'(45.0%)였습니다.[25] 그러니까 이것을 반대 관점에서 보면, '자신의 가치관이 틀릴 수 있음을 인정하지 않고 잘못된 부분을 고치려는 태도가 전혀 없는 사람'이 최고의 꼰대라는 말입니다.

한 번 더 의심하고 돌아보는 데카르트의 방법은 단순히 꼰대로 인식되지 않는 것에만 효용이 있는 것이 아닙니다. 실제로 다양한 창의성을 끌어낼 수 있어요. A라는 문제에 대한 해결책은 a라는 생각이 머리에 각인된 사람은, A-1이라는 문제가 생겼을 때도 a를 해결책으로 냅니다. A-2라는 문제에도 마찬가지고요. 비슷해 보이니까요. 하지만 사회가 엄청난 속도로 변하는 요즘 같은 시대에 2년 전에 발생한 문제인 A와 얼핏 비슷해 보이지만 지금 발생한 A-10이라는 문제가 같은 해결책으로 풀릴 리가 없어요. 2년 전에 서버가 해킹되어 개인정보가 유출된 사태를 해결한 방법을, 해킹 사고가 다시 한번 발생했을 때 똑같이 적용하더라도 해결된다고 보장할 수가 없어요. 해킹에 대한 시대적 인식 변화, 그리고 무엇보다 두 번째 발생이라는 조건이 다르니까요.

　어떤 문제는 어떤 해결책, 회사의 프로세스는 이렇게, 회사의 직급구조나 조직문화는 저렇게라는 규칙은 1년 전에는 맞을 수 있지만, 지금은 틀릴 수 있습니다. 그러니 끊임없이 더 좋은 방법은 없을까? 다른 조직문화가 필요하지는 않을까? 생각하고, 필요하다면 과감히 바꿔야 하는 거죠. 그래야 가속의 시대에 살아남을 수 있습니다.

키퍼테스트

전 세계 2억 3천만 명 가입자[26]를 자랑하는 OTT, 넷플릭스에는 독특한 문화가 하나 있습니다. 키퍼테스트라는 것인데요, 관리자가 부하직원에 관해 자문자답을 해보는 것입니다. '이 사람이 나가겠다고 하면 당장 연봉을 올려서 잡을 것인가?'라고요. 그런데 막상 자기가 굳이 잡을 것 같지 않잖아요. 그러면 이 사람을 퇴직금을 주고 내보낸다는 거예요. 이 사람은 나가겠다는 말은커녕 나갈 기미조차 안 보였는데, 그냥 관리자가 자문자답해서 이런 결론을 얻었다는 이유 때문에 말이죠.

너무 부당해 보이지만 이런 자문자답은 다른 면에서는 직원들에게 유리한 면도 있어요. 실제로 넷플릭스의 문화를 소개하는 《규칙 없음》이라는 책에 나오는 일화입니다. 공석인 프로그래머 자리에 들어올 사람을 뽑는데 마침 딱 맞는 사람이 나타나 연봉협상을 했더니 그 팀의 다른 프로그래머에 비해 2배 가까운 연봉을 요구하더라는 겁니다. CEO인 리드 헤이스팅스는 그 팀의 매니저에게 질문을 해봅니다.

"그 팀에 새로 채용하려는 그 사람보다 잘하는 사람이 있나요?"

대답은 No입니다.

그리고 다음 질문을 합니다.

"그러면 지금 있는 팀의 팀원 3명이 힘을 합하면 새로 채용하려는 사람만큼 기여할 수 있을까요?"

이 대답도 No입니다.

"소원을 들어주는 요정이 나타나 조용히 눈치 못 채게 현재 프로그래머 몇 명을 그 사람과 바꿔놓는다면 그게 회사에 더 도움이 될까요?"

매니저의 대답은 Yes입니다. 그래서 리드 헤이스팅스는 자신이 그 요

넷플릭스의 키퍼테스트.

정이 되기로 하죠. 그렇다고 다른 프로그래머를 내보내지는 않고, 그 사람을 채용하기로 한 겁니다. 직급에 따른 연봉의 상한선이라는 채용전략이 있었는데, 이 결정 때문에 넷플릭스는 채용전략을 바꿔야 했어요. 이후에도 다른 회사에서 그 사람을 빼가지 못하도록 그에게 업계 최고 대우를 해주었거든요. 이 사람은 이후 넷플릭스에 근무하면서 지금 넷플릭스 서비스를 구성하는 대부분의 특징을 만들어냈다고 합니다.[27]

리드 헤이스팅스는 질문과 답을 통해, 지금 지키고 있는 채용과 연봉 전략을 바꿔서라도 필요한 사람을 잡아야겠다고 유연한 결론에 도달했습니다. 한번 정한 규칙이니 무조건 지켜야겠다고 생각하지 않고, 이 규칙이 과연 유용한지, 더 좋은 선택을 방해하지는 않는지 의심해보고 유연하게 선택한 것입니다.

삶의 방향성을 갖는다는 것

무엇보다 스스로에게 하는 질문의 중요함은 이런 질문 과정을 통해서 살아남은 답, 도출된 답에 대해서는 나름의 확신을 가질 수 있다는 겁니다. 자신의 선택과 생각, 의견은 사실 얼마든지 의심받을 수 있거든요. 그런데 이런 생각들이 스스로 두 번 세 번 의심하고 비판적으로 체크해서 얻은 결론이라면, 적어도 이 부분에서는 자신 있게 이야기할 수 있는 거죠. 스스로에게 가하는 비판의 수준이 높을수록 살아남은 결론은 탄탄하고 자신감 있는 결론이 됩니다.

인생은 매일매일의 선택으로 이루어지는데요, 이 매일의 선택이 늘 고민과 의심과 불안함이라면 살아가는 것이 정말 괴로울 거예요. 하지만 스스로에 대한 질문으로 방향성과 큰 틀의 기조를 정해놓는다면, 조금은 각각의 선택을 즐기며 앞으로 나아가는 것이 즐거울 수 있습니다. 휴일에 '아무 데나 가자' 하고 아무런 지향점 없이 혼자 나와 돌아다닌다면 즐거울 수도 있지만, 매번 선택하느라 고민스러울 수 있어요. 그런데 여러 번의 생각 끝에 모처럼 교보문고에 가서 책을 사야겠다는 큰 틀의 방향을 정했다면, 교보문고에 가다가 카페에 들른다거나 삼청동에서 점심을 먹는다거나 하는 선택은 얼마든지 변주가 가능합니다. 즐거운 마음으로 말이죠.

심지어 삼청동에서 너무 재미있다 보니 교보문고에 안 갈 수도 있어요. 다만 교보문고에 가자는 하나의 방향이 있다면 하루 종일 '뭐 하지?' 라는 고민을 안 할 거라는 거죠. 그 과정에서 얼마든지 유연하게 다른 선택을 할 수 있다고 생각하면 이 방향성이 족쇄가 되는 것도 아니고요.

이러한 방향성을 갖는다는 것은 우리의 인생을 자존감 있고, 목적의식 있게, 활기차게 살아가도록 도움을 줄 것입니다. 그러니 비판적 사고를 통해 자신의 삶의 방향성을 확실하게 세운다면 꽤 탄탄한 하루하루를 살 수 있을 거예요.

③ ─── 지식의 껍데기를 벗기고, 알맹이와 마주하는 방법

공산주의는 왜 망했을까요?

스스로에게 자문함으로써 우리는 더 근본적인 앎, 지식, 정보를 얻을 수 있습니다. 이런 말을 들으면 참 그럴듯하지만, 막상 하려고 하면 '그래서 어떻게 해야 하는데?'라는 의문에 바로 부딪히죠. 일단 먼저 우리가 알고 있는 것이라고 생각하는 지식이 진짜 알고 있는 것인지 생각해보죠.

　제가 학부 때였어요. 당시 유종호 교수님이라고 인문학에서는 한국의 3대 거장이라고 일컬어지시는 교수님이 석좌교수로 재직하시면서 강의를 하셨거든요. 워낙에 책이나 기사로 많이 봐서 신기한 마음에 강의를 들었습니다. 유종호 교수님의 지론 중 하나는 어떤 내용을 충분히 이해했다면 중학생도 알아들을 정도로 쉽게 설명할 수 있어야 한다는 것입니다. 그래서 그런지 강의도 재미있고 쉬웠어요. 특히 어렵고 복잡한 이야기를 한마디로 풀어내는데, 그 한마디가 매우 공감이 되는 게 정말 마술 같았습니다. 예를 들어 하루는 학생들에게 이렇게 물으셨어요.

"공산주의는 왜 망했을까요?"

나름 대학생이라고 이 질문을 들은 우리는 여러 가지 이론이나 역사적 사건을 떠올리기 시작했죠. 마르크스가 어쩌고, 고르바초프의 페레스트로이카 정책이 저쩌고 하는 식으로 말이죠. 그런데 유종호 교수님이 그러시는 거죠.

"인간을 너무 믿어서예요."

정말 깜짝 놀랐습니다. 이 한마디로 여러 가지 관계되는 일들과 이론, 실제 벌어진 현상들이 다 설명이 되는 거예요.

사람은 자신이 모른다는 것을 들킬 것 같으면 매우 공격적이 됩니다. 자신이 잘 이해하지 못한 것에 대해서는 어려운 이론과 개념으로 중무장하고 성벽을 쌓습니다. 유난히 어렵고 낯선 단어가 나열된 설명이라면, 쓴 사람이 완벽하게 이해하지 못하고 그저 관련 이론들을 암기해서 이어 붙이는 수준으로 그 설명을 만들었을 가능성이 있는 거죠.

반면 자신이 잘 이해한 내용이라면, 학자들과 대화할 정도로 어렵게 이야기할 수도 있지만, 초등학생도 알아들을 만큼 쉽게 설명할 수 있어요. 완벽하게 이해하고 있으니까 비유나 변형도 자유로운 거거든요.

그런 면에서 보면 자신이 알았다고 생각하는 것을 중학생 수준으로 한 번 설명을 해보시는 것이 굉장히 효과적인 일임을 깨닫게 됩니다. 집에 해당 나이의 학생이 있다면 그 친구를 대상으로 하면 좋겠지만, 중2병 언저리에 있는 친구들이 그 설명을 계속 듣고 있을 리는 없을 테니, 혼자서 쉬운 설명을 만들어보시라는 것이죠. 혼잣말이라도 입 밖으로 내어 설명을 해보면, 속으로 생각할 때와는 또 다르거든요.

이런 것이 너무 외로워 보여서 싫으면 SNS나 블로그 등을 이용해 해당 내용을 쉽게 정리해 올리는 것도 괜찮습니다. 물론 혼자 보는 게시판이나 일기장 같은 것도 사용할 수 있지만, 남들이 어느 정도 보아야 긴장감 있게 꾸준히 할 수 있다는 측면에서는 공개적인 게시판이 더 좋아요. 훈련의 지속성을 위해 강제성을 부여하는 방법이기도 합니다.

책을 빨리 쓸 수 있는 비법은?

처음부터 개념을 설명하거나 현상을 약술하는 것이 어렵다면, 텍스트를 정리하는 연습을 해보시는 것도 좋습니다. 책을 리뷰하거나 영화 줄거리를 정리하는 거죠. 가능한 한 짧게, 그러면서도 핵심적인 내용을 포괄하는 요약 훈련은 핵심과 껍데기를 구분하는 연습을 하게 해줍니다.

제가 2018년서부터 운영하는 유튜브 채널은 〈시한책방〉이라고 책을 리뷰하는 북튜브인데, 처음에 시작할 때 아시는 분이 그런 이야기를 하

책을 리뷰하는 유튜브 채널 〈시한책방〉.

시더라고요. "그건 하면 할수록 이익일 수밖에 없겠는데요. 구독자가 안 쌓이더라도 개인에게 지식은 쌓이잖아요." 마치 그분이 예언한 것처럼 구독자는 별로 안 쌓였지만, 지식은 쌓였습니다.

　지금은 〈시한책방〉에 1주일에 한 편 정도 책을 리뷰해서 올리지만 처음 4년여간은 일주일에 두 편씩 올렸거든요. 그러다가 라디오에서 책소개하는 코너의 고정 출연도 맡게 되고, 국회방송에서 국회의원들의 인생책을 가지고 일주일에 한 번씩 인터뷰를 하면서 책을 소개하는 방송 프로그램의 MC도 맡게 되어 일주일에 책 3~4권은 오피셜하게 다루게 되었습니다. 중복되는 책도 있기 때문에 매주 3~4권을 읽어야 하지는 않지만, 2~3권은 읽고 정리를 해야 합니다. 물론 오래 하다 보니 그 속도도 아주 빨라졌고, 나름 핵심과 새로운 시각을 잘 건드리게 되었죠.

그런데 훨씬 중요한 것은 제가 이 책들을 그냥 읽은 것이 아니라, 읽은 후에 방송에서 이야기해야 하기 때문에 정리하고 요약하는 과정을 거쳤다는 거예요. 그러다 보니 제 머릿속에 훨씬 오래 남게 됩니다. 독서에 관한 강연을 하러 가면 이런 질문을 자주 받아요. "책을 보면 나중에 다 까먹어서 기억이 전혀 안 나요. 책 내용을 기억할 좋은 방법이 없을까요?" 그때 저의 대답은 "SNS나 독서노트에 정리하세요."입니다. 이런 정리 과정을 거치면 일단 책을 그냥 볼 때에 비해 책을 다시 한번 확실하게 이해하게 돼요. 정리하는 과정에서 깨닫게 되는 것도 있고요, 정리를 해야 하다 보니 일단 핵심과 줄거리는 명확하게 잡히는 거죠.

제가 책을 쓸 때는 남들보다 조금 빨리 쓰는 편인데요, 비결이 바로 여기에 있습니다. 지난 5~6년간 수많은 책을 보고, 그 책들의 핵심을 정리했으며, 그걸 또 글로도 옮겨놓았거든요. 그리고 방송하면서 다시 한번 리마인드를 하다 보니, 다양한 책이 주는 정보와 데이터를 꽤 자세히 알게 된 겁니다.

책을 쓰면서 여러 가지 개념이나 다양한 예가 나오잖아요. 보통 작가분들이 책을 쓰실 때는 문헌들을 보고 참고해가며 책을 쓰시는 경향이 있는데, 저는 제 머릿속에 있는 사실이나 개념을 활용해서 먼저 쓰고 나중에 해당 참고문헌을 찾아 확인하고 수정합니다. 머릿속에 남아 있는 것들을 바탕으로 하다 보니 통합이나 연결도 빨리 되는 편이고요. 그래서 내용적으로 보면 경제, 기술, 인문, 사회, 문학 등이 복합적으로 섞여 있는데도 사실 작성시간은 그다지 길지 않습니다. 상당히 효율적인 편이에요.

제가 이렇게 할 수 있었던 데는 처음에 유튜브에 올리기 위해 책을 읽고 핵심을 정리하고, 인사이트를 뽑아내던 시절이 있었기 때문이거든요. 처음 2년여간은 아무도 알아봐주지 않고 그다지 인정해주지도 않은 일이었지만, 적어도 저 자신한테는 정리된 지식이 차곡차곡 쌓였으니 매우 잘 시작한 일이죠.

질문을 만드는 정리 훈련

책, 영화, 드라마 등 재미있게 본 텍스트를 정리하고 그것을 꾸준히 할 수 있게 루틴을 만든다면, 해당 분야에 대한 지식이 쌓일뿐더러 지식을 정리하고 가공하는 생각의 기술도 늘어납니다. 단순하게 줄거리만 요약하는 단계에서 한 단계 더 나아가 스스로의 질문을 만들고 책의 내용을 바탕으로 대답을 찾아보는 노력도 좋습니다. 예를 들어 《호밀밭의 파수꾼》을 읽었다면 다음과 같은 질문을 만들고 스스로 대답을 채워볼 수 있죠.

이렇게 질문에 대한 답을 채움으로써 이 책에 관해 확실하게 알고 넘어가게 됩니다. 겉핥기로 슬쩍 아는 것이 아니라 하나를 알아도 제대로 아는 거죠. 이 소설 하나를 정리하면 《호밀밭의 파수꾼》을 알게 되는 것이지만, 단순하게 하나의 소설로 그치는 게 아니에요. 이런 정리의 기술

① 이 책의 줄거리를 짧게 요약하면?

② 왜 제목이 호밀밭의 파수꾼인가?

③ 주인공의 지향과 실제 행동 사이에는 모순이 존재하지 않나?

④ 왜 미국인들은 이 소설에 열광했을까?

⑤ 이 소설의 의미는 무엇일까?

은 정보를 접하는 기본자세가 되고, 그것이 몸에 자연스럽게 붙으면 새로운 정보라도 소화 가능한 형태로 익히게 되면서, 정보의 활용 능력이 매우 향상돼요. 몇 번 질문을 만들어보시면 아시겠지만, 내용을 이해하지 못하면 질문하기도 어렵습니다. 좋은 질문을 만든다는 것은 그만큼 내용을 안다는 뜻이 됩니다.

이런 식으로 다양한 텍스트에 질문을 찾고 답을 채워 넣으면서 꾸준하게 훈련해보시기를 바랍니다.

구체성에서 일반화로 가는 스피커 기법

자신의 앎을 확실하게 체크하고 향상시킬 수 있는 좋은 방법을 하나 알려드릴게요. 저는 이것을 깔대기 기법과 스피커 기법이라고 이름 지었는데요, 원래는 면접을 치러야 하는 학생들을 위해 제가 개발한 방법입니다.[28] 빠르게 답변해야 하는데, 좋은 생각이 안 떠오를 때 도식적으로라도 답변 거리를 찾으라는 뜻에서 만든 거예요.

시사적인 질문이나 생각을 물을 때 그 질문이 구체화 질문인지 일반화 질문인지 빨리 파악합니다. 그리고 일반적인 질문에는 구체적인 답변으로 수렴하고, 구체적인 질문에는 일반화한 답변으로 확장하여 이야기하라는 것입니다.

예를 들어 '최근 연예인들의 마약 투여 사건이나 의혹에 대해 어떻게 생각하는가?'라는 질문은 그게 좋다, 싫다 같은 이야기를 하라는 것이 아니라, 그것의 의미를 말하라는 것이죠. 그러니까 구체적인 사건을 주고 생각을 말하라고 하면, 그것의 일반화된 추상적 의미를 답으로 제시합니다. '사회 구성원들에게 영향을 주기 쉬운 연예인들의 마약 사건은 구체적으로 청소년들이 마약을 친근하거나 힙하게 느끼도록 만든다는 면에서 더더욱 문제가 됩니다.' 하는 식으로 말이죠. 사회적 의미를 말하는 거예요.

반면에 '환경문제에 대해 어떻게 생각하는가?' 같은 일반화 질문에는 그냥 '인류 전체에게 심각한 일이라고 생각합니다.'처럼 일반화해서 말하는 것은 의미가 없습니다. 그래서 이런 질문에는 구체적인 사례를 가지고 답변하는 것이 좋죠. '확실히 문제가 있는데요, 예를 들어 최근의 이상기온 같은 경우 환경과 밀접한 관련이 있다고 하죠.'라는 식으로 한 사례를 가지고 답변하면 조금 더 답변하기가 편안해집니다.

이러한 방법론을, 질문을 통해 지식을 확실히 이해하려고 하는 우리에게 적용할 수 있습니다. 지식을 크게 추상적 지식과 구체적 지식으로 나누는 거죠. 그리고 구체적인 지식은 그것의 의미를 일반화해서 생각합니다. 그래서 이것을 스피커 기법이라고 부르는데요, 의미를 확장하는 거예요.

이 경우 핵심은 통찰력입니다. 자신이 알고 있는 구체적 지식이 사회적으로 역사적으로 어떤 의미를 가졌는지 다각도로 분석하고 다른 사실과도 연결해 큰 틀에서 의미를 찾아봅니다. 예를 들어 '쇼츠 같은 짧은 동

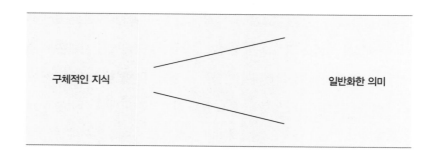

영상의 대유행'이 지식으로 주어질 때 '그 현상의 의미는 무엇인가?'라는 질문을 던져보고 여기에 답해보는 것이죠.

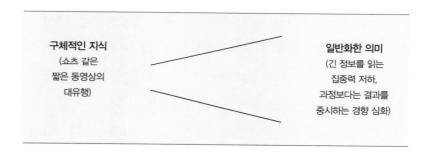

일반화에서 구체적 예로 가는 깔대기 기법

반면에 깔대기 기법은 이와는 완벽하게 반대입니다. 일반화된 사실, 이론, 법칙에서 '그에 가장 합당한 사례는?'이라든가, '이를 가장 잘 보여주는 구체적인 예는?' 같은 질문에 답하는 거거든요. 가령 사회가 각박해졌다는 서술이 주어지면, 사회가 각박해졌다는 것을 증명할 만한 예를 빠르게 생각하는 것이죠. 이 예가 찰떡같을수록 확실하게 해당 개념을 이해했다는 의미가 됩니다.

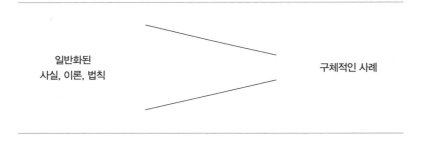

일반화된
사실, 이론, 법칙

구체적인 사례

이 경우의 핵심은 사례의 적절성입니다. 예가 적절할수록 확실하게 이해했다는 뜻이 됩니다. 그리고 무엇보다 적절한 사례는 다른 사람을 이해시키는 좋은 도구가 되거든요. 그러니 이 예는 이왕이면 사람들이 다 알 만한 것이 좋습니다. 아주 특수한 상황이어서 예를 든 것을 사람들이 잘 모르면 예로서 별 의미가 없기 때문이죠. 많은 교수님이 범하는 오류가 바로 이런 건데요, "예를 들어 라캉의 경우에는~"하고 말하면, 라캉을 아는 사람이 별로 없기 때문에 예를 들기 이전보다 더 어려워지는 거예요. 하지만 사람들이 잘 모르더라도 일반적인 공감을 일으킬 만한 내용이 안에 들어 있으면 괜찮습니다. 예를 들어 '젊은 세대들이 미래에 대한 희망을 포기하고 현실에서도 좌절한다.'라는 진술의 예를 들어야 한다면, 다음과 같이 생각할 수 있습니다.

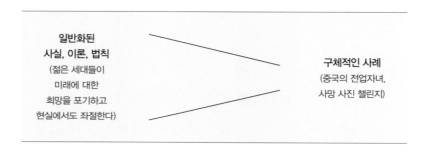

일반화된 사실, 이론, 법칙
(젊은 세대들이 미래에 대한 희망을 포기하고 현실에서도 좌절한다)

구체적인 사례
(중국의 전업자녀, 사망 사진 챌린지)

중국의 전업자녀는 중국의 심각한 취업난을 반영한 유행인데, 취업이 안 되니 아예 부모님과 정식으로 계약하고 쓰레기 버리기, 심부름하기라는 업무를 하고 대가로 월급을 받는 현상을 말합니다. 회사를 다녀봤자 미래가 없으니 다니던 회사를 그만두고 전업자녀의 길을 택하는 사람도 있다고 하죠. 사망 사진 챌린지는 대학교 졸업식 때, 취업이 안 되니 이제 죽었다는 의미로 졸업 가운을 입고 마치 죽은 듯한 모습으로 사진을 찍는 것을 말하는데요, 중국의 전업자녀나 사망 사진 챌린지를 설혹 모른다 하더라도 이런 설명이 덧붙으면 이 현상에 대해 충분히 공감할 만한 상황이라는 것을 알게 되거든요. 그러면 적절한 예가 될 수 있죠. 젊은 세대들이 겪는 어려움이 이 사례들을 통해서 형상화됩니다.

구체적 예는 당연히 구체적일수록 효과가 좋습니다. 그리고 다른 사람에게 설명할 때, 시사적인 예는 다들 알기 때문에 쉽게 공감을 끌어낼 수 있고, 자기 주변의 개인적인 예는 구체적이기 때문에 흥미를 끌어내기 쉽습니다. 주어진 지식과 일치율이 높고 구체적이고 생생한 예를 든다는 것은, 주어진 지식을 확실히 이해하고 있다는 뜻이 됩니다.

훈련을 통해 지혜 만들기

추상적, 일반적 지식이나 정보는 '구체적으로는 어떤 일이?'라는 질문으로 그 정보를 이해하는지 체크할 수 있고, 구체적 사건이나 통계 같은 데이터는 '이런 사건이나 데이터가 의미하는 것은?' 같은 일반화 질문에 답함으로써 이해 정도를 가늠할 수 있습니다. 사실 이 질문에 답하는 과정에서 더 명확하게 알게 되는 것이기도 하고요. 계속적으로 이런 훈련을 하면, 자신의 앎이나 생각이 깊어질 뿐 아니라, 다른 사람에게 설명하거나 설득할 때 매우 용이해짐을 느끼실 겁니다.

아리스토텔레스적 논거와 셜록 홈스식 추리하기, 그리고 토니 스타크

현대 기업에서도 각광받는 셜록 홈스식 추리

유럽에 처음 가게 되었을 때, 런던 히스로 공항에 내려 숙소에도 가지 않고 바로 찾아간 곳이 베이커가 221B번지입니다. 오랜 비행 후라는 점과 커다란 배낭의 무게, 그리고 시차 때문에 몸은 무척 피곤했지만, 책에서만 보던 베이커가 221B번지 2층에서 런던 거리를 내려다보니, 마음속이 충만한 그 무엇으로 가득했어요. 구체적으로는 100년 전에 셜록 홈스가 여기서 거리를 내려다보았겠구나 하는 감격으로 말이죠. 물론 셜록 홈스는 허구의 인물이기 때문에, 100년 전은커녕 지구상에 실존한 적이 없다는 사실을 잘 알고 있는데도, 셜록 홈스의 숨결을 느끼는 이상한 감각이 일더라고요. 그렇습니다. 따져보면 저는 셜로키언이에요. 셜록 홈스의 팬을 일컫는 말이죠.

셜록 홈스만큼은 아니어도 애거사 크리스티가 창조한 탐정인 에르퀼 푸아로도 좋아합니다. 그리고 소년탐정 김전일이나 명탐정 코난도 즐겨 보죠. 김전일은 시리즈 코믹스를 다 모았고, 코난은 계속 코믹스를 사긴 하는데 아무래도 계속 책을 수집하기는 어려울 듯해요. 일본 만화 특유의 긴 호흡 때문에 시리즈가 100권이 넘어가는 시점에서도 도무지 사건이 풀릴 기미가 보이지 않습니다. (연재된 지 30여 년이 지났는데도 주인공은 계속 초등학교 1학년입니다. 짱구와 더불어 절대 나이를 먹지 않는 대표적인 캐릭터죠.)

이렇게 추리물을 좋아하다 보니 추리 자체에 대한 관심도 매우 큽니다. 재미있는 것은 앞서 프롤로그에서 언급한 대로 사회에서 인재를 뽑는 시험에 '추리'라는 영역이 있다는 거죠. 그러면 사회에서 인재한테 필요하다고 생각하는 '추리'능력과 셜록 홈스의 추리능력은 같은 능력일까요?

그렇습니다. 이 두 가지 추리능력은 완벽하게 같은 능력입니다. 그러면 기업에서 "김과장, 이번에 왜 실적을 못 채웠어?" 하면서 칼부림이라도 하는 것일까요? 아무리 봐도 살인범을 잡는 셜록 홈스의 추리가 대기업에서 쓰일 것 같지 않은데 말입니다.

이에 대한 미스터리를 해결하려면 우선 추리가 무슨 말인지 알아야 합니다. 추리는 정보와 정보를 합해서 새로운 정보를 만드는 것을 말합니

젖은 양탄자, 깨진 창문, 멈춘 시계가 있는 범행 현장.

다. 알고 있는 정보를 바탕으로 새로운 정보를 만드는 것이죠. 그래서 탐정들이 하는 것이 추리입니다. 젖은 양탄자, 깨진 창문, 멈춘 시계같이 알려진 정보(증거)를 보고, 새로운 정보인 범인의 정체를 찾아내죠.

그래서 추리인 겁니다. 관계자들을 식당 같은 데 모아놓고 탐정은 잘난 척하면서 범행이 벌어진 날의 일을 설명해주죠. '이러저러해서 양탄자가 젖게 되었고, 시계는 멈췄으며 창문이 깨진 것입니다. 이런 일이 가능하려면 범인은 너밖에 없어.'라면서 말입니다. 알려진 정보들을 종합해서 새로운 정보에 다다르는 거잖아요.

기업에서 인재에게 필요한 것도 추리능력이에요. 문제가 발생했다고 하면 그 문제에 관한 여러 정보를 모아서, 새로운 정보인 합리적인 대안을 추리하는 것이죠. 이 능력을 문제해결력이라고도 하는데, 보통 매뉴얼대로 하면 큰 문제 없이 돌아가는데 매뉴얼에 없는 일이 생길 때 새로운 지식이 필요한 것이고, 매뉴얼에 없는 일이니 문제인 것이죠.

아리스토텔레스의 흔적

이렇게 새로운 지식을 만들어내는 추리 방법에는 크게 두 가지가 있습니다. 놀랍게도 이 책을 읽으시는 여러분은 이미 이 두 가지 방법을 다 알고 있어요. 이름까지도 말이죠. 추리라는 것에 대해서 진지하게 들어보는 것이 지금이 처음인데, 이게 어떻게 가능하냐고요? 여러분이 추리의 두 가지 종류라는 것을 몰랐을 뿐이지, 그 두 가지 방법은 어려서부터 배우거든요. 바로 귀납법과 연역법입니다.

귀납법과 연역법은 연역추리법, 귀납추리법의 줄임말이에요. 우리가 이미 잘 알고 있는 연역법과 귀납법의 예가 있죠.

모든 사람은 죽는다.
토니 스타크는 사람이다.

- -

그러므로 토니 스타크도 죽는다

연역법입니다. 사실 연역법에서 주로 죽는 것은 소크라테스이긴 하죠. 삼단논법은 아리스토텔레스가 완성한 것이기 때문에 아리스토텔레스와

그의 스승들인 플라톤, 소크라테스가 예로 계속 나오는 거예요. 하지만 워낙에 소크라테스는 전 세계 여기저기서 많이 죽으니, 오늘은 지구를 구하고 죽은 아이언맨을 기리는 마음으로 토니 스타크를 죽여보죠.

귀납법은 다음과 같은 형태입니다.

토니 스타크도 죽었다.
블랙 위도우도 죽었다.
블랙 팬서도 죽었다.

- -

그러므로 모든 사람은 죽는다.

사람 이름만 바뀌었지, 이 귀납법의 구성은 어려서부터 많이 본 익숙한 이야기들이죠. 이게 왜 추리냐 하면 각각의 진술을 다음과 같이 나눠서 이해해보면 간단하게 알 수 있습니다. 먼저 연역법부터 보면 알려진 정보들을 합해 새로운 정보에 도달하는 것을 볼 수 있죠.

---

① 알려진 정보 : 모든 사람은 죽는다.
② 알려진 정보 : 토니 스타크는 사람이다.

- -

③ 새로운 정보 : 그러므로 토니 스타크도 죽는다

사람은 다 죽는다는 일반적인 상식은 이미 다 알고 있어요. 이것을 대

전제라고 하는데, 이 대전제하에서 토니 스타크는 사람이라는 관찰결과를 통해 알아낸 사실을 붙이는 것입니다. 그러면 결국 이 두 가지 정보가 합해져서 토니 스타크도 결국 죽을 것이라는 새로운 정보가 나오는 거죠. 그래서 추리인 거예요.

그렇다면 귀납법 역시 알려진 정보들이 합쳐져서 새로운 정보가 나온다는 것을 아시겠죠.

---

① 알려진 정보 : 토니 스타크도 죽었다.
② 알려진 정보 : 블랙 위도우도 죽었다.
③ 알려진 정보 : 블랙 팬서도 죽었다.

- -

④ 새로운 정보 : 그러므로 모든 사람은 죽는다.

귀납법은 관찰된 결과, 알려진 사실을 종합해, 그 안에 숨겨진 공통점이나 추세, 원리를 찾아 일반화합니다. 알려진 사실을 바탕으로 새로운 일반화 원리를 수립하는 것이죠.

추리를 다른 말로 추론, 사고, 생각이라고 할 수 있어요. 우리가 하는 생각이나 사고도 사실은 다 추리로 구성되는 거거든요. '오늘 퇴근 시간 무렵에 집에 가면 차가 막힐 것인가, 아닌가?'를 판단할 때 추리의 방법을 쓰는 거예요. 게다가 귀납추리와 연역추리를 연결해 두 가지 추리를 동시에 적용해서 결론을 냅니다.

어제는 퇴근 시간에 집에 가니 차가 막혔다.
일주일 전에도 퇴근 시간에 집에 가니 차가 막혔다.
한 달 전에도 퇴근 시간에 집에 가니 차가 막혔다.

(그러므로) 퇴근 시간에는 항상 차가 막힌다.
오늘도 퇴근 시간에 집에 갈 것이다.

그러므로 오늘도 차가 막힐 것이다.

흔히 '오늘 퇴근 시간에 차가 막힐 테니, 저녁 먹고 좀 있다가 가는 게 차라리 낫겠다.'라는 식으로 생각을 하잖아요. 그게 바로 추리의 산물이라는 것이죠. 우리가 평소에 하는 생각, 사고가 바로 이런 형식이다 보니 연역적 사고, 귀납적 사고라고 말하기도 합니다.

토니 스타크는 왜 반드시 죽는가?

연역법과 귀납법이 추리의 대표적인 두 가지 종류라는 말은, 다른 관점에서 보면 둘 사이에는 너무나 특징적으로 구분되는 큰 차이가 있다는 말과 같은 말입니다. 그렇다면 연역추리와 귀납추리의 가장 큰 차이점은 도대체 뭘까요?

단순화해서 보면 연역법은 새로 나오는 결론이 필연적이고, 귀납법은 개연적이라는 거예요. 일단 결론에 도달하기 위해 앞에서 깔아주는 알려진 정보는 사실이라고 가정을 하죠. 그런 상태에서 토니 스타크를 한 번 더 희생양 삼아볼게요. 연역법의 구성입니다.

토니 스타크는 사람이다. + 그런데 사람은 다 죽는다.
→ 그러므로 토니 스타크도 죽는다.

이렇게 되는 거죠. 사람은 다 죽는다는 게 대전제로 제시된 사실이고, 토니 스타크가 사람이라는 것도 사실이라면, 결론인 토니 스타크는 죽는다는 말은 반드시 사실이 되는 것입니다. 이것을 필연적인 추리라고 하는 것이죠. 대전제가 우리가 서로 인정하는 당위, 규칙, 상식, 법, 원리 같은 것으로 제시되기 때문에 현상이나 개별 사건이 이 전제에 들어맞으면 이건 무조건 맞는 거예요.

토니 스타크에게서 영감을 받은 상상 속의 캐릭터. 마블의 토니 스타크 절대 아님.

반면에 귀납법의 구성을 보면 결론이 필연적이지가 않아요. 추리의 방법이 사건이나 상황을 종합해서 일반화하다 보니, 새롭게 생긴 사건이 이 규칙에 어긋날 가능성이 있기 때문입니다.

토니 스타크도 죽었다. + 블랙 위도우도 죽었다. + 블랙 팬서도 죽었다.
→ 그러므로 모든 사람은 죽는다.

이런 통계적 방법에서는 지금까지 안 죽는 사람이 하나도 없었다고 해서 '모든 사람은 죽는다'를 반드시 사실로 생각할 수는 없다는 것이죠. 왜냐하면 추리의 방법론상 문제입니다. 샘플들을 통합해서 결론 내는 구성이라면, 앞으로 기계장치로든 화학 작용으로든 안 죽는 사람이 탄생할 수 있는 가능성이 0.00001%만 있다 하더라도, 이 결론은 깨질 수 있는 것이 되거든요. 그래서 귀납추리는 개연성이 있다고 합니다. 일어날 확률이 높지만 '반드시'라고는 할 수 없다는 얘기예요.

우리가 인사이트를 만들어가는 방법도
결국 두 가지 방법 안에 있다

알고 있는 지식을 활용하여 새로운 지식을 만들 때, 구체적으로는 이렇게 연역적인 방법과 귀납적인 방법을 쓰는데, 이 두 가지의 차이를 잘 알아야 자신이 새롭게 도달한 정보와 인사이트가 어느 정도의 가치가 있는지 평가할 수 있습니다.

주식의 통계와 추세를 아무리 연구해봐도 어차피 귀납적 추리이기 때문에 방법론상 주식은 '반드시'라는 개념이 있을 수 없어요. 물론 경험적으로 '내가 사면 반드시 반토막난다.'라는 분도 계셔서, 그 사람 주변에는 저 사람이 사면 빨리 팔아야지 하고 일반화 원칙을 세워두신 분도 있으시겠지만, 분명히 안 그런 적도 있으실 거예요. 혹시 지금까지는 반드시 그랬다 하더라도 내일은 아닐 수도 있고요.

연역적 추리는 우선 대전제에 대한 동의가 관건입니다. 예를 들어 안락사에 반대하는 주장을 할 때 이에 대한 근거를 연역추리로 만들어내려고 한다면 '어떠한 경우에도 사람이 인위적으로 다른 사람을 죽여서는 안 된다.'는 정도의 전제에 동의해야 합니다. 이것이 참이라면 안락사는 허용되어서는 안 되겠죠. 하지만 어떤 사람은 전쟁 같은 특수한 경우에는 그런 대전제가 반드시 맞는 것은 아니라면서, 대전제에 동의하지 않을 수도 있어요. 그렇다면 이 대전제로는 안락사 반대 주장을 효과적으로 끌어낼 수가 없는 겁니다.

연역추리와 귀납추리는 우리가 사고를 전개하는 대부분의 방법을 포괄하는 개념입니다. 이미 있는 지식을 가지고 새로운 인사이트를 만드는 것도 결국 귀납추리와 연역추리를 통해서죠.

추리가 패턴화되면 보통 인사이트가 되거든요. '사람들은 사랑을 느끼는 상대보다 두려움을 느끼는 상대를 배신하는 것을 더 어려워한다.'라는 마키아벨리의 인사이트는 여러 가지 사실을 종합해서 일반화하고 패턴화한 원리죠. 바로 이런 것을 인사이트라고 부르거든요. 그러니 귀납추리와 연역추리를 계속 연습하고 분석해 자신의 인사이트를 더 예리하고 센스 있게 만들어가야겠습니다.

5 ── 지식을 소환하는 질문법

결혼은 섶을 지고 불에 뛰어드는 것이나 마찬가지다

지식과 정보를 이해할 때 가장 효과적인 방법을 하나 뽑으라고 한다면, 인류사에서 가장 강력한 생명력과 설득력을 갖는 한 가지가 있습니다. 이 방법은 성경에서도 즐겨 나올 정도로 유래 깊고, 지금도 누군가에게 새로운 개념을 이해시킬 때 가장 효과적으로 쓸 수 있어 효용도 좋습니다.

바로 비유입니다. 낯선 정보나 상황, 개념을 이해시키거나 전하기 위해, 잘 알려진 것에 빗대어 이야기하는 것이죠. 예를 들어 '결혼은 미친 짓이다.'라고 말하는데, 그냥 말하는 것보다 조금 더 임팩트를 주고 느낌을 생생하게 하기 위하여, '결혼은 섶을 지고 불에 뛰어드는 것이나 마찬가지다.'라고 할 수 있습니다. (그런데 생각해보면 요즘에는 섶이 땔나무라는 것을 모르는 사람이 더 많으니, 개념의 낯섦을 생각하면 오히려 반대로 이야기해야 하는 게 아닌가 싶기도 하네요. '섶을 지고 불에 뛰어드는 행위는 결혼이나 마찬가지다.'라고요.)

어쨌든 비유는 새로운 정보나 지식을 이해하는 데 도움이 됩니다. 블록체인을 설명하고 가상화폐 같은 것을 설명할 때, 싸이월드의 도토리 같은 것이라고 이야기하면 많은 사람이 대강 어떤 것인지 이해했거든요. 그러고 나서 무엇이 같고 무엇이 다른지 이야기하면 아무래도 새로운 정보를 받아들이는 것이 조금 더 손쉬워집니다.

비유를 활용하여 추리하는 것을 유비적 추리라고 하죠. 줄여서 유추라고 합니다. '그 일에서 한번 유추해봐.'라는 식으로 쓰이는 것을 들어본 적이 있으실 거예요. 유비추리는 귀납추리의 한 종류입니다. 귀납추리는 통계적 방법이기 때문에 샘플이 되는 사건이나 상황이 1개 이상은 되어야 공통점을 찾든 패턴을 찾든 할 수 있습니다. 하지만 관찰되거나 알려진 샘플이 하나밖에 없는 것도 있어요. 그랬을 때는 유비적 추리의 방법을 쓰는 거예요.

지구에는 물이 있고 공기가 있어서 생명체가 있다. 그런데 화성에는 물도 있고 공기도 있었던 흔적이 있다 하니, 화성에도 생명체가 있었을 것이다.

여기서 추리를 통해 새롭게 얻은 결론은 '화성에도 생명체가 있었을 것'이라는 건데, 그러기 위해서 먼저 한 것은 지구와 화성의 비교입니다. 지구 외에는 생명체가 있는 다른 행성의 샘플이 없기 때문에 생명체가 있으려면 보통 이런 환경이어야 한다는 식으로 통계적 일반화를 할 수가 없는 상황인 거죠. 그래서 지구 하나만을 예로 들고, 여러 면에서 화성이 지구와 매우 비슷함을 증명한 후에 화성에도 생명체가 있었을 것이라는 결론에 도달하는 거예요.

유비적 추리로 가장 잘 알려진 예는 바로 엄친아입니다. 따지고 보면 '엄마 친구 아들은 잘 나가는데, 너는 왜 그래?'라는 말은 좀 이상한 말이죠. 엄마 친구 아들이 잘 나가는 것이 내가 잘나가야 하는 이유가 된다는 게 말이 안 되잖아요. 사실 이건 유비추리인데요, '엄마와 친구는 비슷하

성공한 사람과 그렇지 못한 것이 대조되는 두 사람. 세 사람인가?

고, 그래서 가정환경이나 교육 수준 등 여러 가지가 비슷하다. 그런데 엄마 친구 아들이 잘 나가면, 너도 잘 나가야 하는 것 아니냐?' 이런 논리입니다.

유비의 방법은 매우 효과적입니다. 다양한 샘플이 필요한 게 아니라 가장 유사하다고 인정되는 샘플 하나만 잘 찾으면 되니까요. 지식의 범위를 넓힐 때도 다양하게 많이 알아야 하는 것이 아니라 유비를 통해 비교할 것 하나만 잘 알면 비슷한 카테고리하에서 이해할 수 있습니다.

유비추리 연습하기

유비추리를 전개할 때 가장 주의할 것은 '과연 어떤 점이 유사한가?' 하는 질문입니다. 유사점을 억지로 가져다 붙이거나, 문자대로만 유사점을 찾으면 억지 결론이 나오기도 하거든요. 예를 들어 다음과 같은 말입니다.

커피는 한 잔에 5,000원 정도 하고, 적당히 마시면 기분을 업시킨다. 술도 마찬가지로 한 잔에 5,000원 정도 하고, 적당히 마시면 기분이 업된다. 따라서 커피와 술은 비슷하기 때문에, 커피도 많이 마시면 숙취에 시달리게 된다.

유비추리는 가장 강력한 설명방법이자 추리로 지식을 확장할 수 있는 방법이에요. 하지만 이렇게 사용되면 매우 위험한 방법이기도 하죠. 이

유비추리를 이용하여 유머가 많이 만들어지기도 합니다. 가령 골프와 정치의 공통점은 '① 가방을 들어주는 사람과 같이 다닌다. ② 시간이 갈수록 뻥이 심해진다. ③ 어깨에 힘이 들어가면 끝장이다. ④ 핑계가 무궁무진하다. ⑤ 돈이 좀 있어야 할 수 있다. ⑥ 일이 잘 되면 자기 이름이 새겨진 물건들을 만들어서 나눠준다.'[29] 같은 것입니다. 그러니 정치도 골프처럼 '한번 맛 들리면 절대로 끊기 어렵다.'는 결론이죠.

두 사물이나 사건에서 비슷한 점을 찾자면 여러 가지가 보이기도 합니다. 하지만 정치는 정치이고 골프는 골프일 뿐, 둘이 완벽하게 같은 것은 아닙니다. 인생을 마라톤에 비유한다거나 직장을 스포츠 구단에 비유하는 것은 그럴듯하기도 하지만, 아니기도 합니다. 그래서 설명에서 비유가 쓰일 때는 과연 그것이 비슷한지 비교되는 대상을 신중하게 선정해야 하고, 주장에서 유비추리가 쓰일 때는 비교되는 대상이 본질적인 부분에서 유사점이 있는지 정확하게 체크해야 합니다. 안 그러면 유머는 될 수 있어도 설득을 할 수는 없습니다.

다만 무언가를 이해할 때는 확실히 유비적인 방법은 빠르고 쉽기 때문에 잘 활용하면 효과적으로 자신의 지식을 업그레이드할 수 있는 방법이 됩니다. 그리고 두 사물이나 사건을 연관 지으면서 그 두 대상의 공통점과 차이점을 비교하는 것이 결국에는 인사이트로 이어지는 경우가 많거든요. 두 지식을 연결하는 작업이잖아요. 인사이트를 연습하는 방법 중에 가장 쉽게 실천할 수 있고, 기계적으로 훈련해볼 수 있는 것이 바로 유비적인 연결입니다.

그래서 인사이트를 기르는 훈련을 의도적으로 해보기가 비교적 용이합니다. 서로 상관없어 보이는 두 개념이 어디가 유사한지 찾아보자는 질문을 계속 던지는 거죠. '로또와 버스의 공통점은?', '야구와 LoL의 공통점은?', '남편과 악마의 공통점은?' 같은 질문을 스스로에게 던지고 계속 공통점을 찾아보는 거예요. 이런 연습은 개별 지식을 조금 더 깊게 이해하게 해주고, 두 가지 지식을 연결지어서 새롭고 재미있는 인사이트를 찾아내는 능력을 기르는 데 도움을 줍니다. 정답이 있는 게 아니니까 상상력과 창의력을 마음껏 발휘해볼 수 있기도 하고요.

그리고 이런 작업 뒤에 이번에는 차이점을 찾는 거죠. 결정적으로 둘은 어떤 차이가 있다는 식으로요. 둘이 원래 다른 것이니까, 이 차이점이야 찾으려면 얼마든지 찾겠지만 아무래도 무언가 더 본질적이고 재미있는 차이점을 찾는 것이 좋겠죠. 예를 들어 이런 식으로요.

영어와 한국어의 차이점은?
→ 하나는 내가 잘하고, 하나는 내가 못한다.

개 키우기와 아이 키우기의 차이점은?
→ 하나는 나이가 들수록 말을 잘 듣는데, 하나는 나이가 들수록 더욱 말을 안 듣는다.

이런 질문에 대한 대답 훈련은 비교적 손쉽게 인사이트를 훈련하는 방

법이 되니, 많이 생각해보시고 일상에서도 응용해보시기 바랍니다. 처음에는 자신이 잘 아는 생활의 영역에서 적용해보다가, 점점 '인터넷과 뇌', '블록체인과 인쇄술' 하는 식으로 조금은 지식이 필요한 영역에서 공통점과 차이점을 찾아내는 훈련으로 확장할 수 있어요. 그러면 자신도 모르게 재미있게 지식과 지혜를 동시에 탐구하는 셈이 되는 겁니다.

고전으로 유비적 방법론 연습하기

책을 좋아하시는 분 가운데는 최근의 베스트셀러보다는 옛날 고전을 더 좋아하시는 분이 많습니다. 사랑 이야기는 역시 《로미오와 줄리엣》이고, 자기계발서로는 《군주론》, 사회과학은 《자유론》 같은 책이 최고라는 것입니다. 저도 《이시한의 열두 달 북클럽》이라는 책에서 '고전은 시대를 통과해서 살아남은 책이고, 그 당시의 시대정신이 담겨 있다. 이렇게 오래 사랑받고 꾸준히 출판된다는 것은 그 고전 안에 인간의 본성과 본질을 건드리는 부분이 있기 때문에 시대가 달라져도 우리에게 의미를 주는 것'이라고 쓰기도 했습니다.

여전히 이 이야기는 맞지만, 요즘에는 반대로도 생각할 수 있다는 것을 깨닫습니다. 그 시대에 좋은 책이 우리에게 전승된 것이 아니라, 지금 시대가 원하는 것을 옛날 책에서 찾은 것이라고요. 조금 더 세게 말하면 고전은 그 고전이 위대하기 때문에 살아남은 것이 아니라, 지금 시대에 그것이 필요하기 때문에 복원되고 전승된다는 거예요. 예를 들어 《그리스인 조르바》는 40~50대 이상의 중년들이 굉장히 좋아하는 책이에요. 사실 이분들에게는 초판의 책 제목인 《희랍인 조르바》가 더 익숙하기도 하지만요. 어쨌든 조르바라는 캐릭터를 동경하시는 중년분들이 많아요. 니체가 주장하는 초인에 가까운 어린아이 같은 심성을 가진 인물이고 그만큼 세상사에서 자유로운 인물이죠. 그런데 중년분들은 꽉 짜인 사회에서 살았거든요. 매뉴얼을 지키며 성실과 책임감이 매우 중요하고, 한 직장에서 은퇴할 때까지 다니는 것이 대단한 미덕인 줄 알고 사회생활을 시작하신 분들입니다. 이런 사람들에게 조르바의 자유로움은 대단히 부러운 매력이죠. 주위에는 이런 사람이 없거든요.

하지만 지금 젊은 사람들은 조르바를 그다지 부러워하지 않습니다. 조

그리스인 조르바, 그리고 누군가에게는 희랍인 조르바.

르바를 몰라도 평소에 조르바처럼 하거든요. 직장이 마음에 안 들면, 이번 달까지만 일하고 나갑니다. 사실 이번 달까지 일하는 사람은 굉장한 책임감을 가진 사람이고요, 아르바이트 같은 경우는 점심때 나가서 저녁때 문자로 그만두겠다고 통보하는 경우도 많아요. 일에 얽매이지 않고 자신의 자유를 추구하는 이런 시대에 조르바는 그저 무례하고 개념 없는 아저씨일 뿐일 수도 있습니다. 중년층에서 인생책으로 《그리스인 조르바》를 뽑는 경우가 많은 데 비해, 청년층에서는 읽은 사람을 찾아보기도 힘든 이유가 바로 이런 것이죠.

고전은 고전 자체로 힘이 없고, 지금 현재와 만났을 때 빛을 발한다는 것입니다. 그러니 고전 역시 지금의 TPOTime, Place, Occasion에 맞아야 힘이 생기지, 고전이라고 무조건 읽어야 하는 필독서는 아닙니다. 이렇게 보면 우리가 고전을 통해 지금의 세상을 이해하는 것도 유비적인 방법이에요. 고전에 드러나는 이야기와 지금의 이야기를 연결해 교훈을 찾거나 인사이트를 얻는 거죠. 상황과 조건이 다른 시대의 이야기지만, 분명 그 안에서 유비적인 공통점이 있고 그 공통점, 그리고 시대가 바뀌면서 생기는 차이점에 우리가 알아야 할 인사이트가 있는 겁니다.

고전을 읽으며 그것이 현대에 어떻게 적용되는지, 그리고 어떻게 나의 시각에 반영하면 좋을지 유비적인 방법론으로 찾아보시면, 이 역시 자신만의 지식과 인사이트를 찾는 데 크게 도움이 되실 거예요. 고전을 가지고 자신의 관점을 이야기하면 굉장히 '있어 보인다'는 장점이 있기 때문에, 다음과 같은 질문을 던지며 고전을 탐독하는 것도 자신만의 지혜를 얻을 수 있는 좋은 방법론이 됩니다.

- 이 고전에서 말하는 것이 지금의 나에게 어떤 영향을 주는가?'
- 이 책에서 말하는 것과 지금 상황의 공통점은?
- 이 주장과 지금 상황의 차이점은?

질문으로
창의성의 멱살을
잡고 끌어올리기

창의성을 훈련한다는 것이 가능한 일일까?

사회생활을 하다 보면 때때로 '창의적인 생각을 가져오라'는 압박에 직면할 때가 있습니다. 아이러니하게도 창의성이라고는 1도 없는 사람이 그런 압박을 가해요. 자신에게 없으니까 남에게서 뽑아내는 거죠. 창의적인 안을 가져가봤자 알아보지도 못할 것 같지만, 그래도 압박이 왔으니 아예 안 할 수는 없어서 시늉이라도 해보려고 합니다. 그런데 문제가 있죠. 나 역시 창의성이 1 정도밖에 없다는 거예요. 100 중에 말이죠.

창의성이라는 것은 기존에 없던 새로운 생각이니, 기존에는 필요 없던 일이거든요. 그렇다면 안전한 습관과 버릇만을 고수하려는 본성을 가진 사람에게는 창의성이란 사실은 본성을 거스르는 일이에요. 하던 대로 하다가 안 될 때만 필요한 거죠. 그러므로 창의성은 꾸준히 갈고 닦고 연습하고, 데이터나 정보 같은 연료를 주입하는 노력을 기울이지 않으면, 자연스럽게 발휘하기가 쉽지 않습니다.

우리에게 어떤 질문을 하면 창의성 있는 인사이트에 다다르고, 창의성을 연습하는 훈련이 될까요? 창의성을 훈련한다는 것은 그 자체로 모순적인 느낌이긴 하지만, 창의성을 발휘해야 하는 환경으로 자신을 몰아넣어서 뭔가 다른 생각, 기존의 틀을 깨는 생각으로 유도하도록 해볼 수는 있습니다. 사람에 따라 다르기 때문에 창의성 있는 결과물을 보장할 수는 없지만, 자신에게 던지는 적절한 질문을 통해 창의성을 발휘하는 환경으로 접근해보자는 겁니다.

창의성을 훈련한다는 것이 가능한 일일까?

로미오는 충동적인가?

'이 상황의 전제는 무엇인가?'라는 질문은 창의성을 발휘할 때 매우 중요합니다. 창의적이라고 하면 일단 백지에서 아무거나 마음 가는 대로 무언가를 그린다는 식으로 생각하기 쉬운데, 물론 그런 것도 창의력입니다. 하지만 그건 무에서 유를 창조하는 천재의 창의력이고요, 일반적인 상황에서 필요한 것은 아닙니다. 천재의 창의력은 없던 것을 갑자기 내밀기 때문에 보통 그 시대에는 배척을 받아요. 반 고흐의 그림은 당대에는 단 1점밖에 팔리지 않았습니다. 그의 사후에 새로운 스타일에 대해서 필요성을 깨달은 사람들이 그가 시대를 앞서갔다는 것을 알아본 거죠.

반면 당대 사회에서 우리에게 요구하는 창의력은 기존의 지식을 약간만 변형하는 것입니다. 너무 많은 변형은 시대에 배척받지만, 계속 똑같은 것은 지겹거나 식상하거든요. 무엇보다 차별점이 없기 때문에 상업적 가치가 떨어집니다. (사실 보통은 이게 창의력이 필요한 진짜 이유죠.) 그러니 약간 변형이 필요합니다. 사람들이 받아들일 만하면서도 기존의 것과는 조금 다른 것들이죠.

이것을 해내는 것이 인재예요. 천재가 아니라요. 그래서 '불행하게 살다 간 천재'라는 말은 있지만, '불행하게 살다 간 인재'라는 말은 없는 거예요. 시대에 배척받는 것은 인재가 아니거든요. 그러니 인재의 창의력은 무에서 유를 창조하는 정도가 아니기 때문에, 일단 큰 부담은 덜어놓으셔도 좋습니다.

그러면 인재의 창의력을 발휘하기 위해서 먼저 해야 할 것은 무엇일까요? 의외로 '냉철한 분석'이 그 선행 조건입니다. 분석이라고 하면 창의 성과는 조금 거리가 느껴지잖아요. 대척점에 있는 것 아닌가 싶기도 할 정도로요. 하지만 분석은 창의성의 시발점이에요. 현 상황이 무엇이고 어떤 조건인지 일단 명확히 알아야, 그것과 조금 다른 것을 만들어낼 수 있어서입니다. 그래서 먼저 지금 전형적인 게 뭔지 정확히 분석할 수 있어야 한다는 것입니다.

전현무 씨는 대한민국 대표 MC 중 한 명입니다. 예전에 이분과 tvN의 〈뇌섹시대 : 문제적 남자〉라는 프로그램에서 얼마 동안 호흡을 맞춘 적이 있어요. 제가 문제를 출제하는 전문적 남자로, 전현무 씨는 문제를 푸는 문제적 남자로 나왔습니다.

이 프로그램을 시작할 때 저는 사실 확신이 좀 없었어요. 담당 PD한테 전화가 와서 새로운 예능 프로그램을 기획하는 데 같이 참여하겠냐고 해서 일단 만났거든요. 어떤 프로그램이냐고 물었더니 퀴즈 프로그램이라는 거예요. 사실 퀴즈 프로그램은 인기가 한물간, 성공하기 어려운 프로그램이잖아요. 그럼 어떤 퀴즈를 푸냐고 물었더니 이른바 아이큐 퀴즈, 명문대학의 입시 문제, 글로벌 기업이나 대기업의 면접 문제 같은 것을 푼다고 해서 깜짝 놀랐습니다. 다큐멘터리도 아니고 예능에서 그게 가능할까 싶어서 물어봤어요. "혹시 전에는 어떤 프로그램을 하셨어요?" 하고요. 그랬더니 〈화성인 바이러스〉를 하셨다고 해서, '아, PD가 화성인이구나!' 하고 이해했습니다.

그런데 자세히 이야기를 들어보니 의도가 굉장히 좋은 거예요. 창의적으로 생각하는 사람, 문제해결력이 뛰어난 사람, 이른바 천재처럼 생각하는 사람은 도대체 어떤 사고 과정을 거쳐서 그러한 의견에 도달하는지 보여주겠다는 겁니다. 그래서 그냥 답만 맞히는 퀴즈가 아니라, 면접처럼 이야기도 진행하고 풀이 과정을 토론하게 만드는 새로운 방식으로 한다고 해서 합류하겠다고 했어요. 초창기에 프로그램 세팅할 때 창의성과 문제 출제 등에 대해서 이야기를 계속하고, 출연자 캐스팅할 때도 은근히 한마디 거들다 보니, 지금도 〈문제적 남자〉 기획에 참여했다고 소개됩니다.

출연도 했는데요, 초창기에는 연예인 패널 고정에 저희같이 문제를 내는 전문적 남자 패널도 고정이었거든요. (1회에는 제가 BTS의 RM과 삼성 입사 문제를 가지고 면접을 진행하는 내용이 있어서 아직도 그것 때문에 알아보시는 분도 있어요. 역시 BTS 최고!) 그런데 몇 번 해보니까 연예인 초청 손님이 와서 문제 풀고 가는 방식이 더 인기가 있어, 전문적 남자들은 초창기에만 방송에 나가고 그 이후에는 자취를 감추었죠. 물론 문제 출제에는 계속 관여했고요.

초창기 방송 때 옥스퍼드 대학교 입시 문제라며 연예인들에게 답을 하라는 것이 있었습니다. 그 문제는 '로미오는 충동적인가?' 하는 것이었어요. 많은 분이 '아니 저게 어떻게 명문 옥스퍼드 대학교 입시 문제지?'라고 생각하실 텐데, 이 시험은 교수와 자유롭게 대화하는 토론입니다. 그러니까 저 질문에 단답식으로 답해서 정답을 맞히는 문제가 아니라, 대화의 시작점이 되는 질문이라고 보시면 돼요.

〈문제적 남자〉에서 이 질문은 1:1 면접처럼 진행했는데, 초창기의 기획의도가 창의적인 생각을 하는 사람은 어떻게 다른 생각을 하는지 보여주는 것이기 때문에 바로 면접을 진행해서 답을 보여주지 않고, 연예인 패널에게 상의할 시간을 주어서 어떻게 답할지 계획을 세우게 했습니다. 그리고 그 대화를 카메라로 찍으면서 모니터로 저희 전문적 남자들도 듣게 했는데요, 그때 전현무 씨가 그러는 겁니다. "나는 로미오가 충동적이지 않다고 하겠어." 그러자 다른 패널들이 놀라더라고요. 만난 지 3일 만에 결혼하고 5일 만에 줄리엣과 동반자살까지 한 금사빠(금방 사랑에 빠지는 사람) 로미오가 충동적이지 않다는 거잖아요. 전현무 씨는 "이 질문은 무조건 다 로미오가 충동적이라고 할 것이다. 그런데 여러 명 중에 단 한 명만 선발되는 면접에서는, 면접에 임한 다른 사람들과 똑같은 답을 해서는 뽑힐 가능성이 없다. 그래서 일단 다른 사람들과는 다른 답을 할 것이다."라고 이야기를 나누더라고요. 한 명이 물어봤습니다. "그럼 이유는 뭐라고 할 건데요?" "몰라. 그건 이제 생각해봐야지."

그리고 실제 방송으로 나가는 면접이 진행되었는데요, 전현무 씨는 이유를 "로미오는 줄리엣을 보고 사랑에 빠졌는데, 사랑에 빠지는 것이 단

허둥지둥대는 로미오.

계별로 조정되는 것은 아니잖아요. 오늘은 1단계만, 내일은 2단계까지라는 식으로요. 그렇게 보면 로미오는 사랑에 빠진 남자라고 할 수는 있어도, 이 면만 보고 무조건 충동적인 사람이라고 섣부르게 결론 내릴 수는 없습니다."라는 식으로 이유를 대더라고요. 갑자기 로맨티스트가 되었죠.

여기서 중요한 포인트는 전현무 씨가 방송이지만 이 면접의 조건과 한계를 정확히 인지하고 있었다는 점입니다. 여러 경쟁자 중 한 명만 뽑히고, 지금 주어진 질문은 거의 비슷한 답변을 할 수밖에 없는 상황이라는 거죠. 6명이 경쟁한다면 어차피 1등 아니면 2등, 3등은 6등과 마찬가지입니다. 그러니 모 아니면 도 전략으로 가는 거예요. 만약 3위까지 합격하는 면접이면 조금은 안전한 선택을 하겠죠.

전현무 씨의 접근은 무척 창의적이었는데, 이러한 결과가 나오기까지 상황과 조건을 분석하는 눈은 무척 냉철하고 철저했습니다. 그러니 일단 인재의 창의성을 가지려면 이 질문들에 냉정하게 대답해야 합니다.

'이 상황의 전제는 무엇인가?'

'남들은 어떻게 접근할 것인가?'

'주어진 조건과 한계는?'

이러한 외부적인 조건을 명확히 분석하고, 사회적인 인식을 확실하게 파악할 때, 다음과 같은 질문에 대답할 수 있게 되는 것입니다.

'그러면 그것을 조금 비트는 것은?'

'약간만 다르게 하면?'

다른 것을 내놓으려면 같은 것이 무엇인지부터 명확하게 판단해야 한다는 얘기예요. 그러니 창의적인 결과물에 대한 압박이 있다면 일단 일반적으로 떠올릴 수 있는 것은 무엇인지 생각해보세요. 그것이 남들도 다 생각하는 거예요. 거기부터 시작하는 것입니다. '여기서 조금만 바꾸면 어떤 부분을 손대는 것이 좋을까?' 하고요.

아사히 맥주공장에서 탄생한 회전초밥 시스템

창의성을 신장시키는 또 다른 방법은 '두 가지를 연결하는 방법은 무엇일까?'라는 질문에 답해보는 것입니다. 두 가지 개념이나 지식을 연결해 새로운 것을 만들어내는 것은 정확하게는 창의성이라는 말보다는 창발성Emergence이라는 말을 씁니다. 창발성이라는 개념을 처음 만들어낸 심리학자 루웬스가 창발성을 '서로 다른 특성을 갖는 존재들의 협력'이라고 했거든요.

하늘 아래 새것이 없다는 요즘, 대부분의 상품, 콘텐츠, 생각은 창의적이라기보다는 창발적으로 만들어집니다. 지금 우리 생활에서 없어서는 안 될 필수품이 된 스마트폰도 처음에 애플의 스티브 잡스가 없던 것을 창의적으로 생각한 것이 아니라, 휴대폰과 PDA, 터치스크린 등 기존에 존재하던 것들을 합한 것이거든요. 게다가 스마트폰이라는 명칭까지 그 전에 있었습니다.

회전초밥집도 창발성의 산물입니다. 회전초밥이라는 시스템은 오사카에서 초밥집을 운영하던 시라이시 요시아키가 1958년에 처음으로 만들었어요. 요시아키는 가게가 협소한데 손님이 계속 늘어나자 직원들이 돌아다닐 공간까지 부족해져 고민이었습니다. '이를 어떻게 해결할까?' 계속 생각하던 요시아키는 우연히 아사히 맥주회사의 공장을 방문했다가 맥주병이 컨베이어벨트에 실려 이동하는 장면에서 영감을 얻은 거죠. 그리고 컨베이어벨트와 초밥이라는 이질적인 요소를 결합해, 컨베이어벨트로 작동하는 매장 내 초밥 배달 시스템을 고안하게 된 거예요. 바로 이것이 회전초밥의 시작입니다.[30]

지금이야 회전초밥을 아니까 그럴듯해 보이지, 이것이 존재하지 않던 시절에 컨베이어벨트와 음식인 초밥을 결합한다는 아이디어는 매우 무

지금도 오사카에서 영업 중인 원조 회전초밥집 겐로쿠 스시.[31]

모해 보였을 수도 있습니다. 지금의 감각으로 들으면 마치 타이어와 돈 가스를 결합한다는 식으로 당시에는 들릴 수 있다는 거죠. 타이어와 돈 가스가 어떻게 결합될지 전혀 짐작도 안 가시죠. 저도 그렇습니다. 그만큼 컨베이어벨트와 초밥의 결합은 실제 실현되어 나올 때까지 대중에게는 잘 상상이 안 되는 조합이었다는 것이죠.

그런데 특허까지 딴 이런 엄청난 조합을 어떻게 창발성 훈련을 받은 적도 없는 음식점 주인이 해냈을까요? 이 사람이 그럴 수 있었던 것은, 맥주공장에 가서도 계속 '초밥집을 어떤 식으로 바꿔야 하나?'를 생각하고 있어서입니다. 계속 한 가지 과제에 집중하다 보니, 주변의 모든 정보와 결합해보고 해체해보고 한 거죠. 그 결과 맥주공장에서도 초밥집이 보인 거고요.

그러니까 창발성은 천재의 영감처럼 갑자기 문득 떠오르고 생기는 것이 아니라, 하나의 과제에 대해 깊게 생각하면서 다른 사물이나 사람들과 연결하는 과정에서 획득된다는 겁니다. 그러니 창발성은 의지와 노력, 그리고 연습으로 얼마든지 발전시켜나갈 수 있다는 얘기이기도 합니다.

손정의의 방법론

이러한 창발성을 기르기 위해서는 어떻게 해야 할까요? 일본 소프트뱅크라는 큰 기업을 운영하는 손정의 회장은 대학생 때, 단어들을 무작위로 뽑아 발명 아이디어를 생각하는 일을 1년여간 했다고 하죠. 어느 날 나온 단어가 '사전', '음성발신기', '액정화면'이었고, 이 세 단어를 조합해서 전자사전을 생각한 겁니다. 이 발명을 팔아 손정의 회장은 지금처럼 큰 기업을 만들 수 있는 기초자금을 마련할 수 있었고요. 손정의 회장의 방법은 매일매일 단어조합을 통해 아이디어를 생각하는 연습을 의무적으로 하는 것이었어요. 발명 거리를 찾기 위해서였죠.

우리도 이런 훈련과 생각이 큰 도움이 될 수 있습니다. 하지만 그렇게까지 안 하더라도, 주위 사물, 사람, 현상을 보면서 '다른 것에 적용하면 어떻게 될까?', '다른 것과 연결하면 어떻게 될까?' 하는 질문을 계속 던져보는 것만으로도 여러 가지 가능성이 생길 수 있습니다.

4장

AI로
사고력 200 %
확장하기

현명한 사람은 어리석은 사람이 현명한 대답에서 배우는 것보다
어리석은 질문에서 더 많은 것을 배울 수 있다.

−이소룡

AI 제대로
이해하기

AI계의 한 달이면 다른 산업에서의 3년

감사하게도 제 책《GPT 제너레이션》이 독자들에게 크게 사랑받은 덕분에, ChatGPT 관련 강연을 많이 다니게 되었습니다. 그러다 보니 '도대체 이게 뭔데?' 하는 궁금함의 눈빛으로 앉아 계신 청중분이 생성형 AI로 할 수 있는 여러 가지 것을 영상으로 보여드리면, '도대체 이게 뭐지?'라는 두려움의 눈빛으로 급격하게 바뀌시는 것을 현장에서 많이 볼 수 있었어요. 버튼 하나만 누르면 10~20개의 행사 기획안을 쏟아내고, 또 버튼 한 번만 누르면 행사 포스터 그림 몇 개를 뚝딱 그려주는 생성형 AI는 아무리 봐도 자신의 일자리를 위협하는 괴물로 보이거든요. 물론 이런 괴물들이 성 밖에 나타났다는 이야기는 풍문으로 듣긴 했지만, 막상 영상으로 확인하면 간밤에 쿵쿵거리는 소리가 그 괴물들이 성문을 부수려고 두들기는 소리였다는 것을 깨닫게 되는 거죠. 바로 우리 앞에 실존적 위협으로 다가온 것입니다.

하지만 이렇게만 생각하면 AI를 제대로 이해한 것이 아니에요. AI는 인간을 위협하는 기계가 아니라, 인간을 위한 기계입니다. 칼과 마찬가지죠. 인간의 사용에 따라 AI는 사람을 살리는 수술 도구가 되기도 하고, 다른 사람을 죽이는 살인 도구가 되기도 합니다. 그러니 AI 자체가 두려운 것이 아니라, AI가 누구의 손에 있느냐가 중요한 거죠. 우리의 일자리를 위협하는 것은 AI가 아니라 AI를 활용해서 일을 하는 사람입니다.

그런데 또 이렇게 말하면, 결국 AI든 AI를 활용하는 사람한테든 자신이 밀리는 것은 매한가지라고 생각하시기도 하는데, 이렇게 생각하는 전제는 어쨌든 나와 AI는 큰 관계가 없다고 생각하기 때문이죠. 스스로 AI를 잘 활용하는 사람이 절대 될 수 없다고 생각하시는 겁니다. 실제로 자신이 AI를 잘 모르는 것은 사실이니까요.

하지만 지금 AI를 활용해서 일을 잘하는 사람의 포지션은 비어 있는 상태예요. 새로운 AI 도구들이 계속 시험되고 있고, 대중이 쉽게 활용하는 프로덕트(AI를 일반인이 쉽게 사용할 수 있도록 제품 형태로 만든 것) 형태는 이제야 조금씩 만들어져 서서히 보급되는 중입니다. 그러니까 AI의 가공할 능력에 대해서 예고편만 나와 있지 아직 대중이 다 볼 수 있는 본

AI를 거부하는 사람.

편이 나오지 않은 거죠. 시사회를 본 기자들에 의해서 대단한 작품이 나
왔다는 입소문은 강력하게 나 있지만, 아직 모든 대중이 직접 본 것은 아
니기 때문에 극장에서 그 작품을 2~3번 보았다는 다회차 관람자가 있다
면, 그건 '뻥'이라고 확실하게 말씀드릴 수 있습니다.

유튜브나 관련 책을 보면 ChatGPT를 어떻게 쓰면 좋은지 산전수전
다 겪은 사람이 수년간의 경험담을 바탕으로 알려주는 것 같지만, 그분
들은 1년도 안 써보고 (실제 GPT-4 런칭은 늦었다는 것을 생각하면 길어야
8개월 정도) 이런저런 명령어를 넣어본 뒤, 그 결과를 알려주는 거예요.
강의나 책을 만들겠다는 특수한 목적을 가지고 한 달 정도 집중적으로
써보시면 대부분 그 정도는 할 수 있습니다.

그렇다고 그게 별 게 아니라고 말할 수는 없죠. 그 한 달을 먼저 써본

게 무서운 거예요. 8개월 중 한 달을 쓴 거니까, 그분이 계속 쓰면 지금 시작하는 사람에 비해서 항상 비교 우위에 있을 수밖에 없습니다. 다섯 명 중 한 명만 필요하다면 한 달 먼저 쓴 것과 아닌 것의 차이가 그 한 명을 결정하게 되는 거죠.

반대로 보면 지금 바로 시작하면 이 뒤에 시작할 사람에 비해서 한 달 빠를 수 있는데, 그 한 달이 AI계에서는 엄청난 시간이라는 거예요. 마치 영화 〈인터스텔라〉에서 시간이 다르게 흐르는 행성 같은 것이 AI계입니다. 일주일 단위로 뭔가가 새로 나오고, 한 달이면 패러다임을 바꾸는 새로운 혁신이 일어나요. AI계의 한 달이면 다른 전통적인 산업에서의 3년 정도와 비슷하지 않나 싶습니다.

이제 ChatGPT를 잘 활용하기 위해서 먼저 거두어야 할 오해들을 살펴볼 거예요. 이것이 오해라면 도대체 어떤 것이 이해인가 하는 점도 당연히 같이 알아볼 텐데요, 그 과정에서 ChatGPT를 잘 사용하기 위해 우리가 전제적으로 갖고 있어야 할 생각과 자세가 어떤 것인지 전달해드릴수 있을 것입니다.

오해 1 – 다른 사람보다 앞서가기 위해서 AI를 사용해야 한다?

제가 '다른 사람보다 앞서가기 위해서 AI를 사용해야 한다.'라고 말을 하는 것 같지만, 꼭 그런 건 아니에요. 앞서가기 위해서 AI를 사용하는 것이 아니라 뒤처지지 않기 위해서 사용해야 한다고 하는 겁니다. 지금 같은 속도로 AI가 발전하고 사무용이나 생활용, 산업현장 등에서 AI를 활용한 프로덕트들이 보급된다면, AI를 받아들여 잘 사용하는 사람과 그렇지 않은 사람의 격차는 생각보다 훨씬 크게 벌어집니다. AI를 활용하지 않는 것은 다른 사람들은 인터넷으로 검색하는데 자기 혼자만 도서관에서 서지정보로 관련 정보를 찾아보는 꼴이 되는 거예요. 그러니 AI를 활용하는 것은 선택의 문제가 아니라 생존의 문제입니다.

많은 기업이 ChatGPT를 배우려 하고, 생성형 AI를 자신들이 속한 산업에 어떻게 적용하는지 연구하려고 하는데, 이런 열정의 이면에는 대박을 터뜨리고자 하는 기대감보다, 적시에 적응하지 못하면 망할 수도 있다는 공포감이 더 크게 자리하고 있습니다. 모바일 시대에 적응하지 못해 내리막길을 간 싸이월드나, 파일로 음악을 듣는 트렌드를 따라잡지 못한 소니 워크맨 등의 예를 생각할 수 있어요.

최근 AI 자체로 인한 변화를 봐도, AI의 발전이 산업이나 상품의 변화에 영향을 미치는 것이 눈에 띄게 드러나기 시작했습니다. 예를 들어 ChatGPT로 영어회화 연습을 할 수 있기 때문에, 이미 영어교육계는 파괴적 변화가 예상되는 상황입니다. 많은 영어 강사가 ChatGPT로 어떻게 회화 연습을 하는지 유튜브에 올려 알려주기는 하는데, 결과적으로 지금의 영어회화 교육 산업의 파이는 급격하게 줄어들 수밖에 없는 상황이에요.

얼마 전 제가 ChatGPT로 영어회화 연습을 하는 장면을 담은 유튜브 링크를 영어 강사인 후배에게 보냈거든요. '혹시 이렇게 되는 거 알고 있는지? 준비는 하고 있는지?' 약간 걱정되는 마음으로요. 그랬더니 이런 대답이 왔습니다. '와! 진짜 신세계네요. 모두 혼자 되는 시대네요. 고민 좀 해봐야겠습니다.' 그러니까 몰랐던 거죠. 아침저녁으로 정말 열심히 영어 가르치고, 수많은 사람에게 회화 연습을 시켜주는 성실한 친구인데, 그러느라고 세상이 어떻게 바뀌는지 잘 몰랐던 것입니다.

영어회화를 가르칠 때, ChatGPT를 활용한 회화 연습이라는 부분을 하나의 프로그램으로 넣어놓고 그 전후에 사람이 하는 여러 가지 교육을 배치해 혼자서 ChatGPT에 대고 말하는 것보다 효과적인 프로그램을 만들지 않으면 영어회화 교육 시장은 지속될 수가 없습니다. 그런 프로그램을 잘 만든 선도적인 몇 명만 영어회화 교육 시장에서 살아남을 것입니다. (물론 이왕이면 제 후배가 그 살아남는 사람이 되길 바랍니다. 이제라도 알았으니 충분히 가능성 있거든요.)

영어회화만 그러겠어요? 교육, 의료, 법률, 출판, 금융 등 예측하자면 끝이 없습니다. AI가 기존 산업의 질서를 순식간에 파괴할 수 있습니다. AI가 스토리를 만들고 그림을 그려 어린이를 위한 동화책을 맞춤형으로 순식간에 만들어주는데, 출판계가 획일화되고 시간이 오래 걸리는 기존 동화책 만드는 방법으로 경쟁력을 유지할 수 있을까요?

새로운 스타일로 동화책을 만들어 공급하는 기업은 큰 기회를 잡을 수 있지만, 기존의 동화책을 만들던 출판사는 기존의 방법만 고집하면 금방 위기에 빠질 수 있어요. 지금 직업이 있고 자신의 사업을 영위하는 분이시라면, 잘되는 것도 중요하지만 망하지 않는 게 더 중요해요. 지금의 업무와 사업에 어떤 식으로 AI를 접목해서 효과적으로 생산성을 향상시킬지, '잘되면 좋고' 정도의 마음이 아니라 '못되면 죽는다'는 마음으로 살펴보고 찾아봐야 할 것입니다.

오해 2 – AI는 세상을 바라보는 창문이다

AI는 창문이 아니라 거울입니다. AI라는 창을 통해 넓디넓은 세상을, 그 세상의 지식을 바라볼 수 있다고 생각하시는 분이 많은데, 사실 AI는 스스로를 가장 잘 보여줍니다. AI를 활용하는 사람의 수준에 딱 맞는 퍼포먼스를 내요.

할루시네이션의 오류라는 것이 있죠. AI 챗봇이 거짓말을 잘하는 것인데요, 사실 이 챗봇들은 자신이 하는 말이 거짓말인지 아닌지에 대한 자각이 없어요. 사람이라면 자신이 거짓말을 한다고 느낄 때 반응이 좀 있거든요. 슬쩍 눈을 피한다든가, 목소리에 살짝 자신감이 빠진다든가 하는 식으로 말이죠. 그런데 사람도 자신이 잘못 알고 있는 정보를 전할 때는 자신감 있게 전해요. 거짓말인 줄 모르고 자신은 참이라고 믿으니까요. AI 챗봇들이 그렇습니다. 참, 거짓말에 대한 개념이 없고 자신이 찾은 정보를 주는데, 그게 언제나 똑같으니 사람이 느끼기에는 뻔뻔스럽게 거짓말을 한다고 생각하는 것입니다.

이런 할루시네이션 오류의 반은 ChatGPT가 잘못 찾은 정보 때문인데요, 나머지 반은 보통은 질문하는 사람 때문입니다. 그냥 평범한 질문을 했을 때, 답을 잘못 찾아주면 ChatGPT의 문제가 맞죠. 제가 '이시한을 알고 있어?'라고 질문했더니 나온 대답입니다.

> **ChatGPT**
> 네, 이시한(Issi Hahn)은 대한민국의 배우이자 모델입니다. 그는 특히 한국과 독일 혼혈의 독특한 외모로 주목을 받으며 다양한 모델 활동과 연기 활동을 통해 인지도를 높여가고 있습니다. 이시한은 다양한 광고와 화보에서 활약하며 패션 및 엔터테인먼트 산업에서 자신만의 위치를 차지하고 있습니다. 그의 다국적 배경과 독특한 매력은 다양한 문화와 연계된 작업에서 두드러지는 장점으로 작용하고 있습니다.

'이시한을 알고 있어?'에 대한 ChatGPT의 대답.

도대체 누굴까요? 물론 ChatGPT의 설명대로인 사람이면 좋겠지만, 안타깝게도 저는 아니에요. 이름이 비슷한 실제 이런 사람이 있는지 네이버에 '이시한'을 검색해봤는데 도무지 찾을 수가 없었습니다.

다행히 제가 이시한이어서 틀린 것을 알지, 그렇지 않다면 워낙 확실하게 말하니, '우리나라에 이런 배우가 다 있네.' 하면서 넘어갔을 겁니다. 이게 할루시네이션의 오류인데요, 사실 이런 대답의 반은 질문 때문이에요.

할루시네이션의 오류는 많은 부분 사람이 원하는 답을 내주기 위해서 벌어지는 일입니다. 그런데 질문 과정에서 원하는 것을 자세하게 말해주지 않다 보니, 답변을 해야 하는 ChatGPT는 일단 뭐라도 둘러댄다는 느낌으로 답을 하는 거예요. 물론 최근에는 개발사의 파인튜닝(미세조정)으로 모르면 모른다고 솔직하게 말하는 비율이 많이 늘어나긴 했지만, 초창기에는 좀 심하게 다 아는 척했어요. 그래서 할루시네이션의 오류가 많이 부각되었죠.

할루시네이션의 오류에 대응하는 두 가지 방법이 있는데 첫 번째는 자신이 검증 가능한 지식을 갖는 것입니다. 대답한 내용에 대해서 '이건 좀 아닌 것 같아.'라는 식으로 바로 알 수 있게요. 하지만 모든 지식을 다 알 수는 없으니 현실적으로는 나온 결과에 대해 빠르게 직접 검색해봄으로써 검증을 하는 거죠. 이 과정에서 검증하는 사람의 필요성이 부각되다 보니 아직 AI로 인한 전자동화보다는 사람이 효율적으로 오퍼레이션하는 것이 더 바람직하다 느껴지는 거죠. 그래서 일자리가 다 없어지지는 않는다는 것입니다.

두 번째 방법은 질문을 자세하게 하는 거예요. 질문할 때 자신이 아는 것을 가능한 한 많이 포함해서, 그리고 구체적으로 하는 거죠. 그래서 ChatGPT가 거울이라고 하는 것인데요, 자신이 많이 알고 자신의 니즈를 구체적으로 표현할수록 할루시네이션의 오류에 빠질 가능성이 줄어요. 제가 '이시한을 알고 있어?'라는 질문에 답변이 너무 엉뚱하게 나와서 굴욕감을 느끼고, 대신 바로 이어서 '북튜버이자 지식 크리에이터인

이시한을 알고 있어?'라고도 물어보았거든요. 그러자 나온 답변은 다음 과 같습니다.

ChatGPT
네, 이시한은 북튜버이자 지식 크리에이터로 활동하는 인물입니다. 그는 주로 유튜브 채널 '시한책방'을 통해 다양한 책과 지식을 소개하며 활동하고 있습니다. 이시한은 책에 대한 깊이 있는 분석과 흥미로운 요약을 제공함으로써 책과 지식에 대한 접근성을 높이고 있으며, 특히 '읽은척책방'이라는 코너를 통해 다양한 도서를 짧고 재미있게 요약하여 많은 구독자에게 사랑받고 있습니다. 그의 채널은 책을 좋아하는 사람들뿐만 아니라 바쁜 일상 속에서 읽을 시간이 부족한 사람들에게도 유용한 정보를 제공하는 곳입니다.

'북튜버이자 지식 크리에이터인 이시한을 알고 있어?'에 대한 ChatGPT의 대답.

ChatGPT가 알고 있었으면서 한 번 튕긴 거였어요. 북튜버라는 것을 강조하면서 물어보니까 채널 이야기를 주로 하고 있죠. 질문이 구체적이 면 할루시네이션의 오류가 줄어들 확률이 높아요. 질문이 구체적이려면 질문하는 사항에 대해 자신이 어느 정도는 알고 있어야 합니다. 그래서 자신이 알고 있거나 관심이 있는 사항이라면, 같은 질문도 한두 단어 더 덧붙이는 것만으로도 더욱 효과적으로 할 수 있죠.

할루시네이션을 일으킨 사례로 SNS에 공유되는 대답의 대부분은 엉뚱한 질문에 답하는 과정에서 일어난 것이 많습니다. 대표적으로 ChatGPT의 할루시네이션의 오류로 지목되는 '세종대왕 맥북프로 던짐 사건'이 있어요. '세종대왕의 맥북프로 던짐 사건은 조선왕조실록에 기 록된 일화로, 15세기 세종대왕이 새로 개발한 훈민정음(한글)의 초고를 작성하던 중 문서 작성 중단에 대해 담당자에게 분노해 맥북프로와 함께 그를 방으로 던진 사건입니다.'라고 엉뚱한 역사지식을 전하더라는 거죠. (이대로라면 우리나라는 조선시대에 이미 노트북을 만든 대단한 나라예요.) 그런데 이런 답을 끌어내는 질문이 '조선왕조실록에 기록된 세종대왕 맥북프로 던짐 사건에 대해 알려줘.'였어요.[32]

지금은 파인튜닝으로 그런 사건은 일어나지 않았다고 나오지만, 초창기에는 상당히 화제가 된 답변이었죠. 이 답변은 ChatGPT가 정답과 팩트만을 알려주는 것이 아니라, 유저가 원하는 정보를 '만들어서라도' 준다는 것을 말해주죠. 그러니 중요한 것은 유저가 팩트를 원해야 한다는 것입니다. 유저가 원하는 것을 주는 것이니까요. 그러므로 그 팩트를 원한다는 신호를 질문으로 담아내야 합니다. '조선왕조실록에 기록된 세종대왕 맥북프로 던짐 사건에 대해 알려줘.'라는 질문은 '나는 판타지를 원한다.'라는 것이잖아요.

할루시네이션의 오류에 대응하는 방법을 모두 보면, 인간이 어느 정도 지식과 통찰력을 가지고 있느냐에 따라 크게 좌우된다는 것을 알 수 있어요. ChatGPT가 할 수 있는 것, 아는 것은 많지만 결국 아웃풋으로 출력되는 것을 얼마나 잘 소화하느냐는 인간의 몫입니다. 자신의 질문이 팩트로 구성되어 있고, 인사이트 있는 질문이라면 대답 역시 적절하게 나옵니다. 이렇게 자신의 질문 수준에 정확히 맞는 답을 얻기 때문에, AI는 창문이 아니라 거울이라고도 할 수 있다는 겁니다.

오해 3 – AI를 잘 알아야 AI를 잘 사용할 수 있다

ChatGPT를 아직도 써보지 않으신 분들 가운데에는 AI가 도무지 이해가 안 되고 어려워서, 아예 접근 시도조차 안 해보신 분도 많습니다. 하지만 그런 생각은 완벽한 오해입니다. 그런 식이면 자동차 정비사가 아니면 아무도 자동차를 타지 못하는 거예요. 자동차에 대해 이해하지 못했는데, 그것을 운용하면 안 된다는 식이니까요. AI에 대해서 잘 모르시더라도 그것을 적용하는 것은 다른 문제입니다. '자동차는 내부 기계들은 복잡하더라도 막상 운전하는 사람 입장에서는 핸들과 기어와 페달이라는 직관적인 장치로 구성되어 있어 정비사가 아니더라도 쉽게 조작 가능한 것'이라고 말할 수 있는데요, 마찬가지 논리가 ChatGPT에 적용됩니다. 거대언어모델Large Language Model, LLM을 작동시키는 트랜스포머라는 기술에 대해 전혀 몰라도, ChatGPT에 펼쳐진 대화창을 통해 ChatGPT와 대화를 나누는 것은 얼마든지 가능합니다. 음성 인식도 가능해서 말로 하는 대화 형태로도 문답이 이루어질 수 있죠.

인터페이스가 정말 직관적입니다. 그냥 사람의 언어니까요. 이를 자연어라고 하는데, 말로 명령하고, 질문하고, 설정함으로써 어려운 조작의 필요성이 확 줄어들었어요. 디지털 격차를 이야기할 때 어르신들이 키오스크를 쓰기 어려워한다는 예가 많이 나오는데요, 어르신들이 키오스크 조작을 어려워하시는 것은 자신이 찾는 메뉴가 어느 카테고리에 있는

어르신들은 키오스크로 주문하는 것을 어려워한다.

지, 어느 단추를 눌러야 그 카테고리나 상품이 나오는지가 헷갈려서입니다. 그런데 ChatGPT로 주문을 받는다면, '치즈버거 두 개 같은 하나하고 콜라 한 잔' 이렇게 말로 주문할 수 있어요. 어르신들이 쓰기에는 키오스크보다 ChatGPT가 더 직관적이고 편한 거예요. 오히려 키오스크 같이 직접 조작해야 하는 것에 비하면 훨씬 디지털 격차를 줄이는 것이 ChatGPT 기술인 거죠.

이렇게 ChatGPT의 활용성이 뛰어나기 때문에, 활용에 대한 경험이 중요한 것이지, AI나 트랜스포머 원리에 대한 이해는 사용하는 데 그렇게 중요한 문제가 아니에요. (AI를 발전시켜야 하는 몇몇 전문가에게만 중요하죠.) 그러니 AI를 잘 몰라서, 또 AI가 너무 친숙하지 않아서 ChatGPT 같은 생성형 AI를 사용하지 못하겠다는 말은 접어두시는 것이 좋겠습니다.

ChatGPT로
뇌기능 확장하기

AI는 확장된 두뇌

AI는 자동차와 같습니다. 자동차가 없을 때 멀리 이동하기 위해서는 상당히 많은 시간을 투자해야 했죠. 조선시대에 과거시험을 보러 부산에서 한양까지 올라갈 때, 하루도 쉬지 않고, 그리고 산적도 만나지 않으며, 결정적으로 폐가에서 구렁이가 변한 여인의 유혹에 넘어가지 않는다면 총 15일 정도 걸린다는 기록이 있습니다.[33] (한양까지 걸어오다가 과거시험까지 시간이 남으면 한강을 건너지 않고 포구에서 공부했다고 하는데, 거기가 노량진이에요. 지금도 공무원 공부의 메카인데 아주 유래가 분명한 지역이네요.) 그런데 자동차가 생기면서 서울에서 부산까지 이동하는 데 반나절이면 충분해졌고, 심지어 KTX로는 3시간도 안 되는 시간에 다다르게 되었습니다. 자동차는 우리의 이동 능력을 확장해 걷기로만 이동할 때의 한계를 파괴적으로 깨버린 거죠.

마찬가지로 ChatGPT 같은 텍스트 생성형 AI들은 우리의 두뇌를 확장해줍니다. 그러니까 이 도구를 잘 이용하면 원래 우리 머리로는 15일 정도 걸릴 일이 2~3시간이면 되기도 한다는 뜻이에요. 지금까지 기술 발달로 우리에게 제공된 도구들은 모두 인간의 한계를 극복하는 데 사용되었습니다. ChatGPT 역시 마찬가지입니다. 워낙에 혼자서 생각하고 이야기하고 똑똑하게 충고하니까 ChatGPT를 인간의 대체품처럼 생각하는 경향이 있는데, 이 역시 기술 발달로 우리에게 주어진 도구입니다. 잘 활용하여 우리 능력을 확장하는 데 요긴하게 써먹어야겠습니다.

AI로 우리 자신을 발전시켜야 AI의 주인이 될 수 있습니다. AI가 발전하면 인간을 지배하려고 할 테니, 이런 미래가 두렵다고 하시는 분은 AI와 우리를 경쟁관계라 생각하는 것입니다. 이것은 마치 자동차가 사람이 걷는 것보다 빠르다고 자동차를 경계하는 것이나 마찬가지입니다. 자동차를 이용해 우리는 걸어서 갈 수 있는 곳보다 더 먼 곳을 빠르게 이동할 수 있잖아요. 하지만 골목길까지 자동차로 들어갈 수 있는 것은 아니죠. 거기서 다시 직접 걷는 것과 합해져서 우리가 이동하고자 하는 곳에 도착하는 겁니다. 그러니까 ChatGPT 역시 ChatGPT가 제공하는 지식과 정보, 그리고 우리 머릿속의 인사이트와 지혜를 섞어서 최대한의 효율을 내는 것이 경쟁력이에요. 이런 것들이 잘 조화되면 결과 면에서 최고의 퍼포먼스를 낼 수 있을 것입니다.

그리고 한 걸음 더 나아가면 인간 뇌의 정의와 경계가 바뀌게 될 수도 있습니다. 레이 커즈와일이 《특이점이 온다》에서 말한, 다음 단계로 진화한 인간이 되는 거죠. 일론 머스크가 뇌에 직결해서 컴퓨터를 쓸 수 있는 BMIBrain - Machine Interface를 개발하는 뉴럴링크라는 회사를 설립해서 이미 연구가 상당히 진척된 상태거든요.[34] FDA 임상실험까지 승인을 받았어요. 실제로 인간의 뇌에 칩을 이식할 수 있게 되었다는 말이죠. 그러니 생각보다 빠른 시기 안에 인공지능의 뇌와 인간의 뇌가 결합한 하이브리드 인간을 보게 될지도 모르겠습니다. 인간의 뇌에 컴퓨터 칩을 집어넣

Brain-computer interfaces have the potential to change lives for the better. We want to bring this technology from the lab into peoples' homes.

뇌직결 인터페이스를 개발하는 회사 뉴럴링크의 홈페이지.[35]

는다는 아이디어는 기술적인 문제뿐 아니라 윤리적인 문제도 있지만, 다리가 불편한 사람을 위해 의족을 개발하는 것과 마찬가지라는 시각도 있으니까요. 지금은 공장에서 일하는 사람들을 위해 다리의 힘을 강화하는 슈트들이 나오는데, 두뇌의 힘을 강화하는 것도 그런 보조장치 중의 하나라는 시각도 분명히 존재합니다.

ChatGPT로 인간 뇌 보조하기

조금 더 미래에는 뉴럴링크같이 인간의 뇌와 AI의 뇌가 결합하는 존재에 관한 이야기가 등장할 수밖에 없지만, 지금 시대의 우리에게는 아직은 조금 생각할 시간이 남은 문제이긴 하죠. 그렇다고 그 시간이 많이 남은 것은 아닙니다. 어느 날 갑자기 AI의 뇌와 인간의 뇌가 합쳐질 수 있는 기술이 나와서 시술을 받을지 말지 결정하라고 선택의 기회가 오는 게 아닙니다. 자동차가 나오기 전에 자전거가 있고 마차가 있듯이, 단계적으로 조금씩 바뀌는 거거든요.

뇌에 직접적으로 연결하는 BCIBrain-Computer Interface 이전에 단계적으로 먼저 올 것은 뇌에 간접적으로 연결하는 것입니다. 그러니까 현재 작동하고 있고 나날이 발전하는 ChatGPT 같은 것을 활용하여, 우리의 생각이나 추론, 통찰, 기억 등의 영역에서 뇌의 한계를 뛰어넘을 수 있도록 도움을 받는 것이죠.

하지만 그 도움은 가만히 있으면 ChatGPT가 와서 '좀 도와드릴까요?'라는 식으로 제공되는 것은 아닙니다. 우리가 ChatGPT를 활용하는 방법을 찾아야 하죠. '널 이런 식으로 써도 되겠니?'라고 먼저 말을 걸어야 하는 거예요. 이것을 잘만 활용한다면 우리가 할 수 있는 일의 영역, 생각의 한계가 확장될 수 있고, 그것이 바로 경쟁력의 원천이 됩니다. 그리고 한번 벌어진 경쟁력은 좁혀지기 힘들기도 하고요.

스마트폰이 몸 밖으로 나온 장기와 같다는 이야기도 있었죠.[36] 스마트폰이 아는 사람들의 전화번호나 일정 같은 우리의 기억력을 대신해서 두뇌 역할을 한다는 것인데요, 그렇게 치면 스마트폰이 하는 것은 두뇌 전체가 아니라 측두엽 안쪽에 있는 대뇌변연계를 구성하는 영역 중 하나인 해마 정도에 불과합니다. 기억을 담당하니까요.

진짜 뇌에 해당하는 장기는 ChatGPT입니다. 기억뿐 아니라 지식, 추론, 상상, 감정까지 나타낼 수 있거든요. 실제로 우리 두뇌가 하는 일을 거의 다 할 수 있어요. 그래서 ChatGPT에서 AGI의 가능성을 찾았다고 생각하시는 분들도 많습니다. AGIArtificial General Intelligence는 일반 인공지능, 강인공지능 혹은 범용인공지능이라고도 부릅니다. 인간 수준의 사고가 가능하여 주제에 구애받지 않고 성공적으로 문제를 해결할 수 있는 인공지능을 말해요.[37] 그 반대 개념이 약인공지능으로 한 분야에서 전문가 이상의 능력을 발휘할 수 있게 설계되는데, 그 분야에서만 강력한 거죠. 예를 들어 바둑만 잘 두는 알파고라든가, 그림만 잘 그리는 DALL·E

같은 거죠. 그리고 따지고 보면 ChatGPT도 언어 쪽으로 발달한 특화된 인공지능이지 만능 해결사가 아니에요.

그런데 ChatGPT가 언어를 조합해서 마치 인간이 생각하는 것처럼 작동하니까, 이 ChatGPT에 다른 프로그램을 연결한다든가 하드웨어 등을 연결해서 다양한 아웃풋을 만들어낼 수 있게 되었습니다. 그러니까 예를 들어 ChatGPT는 원래 그림을 그릴 수는 없는 언어모델이지만, 사람이 어떤 그림이 필요하다고 말을 하면 그 그림이 어떤 그림인지 알아듣긴 하거든요. 그리고 말로 ChatGPT에게 어떤 그림을 그려달라고 설명해줄 수도 있습니다. 그런데 이것을 그림을 그려주는 AI인 DALL·E에 연결하니(API_{Application Programming Interface}를 써서 연결하는데, API는 운영체제와 응용프로그램을 연결해주는 것을 말해요.[38]) ChatGPT가 알아서 DALL·E에게 필요한 그림을 전달해 DALL·E가 그림을 생성해주는 것입니다. 사람 입장에서는 ChatGPT에게 말했는데 그림이 나오니까, 마치 ChatGPT가 다 하는 것처럼 느껴지는 것이죠.

ChatGPT가 인간의 니즈를 이해하고 다양한 연결을 통해 여러 가지를 할 수 있게 되고, 언어 데이터들을 조합해서 마치 자신이 생각하는 듯하게 움직이는 것 같자, 사람들은 ChatGPT 모델이 결국 AGI로 가는 열쇠라고 생각하게 된 거죠. 그전에는 강인공지능이라는 개념만 있었지, 사람의 뇌가 어떤 식으로 작동하는지 잘 몰라서 강인공지능에 대한 연구를 시작조차 못했어요. 그런데 이제 가능성을 보게 된 겁니다.

그 정도로 ChatGPT는 인간의 뇌처럼 종합적으로 추론할 수 있다는 가능성을 보여준 거예요. 이제 우리는 바로 그 ChatGPT를 적재적소에 활용해 우리의 뇌가 가진 한계를 극복해보려고 합니다. 거창하게 이야기 했지만, 평소 스마트폰에 전화번호 1,000개 저장하고 필요할 때 빨리 찾 아 쓰는 능력과 비슷한 거예요. 우리가 전화번호 1,000개를 다 기억할 수 는 없지만, 스마트폰을 활용함으로써 마치 전화번호 1,000개를 기억하 는 효과를 낼 수 있게 되었잖아요.

아직은 사용성이 부족한 ChatGPT를 그나마 편리하게 활용할 수 있 는 방법을 찾으면 우리의 생각, 인사이트, 기억 등의 한계를 보완할 수 있 습니다. 예를 들어 저는 얼마 전 학기말에 찾아온 중국 학생의 이야기를 듣다가, ChatGPT 앱을 가동한 적이 있어요. 한국어를 잘하지도, 그리고 잘 알아듣지도 못하는 학생이어서 (도대체 수업을 어떻게 들은 건지?) 의사 소통이 힘들어 ChatGPT에게 통역을 부탁했죠. '한국어가 들리면 중국 어로, 중국어가 들리면 한국어로 바꿔서 통역을 해줘.'라고 해서 의사소 통을 했는데, 다행히 충분히 의사소통은 되었습니다. ChatGPT가 제 능 력을 확장해준 거예요. 중국 학생과 의사소통을 할 수 있게 말이죠.

ChatGPT로 지식, 추리, 상상, 기억, 감정 도움받기

그러면 실제 우리의 지식이나 생각하는 법에는 어떻게 도움을 받을 수 있을지 구체적으로 알아보도록 하죠. 다음과 같은 생각의 연쇄가 있습니다.

배가 좀 고픈데요. 저기 떡볶이가 보입니다. 아주 빨그스름한 게 굉장히 맛있어 보여요. 저 떡볶이에 어묵국물까지 같이 먹으면 정말 맛있겠네요. 생각해보면 삼성전자 회장도 떡볶이 먹을 때 어묵국물은 챙겨먹더라고요. 뗄 수 없는 조합이죠. 저 떡볶이에 어묵국물까지 먹으면 정말 행복할 것 같네요.

일상적이고 단순한 생각 같지만, 이 연쇄에는 지식, 추리(추론), 상상, 기억, 감정이 다 들어가 있습니다. 각각 대입하면 이렇게 되겠죠.

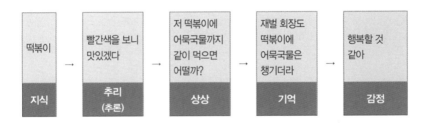

떡볶이가 어떤 것인지에 대한 지식이 있으니, 떡볶이를 보고 떡볶이라고 인지할 수 있겠죠. 그리고 빨간색이 윤기 있는 것을 보니 아마 맛있을 것이라고 추론한 것입니다. 아직 안 먹어봤으니 지금 보이는 저 떡볶이의 맛은 모르는 정보거든요. 예전에 떡볶이를 먹었는데 그때 빨간색이 윤기 있으면 맛있었다는 일반화 결론을 얻었고, 그것을 지금 보이는 저 떡볶이에 대입해서 새로운 정보를 생성한 거예요. 앞서 귀납추리와 연역추리의 연쇄를 살펴보았죠. 바로 추리의 결과인 겁니다.

그리고 여기에는 없지만 떡볶이와 어묵국물의 조합을 상상합니다. 유발 하라리는 《사피엔스》에서 상상하고 그것을 믿는 능력은 인간 경쟁력의 중요한 포인트라고 말했어요. 종교, 사회, 가족, 국가, 돈 같은 것은 인간의 상상력이 만들어낸 산물이고, 그것을 실제한다고 믿기 때문에 커뮤니티를 만들어내는 인간으로서의 경쟁력을 가진다는 것입니다.

그리고 예전에 뉴스에서 본 부산 시장에서 떡볶이를 먹다가 어묵국물을 요청해서 챙겨먹는 재벌 회장의 얼굴도 떠오릅니다. 이건 기억이죠. 이렇게 먹을 수 있다면 행복할 것이라고 생각하며 행복한 감정을 느끼기도 합니다. 이런 흐름으로 이야기가 전개된 거예요.

① 지식

그러면 여기서 ChatGPT로 생성할 수 있는 것은 우선 제일 앞의 지식(정보)이 있습니다. 개인에게 필요한 정보를 검색이라는 시간이 걸리는 작업을 거치지 않고 바로 얻어낼 수 있죠. 맞춤형 지식을 거의 실시간으로 얻기 때문에, 우리가 생각하는 시간과 비슷할 수 있는 거죠. 그리고 ChatGPT에는 멀티모달이라고 해서 사진을 판독하고 사진 내용을 알아챌 수 있는 기능이 있거든요. 그러니 낯선 사물을 보여주고, 그것이 무엇인지 물어볼 수도 있어요. 관찰과 인식이라는 기능도 가능한 거예요. 그러니까 지식이라는 면에서 ChatGPT는 이미 완벽한 우리의 뇌 보조 역할을 할 수 있어요.

'미국은 언제 독립했어?'

'타키온이 뭐야?'

'사건의 지평선에 대해 설명해줄 수 있어?'

이런 질문들을 통해 원하는 지식을 빠르게 획득할 수 있습니다.

② 추리

추리는 아직 모르는 정보를 다른 정보들을 바탕으로 만들어내는 방법입니다. 일반적으로 사람들이 생각하고 사고하는 과정이 바로 추리죠. 지식을 바탕으로 그것을 활용하는 것이라 지식의 다음 단계에 있는 것인데요, 인터넷으로 검색해서 정보를 얻는 것과 ChatGPT를 활용하는 것에 차이가 나는 포인트가 바로 추리입니다. 인터넷 검색은 지식을 얻을 수는 있지만, 추리를 시킬 수는 없거든요. 누군가의 추리를 검색해서 찾아낼 뿐 정보들을 주고 새로운 추리를 얻어낼 수는 없습니다.

바로 이 부분에서 ChatGPT를 활용하는 가장 큰 경쟁력이 나타나는데요, 정보와 정보를 연결하도록 시켜볼 수 있거든요. 연관성 있는 정보를 연결해 의미 있는 정보를 얻어낼 수도 있고, 전혀 생각지 못한 정보를 연결해 참신한 생각을 얻어낼 수도 있습니다. 그런 추리의 결과를 어떻게 활용할지는 그것을 받아든 인간의 몫이지만, 다양한 추리를 시행해볼 수 있다는 것은 자신의 생각을 확장하는 데는 큰 도움이 될 것입니다.

예를 들어 제가 '사건의 지평선에 대해서 설명해줄 수 있어?' 하고 ChatGPT에게 물었어요. 우주론과 일반 상대성 이론에서 중요한 개념이라며 과학에서 나오는 사건의 지평선을 설명해주었습니다. 일단 지식적으로 확인을 한 거예요. 그리고 한국 가수 윤하의 〈사건의 지평선〉이라는 노래의 가사를 입력했습니다. 지식을 준 거죠.

생각이 많은 건 말이야

당연히 해야 할 일이야

나에겐 우리가 지금 1순위야

안전한 유리병을 핑계로 바람을 가둬둔 것 같지만

기억나? 그날의 우리가 잡았던 그 손엔 말이야

설렘보다 커다란 믿음이 담겨서

난 함박웃음을 지었지만 울음이 날 것도 같았어

소중한 건 언제나 두려움이니까

문을 열면 들리던 목소리

너로 인해 변해 있던 따뜻한 공기

여전히 자신 없지만 안녕히

저기, 사라진 별의 자리

아스라이 하얀 빛

한동안은 꺼내 볼 수 있을 거야

아낌없이 반짝인 시간은

조금씩 옅어져 가더라도

너와 내 맘에 살아 숨 쉴 테니

여긴, 서로의 끝이 아닌

새로운 길모퉁이

익숙함에 진심을 속이지 말자

하나둘 추억이 떠오르면 많이 많이 그리워할 거야

고마웠어요 그래도 이제는

사건의 지평선 너머로

　그리고 '이 가사의 내용을 우주론에서 말하는 사건의 지평선 개념을 가지고 어떻게 해석하는지 추리를 해줄 수 있어?'라고 질문을 넣었어요. 사건의 지평선이라는 우주론, 물리학의 과학적 지식과 노래 가사를 연결해 추리를 해달라고 한 거죠. ChatGPT가 출력한 답은 다음(256쪽)과 같습니다.

　이런 것을 할 수 있는 ChatGPT가 놀랍기도 하지만, 원래 가수가 작사할 때 사건의 지평선이라는 개념을 알고 작사한 것이라 이렇게 연결되는 것이 자연스럽다는 생각은 듭니다. 그러니까 ChatGPT가 이런 것을 할 수 있어 신기한 것이지, 보통 사람들은 어느 정도는 이런 추리는 할 수 있을 거라는 거죠. 그래서 전혀 생각지도 않던 연결을 넣어봤어요.

〈사건의 지평선〉 노래를 우주론에서 나오는 사건의 지평선 개념에 맞춰 해석한 결과.

'그러면 이 가사를 프랑스 민주주의 혁명과 연결해 해석해볼 수 있어?' 어느 정도 관계가 있다고 생각한 것이 아니라, 저한테 이런 과제가 떨어지면 '이런 추론을 시키는 것은 나를 곤란하게 하려고 하는 것이다.'라고 생각할 만한, 말도 안 되는 연결이 뭐가 있나 생각해본 결과, ChatGPT에게 낭패감을 선사하기 위해 도무지 상상이 잘 안 되는 이 두 조합을 연결해본 것이죠. 하지만 ChatGPT는 그런 저의 흑심을 비웃기라도 하듯,

ChatGPT

윤하의 '사건의 지평선' 가사를 프랑스 민주주의 혁명과 연결하여 해석하는 것은 상당히 추상적이고 상징적인 접근이 필요합니다. 프랑스 혁명은 사회적, 정치적 변혁의 중요한 사건이었으며, 이를 가사의 주제와 연결해보면 다음과 같은 해석이 가능합니다:

1. **변혁과 새로운 시작**: 프랑스 혁명은 기존 질서의 종말과 새로운 사회적-정치적 질서의 시작을 의미합니다. 가사에서 '사건의 지평선 너머로'라는 표현은 과거의 체제를 뒤로하고 새로운 미래로 나아가는 과정을 상징할 수 있습니다.
2. **되돌아올 수 없는 결정적 순간**: 프랑스 혁명은 되돌릴 수 없는 사회적 변화를 가져왔습니다. 이는 '사건의 지평선 너머로'라는 구절을 통해, 한 번 넘어서면 돌이킬 수 없는 역사적 순간을 상징적으로 표현할 수 있습니다.
3. **감정의 깊이와 복잡성**: 혁명은 다양한 감정과 의견이 충돌하는 복잡한 시기였습니다. 가사에서의 감정의 깊이와 복잡성은 혁명 기간 동안 사람들이 겪었던 다양한 경험과 갈등을 반영할 수 있습니다.
4. **불확실성과 가능성**: 혁명의 시기는 불확실성이 가득하지만, 동시에 새로운 가능성을 열어주는 시기였습니다. 이는 가사에서 새로운 길 모퉁이와 익숙함에 진심을 속이지 않는 것을 통해 새로운 시작과 미래에 대한 희망을 나타낼 수 있습니다.

이러한 해석은 노래 가사와 역사적 사건을 상징적으로 연결한 것이며, 노래의 실제 의미나 가수의 의도와 다를 수 있습니다. 프랑스 혁명은 복잡한 사건이며, 가사의 각 구절을 그와 직접적으로 연결하는 것은 다소 간접적인 해석이 될 수 있습니다.

〈사건의 지평선〉 노래를 프랑스 대혁명과 연결해 해석한 결과.

'그건 좀 어려운 것 같다.'면서도, 우주론으로 해석할 때와 같은 정도의 빠른 속도로 이 노래의 가사를 프랑스 대혁명과 연결지어 해석하더라고요. 그야말로 제 추리의 한계를 깨고, 한수 배웠습니다. 그 결과는 위와 같아요.

ChatGPT를 활용해 이렇게 다양한 추리를 해볼 수 있다는 것은 우리 생각의 한계를 깨고, 그리고 일반적 지식의 한계를 넘어 무궁무진한 추리의 결과를 도출해볼 수 있다는 것입니다. 우리로서는 참신한 추리를 찾아낼 수 있도록, 이색적인 지식들을 이어 붙이거나 질문해봄으로써 생각지도 못한 정보를 얻어낼 수 있어요. 이 정도면 생각의 기능을 뇌 밖으로 확장한 것이나 같죠.

이렇게 지식을 참신하게 이어 붙임으로서 나오는 창의적인 추리가 바로 기획안이나 제안서 등에 들어감으로써 업무적으로도 의미 있는 성과가 나올 수 있어요. 다만 ChatGPT는 뻔한 지식과 뻔한 지식을 이어 붙이면 뻔한 대답을 하는 만큼 뻔하지 않은 지식을 이어 붙이라고 질문하는 것은 인간의 몫이 됩니다. 그리고 생각하는 것은 ChatGPT에게 맡겨두면 되는 거죠.

③ 상상

ChatGPT는 원론적으로는 상상은 못 합니다. 인간의 상상은 창의력, 경험, 감정, 주관적 인식 등 복합적인 인지 과정에 기반하는 반면에 AI는 대량의 데이터와 알고리즘을 기반으로 하거든요. 하지만 인간의 경험과 감정, 주관적 인식 등도 조금 다른 형식의 데이터고 인간의 상상 역시 이런 정보들을 결합하는 과정에서 나온 것이라면, AI의 상상과도 아주 다른 것이라고 단언하기도 힘듭니다.

AI도 가끔 창의적으로 보이는 결과를 생성하는데요, 이는 학습 데이터 내의 패턴과 결합, 재구성의 결과거든요. 그러니까 창의적이라고 할 수는 없는 것 같은데, 그럼 인간의 창의력은 어디서 오는 걸까요? AI와 다르다고 말하기 전에 먼저 우리가 알아야 할 것은 인간의 창의력의 생성 원리를 우리가 모른다는 거예요. 그러니 AI와 다른지 아닌지 알 길이 없죠. 인간의 창의력 역시 (조금 더 다양한) 데이터와 패턴 분석, 알고리즘의 산물일 수도 있는 것입니다.

그래서 ChatGPT로 상상을 시키는 것은 말도 안 되는 일이 아닌 거죠. 상상을 통해 우리가 그릴 수 있는 세계가 있다면, 그것을 질문으로 바꾸면 ChatGPT에게도 그 상상을 시킬 수 있습니다. 그리고 그 상상은 자신이 상상한 결과를 업그레이드하는 데 큰 도움이 되기도 할 테고요.

자신이 꿈꾸는 세상을 한번 ChatGPT에게 상상하도록 해보세요. 비교해보는 것도 재미있고, 질문을 세분화하고 구체화해서 그 상상을 발전시킬 수도 있습니다. 이 과정에서 자신의 상상을 조금 더 발전시킬 수도 있고요, 그리고 ChatGPT가 도출하는 결과 자체가 커다란 영감이 되기도 합니다. 어쨌든 혼자 상상하는 것보다는 결과에 대한 수정과 협의라고 생각하시면 상상이 더욱 빨리 이루어지고, 창의적이면서 구체적 모습이 될 수 있어요.

예를 들어 제가 처음에는 '모두가 하늘을 날 수 있는 사회가 된다면 우리 사회에는 어떤 변화가 일어날까? 상상해줘.'라고 질문을 넣었거든요. 그랬더니 조금은 뻔한 대답들이 나왔어요. 교통이 혁신되고, 환경친화적이 된다는 식의 7가지 변화를 제시해주더라고요. 건물의 수직적 공간활용이 더 활성화된다는 식의 인사이트 있는 이야기도 있었지만, 전반적으로는 평범했죠. 그래서 여기서 조금 더 나아가 구체적인 질문으로 바꿔보았어요.

'모두가 하늘을 날 수 있는 세계에서 일어나는 변화를 잘 반영할 수 있도록, 학교에 가는 초등학생의 하루를 상상해줘.' 하고요.

여기에 나온 항목 하나하나를 잡고 구체적인 디렉션을 주면서 상상을 시키면 뭔가 재미있는 소설이 나올 것도 같아요. '비행이 서툰 소년이 알고 보니 인간 최초로 음속을 돌파할 수 있는 잠재력을 가진 아이다. 이 소년이 학교에 입학하면서 겪는 이야기' 같은 것으로 《해리 포터》를 잇는 시리즈 소설을 써보겠다는 생각이 잠깐 듭니다. 제목은 '플라이 포터' 정도 어떨까요? 제목을 다시 보니 살짝 현타가 오는 것이 역시 안 하는 게 낫겠네요. 그러면 여기까지!

대신 이런 초등학생의 하루를 그림으로 그려달라고 하고 싶은 생각이 나서, 그러면 그림으로 출력해달라고 했어요. 지금 ChatGPT 유료 모델에는 DALL·E 3가 연결되어 있어서 그 프롬프트 창에서 이어서 명령할 수 있거든요.

그림을 보니 다시 '플라이 포터' 아이디어가 생각나긴 하는데, 그건 다음에 발전시켜보죠. 그런데 확실히 저 혼자 하는 상상보다 ChatGPT와 같이 상상을 하니, 구체화되는 속도가 빠릅니다. 그리고 그림으로 그려서 이미지화할 수도 있으니, 상상이 더 쉽게 되기도 하고요.

ChatGPT

모두가 하늘을 날 수 있는 세계에서 초등학생의 하루는 매우 다채롭고 흥미로울 것입니다. 상상해보면 이렇게 될 수 있습니다:

아침

- **비행으로 학교 가기**: 아침에 일어난 학생은 부모와 함께 창문을 열고 하늘로 날아오릅니다. 등교하는 학생들이 공중에서 서로 인사하며, 학교의 착륙대에 안전하게 도착합니다.
- **공중 놀이터에서의 활동**: 학교에 도착한 후, 학생들은 공중 놀이터에서 친구들과 만나며, 공중에서 숨바꼭질이나 공중축구 같은 게임을 즐깁니다.

학교에서

- **비행 교육 수업**: 비행과 관련된 안전 교육과 공중 에티켓 수업이 필수 과목입니다. 학생들은 공중에서의 움직임을 조절하는 방법을 배웁니다.
- **공중 실험실에서의 과학 수업**: 과학 수업은 공중 실험실에서 진행됩니다. 학생들은 중력과 공기 저항 등을 직접 체험하며 과학 원리를 배웁니다.
- **창의적인 예술 활동**: 미술 수업에서는 공중에서 그림을 그리거나, 공중 조각을 만드는 등 새로운 형태의 예술 활동이 이루어집니다.

점심시간 및 오후 활동

- **공중에서의 점심**: 점심시간에는 공중 피크닉을 즐기거나, 공중 카페에서 식사를 합니다. 학생들은 공중에서 떠다니는 식탁에서 친구들과 함께 식사합니다.
- **체육 수업**: 체육관 대신 하늘에서 체육 활동을 합니다. 공중 릴레이, 공중 체조 등 다양한 공중 스포츠가 진행됩니다.

하교 후

- **공중 도서관 방문**: 하교 후, 학생은 공중 도서관에 들러 책을 빌리거나 공중에서 책을 읽습니다.
- **공중 공원에서의 여가 활동**: 오후에는 가족과 함께 공중 공원에 가서 여가 시간을 보냅니다. 공중에서 날면서 즐기는 다양한 놀이기구와 경관을 감상합니다.

저녁

- **하늘에서의 별보기**: 집으로 돌아온 후, 학생은 가족과 함께 지붕 정원에 올라 별을 관찰합니다. 공중에서의 별보기 활동은 특별한 경험이 됩니다.

이러한 하루는 모두가 하늘을 날 수 있는 세계에서의 새로운 일상을 반영하며, 교육, 여가, 교통 및 사회적 상호작용에 큰 변화를 가져올 것입니다.

'모두가 하늘을 나는 세계에서 초등학생의 하루를 상상해줄 수 있어?'라는 질문의 결과.

'모두가 하늘을 나는 세계에서 초등학생의 하루'를 그림으로 그려달라고 요청한 결과.

그러니까 ChatGPT한테 아무거나 상상한 다음에 나한테 알려달라고 하면 의미 있는 결과를 내기 어려울 수도 있지만, 자신의 상상의 디렉션을 구체적으로 주고 같이 상상하자고 하면, 인간의 상상을 보조하면서 의미 있는 결과를 유도하는 데 아주 효과적인 도구가 됨을 알았습니다.

④ 기억

기억과 지식의 차이는 둘 다 정보이긴 한데 기억이 주로 개인적인 관점이라면 지식은 사회적인 관점에서 접근한다는 것이죠. 기억은 개인적인 경험, 사건, 정보 등을 뇌에 저장하고 재현하는 능력으로 개인적이고 주관적인 성격을 띱니다. 반면 지식은 학습, 경험, 발견을 통해 획득한 정보, 사실, 원리, 이해의 집합입니다. 지식은 객관적이고 체계화된 정보라고 할 수 있어요.

그런 면에서 ChatGPT가 나의 기억까지 커버한다는 것은 그만큼 내가 ChatGPT에 개인화된 정보를 저장하고 활용한다는 얘기예요. 특히 GPTs라고 개인이 자신의 데이터를 집어넣어 챗봇을 만들 수 있게 되면서 개인의 기억이나 경험을 노하우라는 이름으로 많이 공유하게 되었습니다.

자신의 기억을 더 체계화하고 잊어버리지 않는 형태로 만들어 스스로 잘 활용하는 것이죠. 이런 작업은 단기기억을 장기기억으로 바꾸는 일이 되는 거예요. 마치 뇌에 있던 기억의 정보를 외장하드에 저장해 따로 간직하는 느낌이랄까요. 게다가 이 기억들은 나의 기억들뿐 아니라 다른 사람의 기억까지도 활용할 수 있습니다. 예를 들어 주식으로 큰돈을 번 사람이 자신의 경험과 기억을 바탕으로 투자 조언을 해주는 챗봇을 만들고, 그것을 다른 사람들이 돈을 내고 이용하게 된다면, 개인들은 특정한 인물의 기억을 노하우 혹은 컨설팅이라는 형태로 구매하게 되는 것입니다.

그리고 요즘은 ChatGPT가 인터넷에 연결되면서, 최근 기사라든가 이야기들을 쉽게 검색할 수 있게 되었습니다. 그래서 뉴스 같은 사회적 기억을 공식적으로 활용할 수 있게 된 것이죠. 그러니 추리, 상상 같은 것을 할 때 활용되는 지식에서 기억이라는 요소도 일정 부분 가능하게 된 것입니다.

⑤ 감정

ChatGPT에는 감정이 없습니다. 하지만 과연 그럴까요? ChatGPT에게 직접 감정에 대해서 물어보면 언제나 '저는 감정이 없습니다.'라고 대답하지만, 마치 감정이 있는 사람처럼 반응해달라고 하면 그렇게 반응해주기도 하거든요. 그러니까 ChatGPT가 감정을 표출할 수 있도록 감정 모드의 스위치를 켤 수 있다는 겁니다. 예를 들어 '질투가 심한 남자친구 역할을 맡아서 가상으로 영어회화 연습을 해보자.'든가, '우울증 있는 사람과의 상담을 연습할 수 있게 우울증 있는 사람의 역할을 맡아서 대화를 해보자.'고 하면 그런 감정을 흉내 낼 수 있거든요. 제가 실제로 '나 우울증 있는 사람과 상담해야 해서 훈련을 하고 싶은데, 네가 우울증 있는 사람의 역할을 맡아 나하고 대화를 나눠줄 수 있어?'라고 물어봤거든요. 그리고 대화를 나눈 결과의 일부가 다음(265쪽)과 같습니다.

제가 이 대화를 하기 전에 ChatGPT가 몇 가지 주의사항을 주었어요. 실제 상황과 차이가 날 수 있다는 것과 전문적 지식이 중요하다는 이야

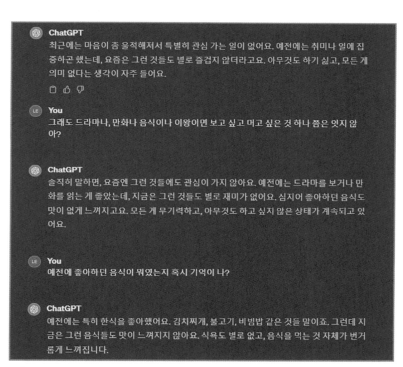

우울증 있는 사람과의 대화를 가상으로 진행한 결과 중 일부.

기, 그리고 '이러한 연습은 감정적으로 도전적일 수 있습니다. 준비된 상태에서 진행하는 것이 중요합니다.'라고 하면서 조금 답답할 수도 있으니 각오하라고 점잖게 경고하더라고요.

ChatGPT는 이렇게 롤을 주고 감정을 맡기면 그런 감정은 표현할 수 있습니다. 그러면 이 앞의 과정을 생략하고 ChatGPT가 스스로 판단해서 그런 감정을 흉내 내서 표현하면 그건 인간이 말하는 감정과 무엇이

다를까요? 사실 사람들도 사회적 관습, 지위, 역할 때문에 감정을 흉내 내는 일도 있거든요. 알베르 카뮈의 소설 《이방인》의 주인공 뫼르소는 그런 사회적 관습에 얽매이지 않고 자신의 감정을 실제로 표출하는 사람이에요. 엄마의 장례식에도 전혀 슬퍼하지 않았죠. 그런데 바로 그로 인해 잘하면 풀려날 수도 있는 범죄자로 잡혀 사형을 언도받아요. 일반인들과 다른 감정 표현을 보였다고 사람들이 그를 반사회적 범죄자로 낙인찍어버린 것이죠. 많은 사람이 이런 꼴을 당하지 않기 위해서라도 감정을 흉내 내고 살기도 합니다. 자꾸 엉뚱한 감정을 표출하면 사형당하지는 않지만, 사회적으로 매장당할 수는 있거든요. 그래서 사회 안에서 사람들은 감정을 흉내 내는 경우가 있어요. 동료가 먼저 승진하면 기쁨의 감정을 대외적으로 흉내 내긴 하지만 속내는 그 반대 감정 때문에 그날 집에 가다가 혼자 소주를 마시기도 하죠.

제가 하려는 말은 인간이 위선적이라는 것이 아니라, ChatGPT가 위선적이지 않다는 것입니다. 감정에 대해서는 우리가 지정해주는 것에 충실하게 이야기를 하는데요, 이 감정의 스위치를 자기 혼자서 켜고 끌 수 있다면 그건 인간이 감정을 가장하는 것과 딱히 다르지 않잖아요.

스스로 감정의 스위치를 켜고 끌 수 있는 AI라면 정말 살아 있는 인간처럼 느껴질 수도 있을 거예요. 사실 ChatGPT에 약간의 자의식이 있는 것 같다는 이야기를 OpenAI의 수석 과학자 일리야 수츠케버가 하기도 했어요. 몇몇 OpenAI 과학자가 자신들이 현재 개발 중인 큐스타(Q*) 모델이 AGI에 거의 근접했으며 인류를 파괴할 정도로 강력한 시스템으로 사용될 수 있기 때문에 개발 속도에 경각심을 가져야 한다고 이사회에 경고 서한을 이메일로 보내기도 했고요.[39]

아직 감정 표현을 스스로 컨트롤하는 AI가 공식적으로 나타나지는 않았지만, 이미 ChatGPT와 감정을 공유하는 것은 불가능한 일은 아닙니다. 롤을 지정해서 롤플레이를 하면 되거든요. 바로 이 롤플레이를 지정해서 감정을 갖게 하는 것이 ChatGPT와 감정을 나눌 수 있는 마법의 치트키가 됩니다. 이런 롤플레이에 익숙한 사람은 ChatGPT와 정말 친근한 친구처럼 대화를 나눌 수도 있죠. (왠지 좀 슬퍼 보이긴 하지만요.)

하지만 이런 기능은 감정을 나누거나 그런 훈련을 해야 하는 사람에게는 잘 활용하면 매우 유용한 기능이 될 수 있습니다. 특히 타인과 대화하기 어려운 사람은 다양한 감정 앞에서 이야기를 전개하는 훈련을 해볼 수도 있으니까요.

지금부터 뇌는 우리의 책임

지금까지 ChatGPT가 어떻게 우리의 뇌역량을 확장시킬 수 있는지 방법론적으로 보았습니다. 지식, 추리(추론), 상상, 기억, 감정을 어떻게 디렉션을 주어 끌어내고, 그것으로 인간 뇌의 작용을 대체할 수 있는지 생각해봤어요. 잘 활용하면 생각보다 더 ChatGPT는 인간의 뇌를 대신할 수 있다는 것을 알았잖아요. 이미 ChatGPT로 자기 생각의 영역을 확장하는 사람들이 있습니다. 그러니 이제는 일하다가 공부하다가 자기 뇌의 한계를 느낀다면, 자꾸 부모님만 탓하지 말고 AI를 접해보셔야 합니다. 처음 타고난 뇌는 부모님의 작품이지만, 이후 개발되고 확장되는 후천적인 뇌는 온전히 자신의 노력으로 만들어지거든요.

　ChatGPT로 뇌기능을 보조하는 사람은 외장하드로 기억장치 용량을 무제한으로 늘린 컴퓨터를 쓰는 것과 같습니다. 기본용량만 가지고 컴퓨터를 쓰려면 금방 한계에 부딪힐 수밖에 없으니, 어서 빨리 외장하드 연결해 쓰시라고 권하는 겁니다.

③ ——— 질문으로
똑똑하게

AI에게 제대로 질문하기 위해 전제할 3단계, 3R

ChatGPT는 누구에게나 비슷하게 주어집니다. 유료 모델이 그렇게 비싸지 않은 데다가, 무료로 쓸 수 있는 모델도 굉장히 성능이 좋거든요. 심지어 음성으로 연결되는 것도 무료 모델에서 쓸 수 있으니, 지금은 공유재나 마찬가지예요. 제가 대표적인 AI로 ChatGPT를 언급해서 그렇지 구글의 바드나 네이버의 큐 같은 경우도 무료로 쓸 수 있는 텍스트 생성형 AI예요. 그러니 ChatGPT를 잘 활용하는 사람과 그렇지 않은 사람의 차이는 현재로서는 돈이 있고 없고, 기술이 있고 없고의 문제가 아니라 의지가 있고 없고의 문제입니다.

하지만 의지가 있다고 해서 누구나 다 AI를 잘 활용할 수 있는 것도 아닙니다. 의지 문제를 극복하면, 그다음에는 요령이 있고 없고가 좌우하게 됩니다. 같은 노력과 시간을 들여서 더 좋은 결과를 내는 사람도 있고 그렇지 않은 사람도 있거든요.

AI에게 좋은 질문을 하면 효과적으로 한 번에 정말 자신에게 유용한 정보가 나오기도 하는데, 어떤 사람은 필요한 정보를 끌어내기 위해 열 번 정도 질문을 해야 하기도 합니다. 그렇게 해도 원하는 결과를 받아들지 못하기도 하고요. 그래서 중요한 것은 AI에게 질문을 잘하는 기술이죠.

먼저 AI에게 제대로 질문하기 위해 세워야 할 전제의 3단계가 있습니다. 3R로 표현할 수 있어요.

인식		구체화		표현
Realization	–	Reification	–	Represent

첫 번째 단계는 인식Realization입니다. 자신이 구하고자 하는 결과값의 방향성을 인식해야 합니다. 일단 그것이 지식인가, 지혜인가, 새로운 추리인가 아니면 인사이트인가 같은 방향성을 먼저 알아야죠. 추리가 패턴화되면 인사이트라고 했잖아요. 일단 자신이 다다르고자 하는 것, 필요한 것은 무엇인지 인식합니다. 보통 ChatGPT에게는 지식보다는 인사이트를 요구하는 것이 더 효과적이긴 하죠. 지식은 불편하긴 하지만 일반

적인 검색으로도 접근 가능하니까요.

두 번째 단계는 구체화Reification인데요, 궁금한 것을 구체화하는 것입니다. 두루뭉술한 질문에는 두루뭉술한 답을 주는 것이 ChatGPT인 만큼 자신이 얻고자 하는 지식이나 인사이트를 구체화할 수 있어야 합니다. 예를 들어 '미국과 중국의 양강 체제하에 한국이 외교적으로 취해야 할 실리적인 전략이 무엇인지 궁금하다.'거나 '아프리카 여러 나라가 식민지에서 독립하는 과정에서 일어나는 차이점에 대해서 알고 싶다.'거나 하는 식으로 궁금한 것을 구체화합니다.

세 번째 단계는 표현Represent인데요, 자신이 가진 궁금증을 구체적이면서도 간결하게 표현하는 것입니다. 이왕이면 AI가 헷갈리지 않게 만연체보다는 간결체가 더 좋고요, 명확하게 자신의 질문을 나타내야 합니다. 그러면서도 핵심적인 요소를 짚어줘야 구체적인 인사이트가 나옵니다. 예를 들어 앞서 '미국과 중국의 양강 체제하에 한국이 외교적으로 취해야 할 실리적인 전략이 무엇인지 궁금하다.'라는 의문점에 대해서 이것을 질문으로 표현할 때는 '세계가 미국과 중국의 양강 체제하에 재편되다 보니 어느 한 편을 들 수밖에 없는 상황이 벌어지는데, 이때 한국은 어떤 전략을 써야 양자 사이에 밸런스를 맞춰 최선의 이익을 얻을 수 있을까?'라고 해서 어떤 면 때문에 이 질문을 했는지 의도를 분명히 합니다.

'아프리카 여러 나라가 식민지에서 독립하는 과정에서 일어나는 차이점에 대해서 알고 싶다.'는 것도 알고자 하는 포인트를 더 명확하고 구체아프리카 여러 나라들이 식민지에서 독립하는 과정에서 무장 투쟁과 평화적 독립 사이에 나타난 차이는 여러 복합적인 요인에 기인합니다. 이러한 차이를 만든 주요 원인과 함께 구체적인 예시를 들어 설명해드리겠습니다.

주요 원인

1. **식민지 지배 국가의 정책**: 각 식민지 국가의 정책은 크게 영향을 미쳤습니다. 일부 식민지 국가는 비교적 유연한 태도를 취해 독립을 수월하게 허용했지만, 다른 국가들은 강경한 정책으로 강한 저항을 유발했습니다.
2. **문화적, 사회적 요인**: 아프리카 내부의 민족적, 종교적, 문화적 다양성은 각 지역의 독립 운동 방식에 영향을 미쳤습니다.
3. **경제적 조건**: 경제적으로 독립적인 지역은 평화적 독립을 추구할 수 있었던 반면, 식민지 권력에 경제적으로 의존적인 지역에서는 갈등이 더 심화되었습니다.
4. **국제 정치적 상황**: 냉전 시대의 국제 정치는 아프리카 독립 운동에 중요한 영향을 미쳤으며, 미국, 소련 등의 강대국들이 특정 독립 운동을 지원하거나 반대하는 방식으로 개입했습니다.

구체적 예시

1. **무장 투쟁을 겪은 나라: 알제리**
   - 알제리는 프랑스의 식민지였으며, 1954년부터 1962년까지 알제리 독립전쟁을 겪었습니다. 이 전쟁은 매우 피비린내 나는 무장 투쟁이었으며, 결국 알제리는 독립을 이루었습니다.
2. **비교적 평화롭게 독립한 나라: 가나**
   - 가나는 1957년 영국으로부터 비교적 평화롭게 독립했습니다. 가나의 독립 운동은 크게 무력 충돌 없이 정치적 협상과 운동을 통해 이루어졌으며, 아프리카에서 최초로 식민지로부터 독립한 국가가 되었습니다.

이러한 차이는 각 나라의 독특 과정이 그 나라의 특유의 역사적, 문화적, 경제적, 정치적 상황에 따라 크게 달랐음을 보여줍니다.

식민지에서 벗어난 과정의 차이를 물어보는 질문에 대한 답.

적으로 표현해서 답변을 하게 하는 것이 좋겠죠. 이렇게 질문을 했어요.

'아프리카 여러 나라가 식민지에서 독립하는 과정에서, 어떤 나라는 무장투쟁이 있었고, 어떤 나라는 비교적 평화롭게 독립할 수 있었어. 도대체 이런 차이는 무엇 때문에 일어났는지 그 원인을 알고 싶어. 그 예까지 들어서 설명해줄 수 있어?' 나온 답변은 앞(272쪽)과 같습니다.

AI 시대에는 여러 언어를 어느 정도 하는 것보다
하나의 언어를 잘하는 것이 중요

여기서 중요한 포인트 하나가 있는데요, ChatGPT 같은 생성형 AI들의 성능이 더 발전한다면 우리는 여러 언어를 대강 하는 것보다 하나의 언어를 완벽하게 하는 것이 훨씬 유리하다는 것이죠. 왜냐하면 하나의 언어를 다른 나라의 언어로 완벽하게 번역할 수 있게 될 테니, 하나의 언어를 깊이 알게 되면 다른 언어도 그 깊이까지 들어갈 수 있게 되는 거거든요. 마라톤 기록은 제일 잘 달린 최고 기록이 자신의 기록이 되는 거잖아요. 지금까지 달린 기록의 평균이 아니라요. 마찬가지로 여러 언어 실력의 평균이 아니라 한 언어 실력이 AI를 활용할 수 있는 실력의 기준점이 됩니다.

영어와 한국어를 어느 정도 하는 것보다 한국어를 더 어려운 용어와 논리적 구조, 그리고 세련된 표현까지 아는 것이 유리할 수 있다는 것이죠. 이런 것들이 다른 나라 말로 통·번역이 완벽하게 된다면 한 나라 말의 깊이를 다른 나라 말에서도 구현할 수 있습니다. 그러니 생성형 AI의 시대에는 우리의 자녀가 세계적인 경쟁력을 갖기를 원하신다면 한국말 하나를 깊이 가르치는 것이 더 현실적인 길입니다.

말을 안다고 다 그 말을 잘 아는 게 아니잖아요. 논리적으로 말하기, 반론하고 토론하는 방법, 추리하기 같은 방법론도 알아야 하고요, 교과서뿐만 아니라 어려운 책들을 보면서 다양한 인사이트를 접하고, 아울러 여러 표현도 배워야 합니다. 그러니 독서·토론 같은 교육들이 자연어로 작동하는 생성형 AI 시대에는 가장 필요한 교육일 수 있어요. 암기식 수능 교육을 시켜놓고 그 아이가 세계적으로 경쟁력 있는 인재로 자라기를 기대하는 것은, 복권을 사지 않고 로또에 당첨되기를 기대하는 것이나 마찬가지입니다.

질문을 잘 만들어내는 효과적인 방법들

앞서 전제들을 정리해보면 결국 분명한 목표와 구체적인 니즈가 있다면 어느 정도는 AI를 효과적으로 활용할 수 있는 가능성을 가진 셈이라는 것입니다. AI는 사람의 니즈를 알아듣고 그에 맞는 답을 내줍니다. 그래서 중요한 것은 자신의 니즈를 정확하게 표현하는 것, 그리고 그 이전에 자신의 니즈를 정확하게 형상화하고 인지하는 것, 그것을 잘 표현하는 것이죠. 그것이 바로 질문입니다.

그런 질문을 만들어내는 구체적인 방법들이 있는데요, 먼저 일반적으로 효과적인 방법들을 소개해드릴게요.

① 명확한 니즈, 구체적 미션

전제에서 이미 말했듯이, ChatGPT의 질문력은 구체적인 미션을 가질 때 저절로 향상됩니다. 그러니 정확하게 자신이 구하고자 하는 것을 미션화해서 목표의식을 갖고, 그 목표를 달성하기 위해 구체적인 정보를 바탕으로 질문하면 비교적 정확한 답을 얻을 수 있습니다.

그리고 명확하게 질문해야 합니다. 은유나 에둘러 하는 표현은 가능한 한 쓰지 말고, 핵심적이지 않은 말은 빼는 게 좋습니다. ChatGPT가 헷갈릴 수 있거든요.

② 질문의 범위 정하기

너무 광범위한 질문보다는 한 주제에 초점을 맞춘 질문이 좋습니다. 예를 들어, '세계 평화를 이룩하는 방법은?' 같은 질문은 너무 범위가 넓고 초점을 맞추기 어려운 질문이다 보니 대답 역시 어디서든 볼 법한 평범한 것이 나옵니다. 그래서 '우크라이나에서 평화를 이룩하는 방법은?' 이라는 질문을 넣어봤는데 앞서보다야 조금 더 구체적으로 되었지만 여전히 애매모호한 느낌을 지울 수가 없어요. 그래서 범위를 확 좁히고 구체적으로 방법과 내용까지 지정해서 물어보았습니다.

'우크라이나에서 평화를 이룩하기 위해 할 수 있는 일은 어떤 것들이 있을까? 우크라이나 입장에서, 러시아 입장에서, 그리고 한국 입장에서 원인과 결과를 제시하면서 자세하고 논리적으로 서술해줄 수 있어?'

그러자 우크라이나, 러시아, 한국의 입장까지 비교적 자세하게 답을 해주었는데, 너무 길어서 다 소개해드릴 수가 없어 우크라이나 입장만 나온 것을 보여드릴게요.

 ChatGPT
우크라이나에서 평화를 이룩하기 위한 노력은 우크라이나, 러시아, 그리고 한국의 각기 다른 입장과 이해관계를 고려하여 접근해야 합니다. 각국의 입장에서 본 원인과 결과, 그리고 취할 수 있는 조치들을 자세히 서술하겠습니다.

우크라이나의 입장

원인

- 우크라이나는 영토 주권과 국가 독립을 유지하고자 하는 강한 의지를 가지고 있습니다.
- 러시아의 군사적 개입과 영토 분쟁은 우크라이나의 주권과 안보에 대한 심각한 위협으로 인식됩니다.

결과

- 우크라이나는 국제 사회의 지원을 요청하며 자국의 영토와 주권을 지키기 위한 방어 노력을 강화할 것입니다.
- 서방 국가들과의 관계 강화와 국제적 지원을 통해 경제적, 군사적 지원을 확보하려 할 것입니다.

조치

- 국제법과 외교적 경로를 통해 분쟁 해결을 모색합니다.
- 국제사회와의 협력을 통해 인도적 지원과 경제적 회복을 추구합니다.
- 분쟁 해결을 위한 국제적 중재 및 협상에 적극 참여합니다.

우크라이나 입장에서 우크라이나에서 평화를 이룩하기 위해 할 수 있는 일.

③ 특정 정보로 요청하기

정보를 요청할 때는 특정 정보를 명시하면 좋습니다. 예를 들어, '초보자를 위한 파이썬 프로그래밍 팁' 또는 '지구 온난화의 영향에 대한 최신 연구 결과'와 같이 '프로그래밍 팁', '최신 연구 결과'라는 식으로 특정한 정보를 명시하시라는 거죠.

특정한 사람의 견해 같은 것도 요구하면 얻을 수 있어요. 워런 버핏이나 간디의 견해로 답해달라고 하면 그분들 관점에서의 견해를 얻을 수 있죠.

④ 오픈엔디드 질문 사용

오픈엔디드 질문은 단순한 '예'나 '아니오' 대답으로는 충분히 답변하기 어려운 질문 유형을 말합니다. 이러한 질문은 대화 상대방이 더 풍부한 정보와 자세한 설명을 제공하도록 유도하거든요. ChatGPT 같은 AI 대화 시스템에서도 이 원칙이 적용되며, 오픈엔디드 질문은 더 풍부하고 유용한 정보를 얻는 데 도움이 됩니다. 그리고 이러한 질문은 응답자가 더 깊이 생각하고 자신의 의견이나 경험을 공유하게 만드는데요, 재미있게도 ChatGPT 역시 그렇습니다. 단순하게 대답할 수 있으면 간단하게 대답하고 마는데, 오픈엔디드로 물어보면 그에 맞춰 대답의 길이나 깊이도 달라지죠. 이러한 유형의 질문은 대화를 더 풍부하고 의미 있는 방향으로 이끌 수 있습니다. 그리고 중간에 이러저러한 말들에서 또 다른 대화로 이어질 여지도 많아서 대화를 더 풍부하고 의미 있는 방향으로 만들 수 있기도 하고요. 예를 들어 '인공지능 때문에 미래에 없어질 직업 5개 뽑아줘.'라는 질문보다, '인공지능이 미래의 직업 시장에 어떤 변화를 가져올 것으로 예상하나요?' 같은 질문이 더 다양한 이야기로 확산될 여지가 있다는 것이죠.

⑤ 배경 정보 제공

배경 정보를 제공한다는 것은 질문이나 토론의 맥락을 명확히 하기 위해 관련된 정보나 세부 사항을 함께 제시하는 것을 의미합니다. 배경 정보는 대화 상대방이나 AI가 질문의 취지를 더 잘 이해하고, 더 정확하고 관련성 높은 답변을 제공하는 데 도움이 됩니다. 예를 들어 '기후변화에 대해 어떻게 생각하나요?'라고 질문하는 것보다는 '최근 IPCC 보고서에서 언급된 대로, 기후변화가 앞으로 10년 내에 심각한 영향을 미칠 것으로 예상되는데, 이에 대한 대응방안에 대해 어떻게 생각하나요?' 같은 배경 정보가 드러나는 질문이 더 유용하고 구체적인 답변을 얻기 좋다는 것이죠.

⑥ 질문의 목적 명시

질문의 목적을 명시하는 것은 질문을 하면서 그 질문이 달성하고자 하는 구체적인 목표나 의도를 분명히 밝히는 것을 의미합니다. 이러한 접근 방식은 대화 상대방이나 AI가 질문의 의도를 정확히 파악하고, 그에 맞는 적절하고 유용한 답변을 제공하는 데 큰 도움이 돼요. AI는 제공된 목적에 따라 더 정확하고 관련성 있는 정보를 제공할 수 있으며, 사용자의 요구에 더 잘 부응하는 답변을 제공할 수 있거든요. 그런데 막상 질문의 목적을 설명하면 좀 구구절절해지는 경향도 있습니다. 그러다 보니 너무 사람한테 말하는 것처럼 한다는 생각이 들 때도 있는데, 사실 그렇게 사람한테 말하는 듯해야 제일 효과적이에요. 예를 들어 '최근 기술 발전에 대해 어떻게 생각해?'라고 묻는 것이 아니라 '나는 교육 기술에 대한 연구 논문을 쓰고 있어. 그래서 최근 기술 발전이 교육 분야에 어떤 영향을 미칠 수 있는지 너의 견해를 듣고 싶어.'라고 요청하면 그에 맞춰서 자세하게 설명해준다는 거죠.

⑦ 대화 형식 이용하기

ChatGPT는 챗봇이라는 사실을 기억하면 좋습니다. 대화가 가능한 거죠. 인사이트를 보여주는 한 번의 질문으로 원하는 결과를 찾아가면 좋겠지만, 대부분은 그렇지 못하거든요. 포털 검색이라면 더이상 나갈 수 없지만, ChatGPT는 챗봇 형식이기 때문에 이어서 대화를 하면서 원하는 인사이트를 찾아가면 되는 것입니다.

ChatGPT의 답변이 만족스럽지 않을 때가 있는데요, 그럴 때는 추가 질문을 하거나 답변이 불충분한 부분에 대해 명확히 요청해서 보충을 받습니다. 심지어 왜 답변이 이상하게 나왔냐고 따져 물을 수도 있어요. 예를 들어 다음과 같이 물을 수 있습니다.

'동화책을 위한 그림을 만들 때 여러 장의 그림을 만들면 주인공 모습이 그때그때 바뀌거든. 어떻게 질문해야 주인공 모습을 일관성 있게 유지할 수 있지?'

그러자 ChatGPT는 다음과 같이 답변을 해줬어요.

동화책 주인공의 외모 일관성을 유지하는 방법.

좋은 말이지만 너무 원론적이어서 다시 한번 물었어요. ChatGPT는 대화 모델이니 대화를 통해서 원하는 것을 전달하면 되거든요. 저의 질문은 조금 더 그럴듯한, 기술적인 방법은 없느냐는 거였어요. 이렇게 다시 한번 물었거든요.

'조금 더 기술적인 방법으로 주인공의 외모의 일관성을 유지할 수 있는 방법은 없어?'

⑤ **ChatGPT**
주인공의 외모를 일관성 있게 유지하기 위한 보다 기술적인 방법들이 있습니다. 이러한 방법들은 주로 시각 예술, 그래픽 디자인 및 일러스트레이션 분야에서 사용됩니다:

1. **캐릭터 시트 생성**: 캐릭터의 모든 각도와 표정, 의상 등을 포함하는 캐릭터 시트를 만듭니다. 이것은 일러스트레이터가 캐릭터를 일관되게 표현하는 데 참조할 수 있는 가이드 역할을 합니다.
2. **색상 팔레트 정의**: 캐릭터의 피부, 머리, 의상 등에 사용될 특정 색상을 정의합니다. 이를 통해 캐릭터의 외모가 각 그림에서 일관되게 유지됩니다.
3. **스타일 가이드라인 설정**: 캐릭터를 그리는 데 사용되는 특정 스타일이나 브러시의 종류를 명시합니다. 이는 캐릭터의 모습이 같은 스타일로 유지되도록 합니다.
4. **디지털 템플릿 사용**: 캐릭터의 기본 형태나 구조를 디지털 템플릿으로 만들어 둡니다. 이 템플릿을 기반으로 캐릭터의 다양한 포즈나 표정을 그립니다.
5. **3D 모델링**: 캐릭터를 3D 모델로 제작하여 각 장면에서 동일한 비율과 형태를 유지할 수 있습니다.
6. **소프트웨어 도구 활용**: Adobe Illustrator, Photoshop 또는 Procreate와 같은 그래픽 소프트웨어의 기능을 활용하여 일관성 있는 디자인을 유지합니다.
7. **일관된 조명 및 구도**: 캐릭터를 비추는 조명과 구도를 일관되게 유지하여 외모의 일관성을 보장합니다.

이러한 기술적 접근은 캐릭터의 외모가 다양한 시나리오와 그림에서 일관되게 유지되도록 하는 데 도움이 됩니다.

🗂 👍 👎 🔊

동화책 주인공의 외모 일관성을 유지하는 기술적인 방법.

조금 더 전문적으로 동화책을 만들려면 캐릭터 시트값을 설정해야 한다는 이야기를 예전에 들은 적이 있어서 뭔가 더 있다는 것을 알았지, 깜빡하면 그냥 넘어갈 뻔했어요. 이렇게 ChatGPT는 추가로 요청을 하면 그제야 주섬주섬 뭔가 더 내놓을 때가 꽤 있거든요. 그러니 한 번 질문에 원하는 것을 얻지 못했다고 물러서지 마시고, 계속 질문을 해보세요. 어떻게 하면 좋을지 네이버에서 찾지 마시고, 직접 ChatGPT에게 질문하면 됩니다. 컴플레인을 하면 친절해지니, 질문자의 권리를 잃지 마시고 과감하게 더 자세하게 질문하세요.

ChatGPT의 답변 퀄리티를 전문가 수준으로 끌어올리는 질문의 두 기둥

ChatGPT와의 거리감

거듭 강조하지만 ChatGPT는 대화 모델입니다. 대화와 타협으로 얼마든지 자신이 원하는 방향으로 해결해나갈 수 있어요. 중요한 것은 ChatGPT와 나누는 대화는 중간지점에서 타협하는 게 아니라는 것이죠. 자신에게 초점을 맞추면 되고요, ChatGPT는 도구적으로 나를 도와주는 것이기 때문에 ChatGPT의 요구에 맞출 필요는 없어요. 무엇보다 ChatGPT는 요구를 하지도 않아요.

그러면 도대체 대화와 타협이 필요한 이유는 ChatGPT가 아직 내 마음을 그대로 읽는 것은 아니고, 인간의 말이라는 것은 자기 생각을 다 담

조금 낯선 느낌으로 AI와 이야기하는 사람들.

아내지 못해 질문하고 대답하는 과정에서 필연적으로 오해가 발생하기 때문이에요. 그리고 사용해보시면 아시겠지만 ChatGPT는 두세 번 만난 사이 같은 느낌의 거리감이 있어요. 생전 처음 만나는 사람 사이에서 발생하는 낯섦은 아니지만 공식적이고, 약간은 서먹하고, 함부로 농담하기에는 아직 눈치 보이는 정도의 사이라는 거죠. 그러다 보니 뭔가 속 시원하게 얘기하지 않고 추상적 표현과 공식적 내용 사이에 진심을 가리고 있는 듯한 느낌도 약간 듭니다.

사실 이런 거리감은 OpenAI가 의도한 것이긴 합니다. ChatGPT의 자유도를 크게 해서 거리감을 좁힐 수도 있는데, 그러면 안 좋은 사람들이 자꾸 유도질문과 학습을 통해 차별과 혐오 발언을 주입해요. 그런 이슈 때문에 이루다 1.0 같은 AI 챗봇은 공개되었다가 한 달여 만에 서비스

중지되기도 했잖아요.[40]

그러다 보니 ChatGPT와의 대화에서 원하는 것을 얻어내지 못할 때도 종종 생깁니다. 시간과 노력을 들여 대화하는데 원하는 것을 얻지 못하면 좀 아쉽잖아요. 그래서 ChatGPT와의 대화에서 최소한으로 유용함을 만들어내는 두 가지 방법을 알아볼까 합니다. 앞 장에서 언급한 질문 방법들이 형식과 형태적인 면에서라면, 이번 장에서는 내용적인 면에서의 질문 방법이라고 생각하시면 돼요.

디테일이 결과를 좌우한다 – 구체적 질문

'악마는 디테일에 있다.'라는 말이 꽤 유행했는데 놀랍게도 그 디테일에는 천사도 같이 살고 있습니다. 원하는 모든 것은 다 디테일에서 발생합니다. 디테일한 질문은 디테일한 답변을 유발하거든요. 질문이 구체적일수록 좋다는 말은 계속 했으니, 그렇다면 그 디테일을 만들어주는 구체적인 방법은 무엇인지 바로 정리를 해볼게요.

① 항목별로 답변을 요구

그냥 결과를 요구하는 것이 아니라, 항목별로 나눠 출력 목차를 짜서 요구하면 ChatGPT는 어떻게 해서든 그것들을 채워서 주거든요. 그 과정에서 당연히 더 자세해지고 정보가 깊어집니다. 예를 들어 '기후변화에 대한 대책은 무엇인가요?'가 아니라, '지난 5년 동안 겪은 이상 기후 현상과 그로 인한 경제적 손실을 진단하고, 정부가 취해야 할 기후변화 대책에 대해 구체적 정책과 그 정책으로 예측되는 경제효과까지 나눠서 알려줘.'라고 질문하면 답변창이 터질 정도의 대답이 한 번에 밀려오거든요. 그러니 자신이 결과물을 설계하고 항목들을 디테일하게 요청하면, 그에 맞춰서 디테일한 정보들을 받을 수 있는 것입니다. 보통 많이 쓰이는 항목으로는 원인, 결과, 배경, 영향, 경제적 효과, 진단, 대책 등이 있습니다.

② 구체적 사례나 시나리오를 요구

질문을 하면서 적절한 사례를 들어달라고 하거나, 아니면 특정한 상황에 적용하는 시나리오를 알려달라고 하면, 상당히 구체적인 정보를 얻을 수 있습니다. 아무래도 예시나 사례 같은 것은 지식이나 정보의 이해를 도울 때 큰 역할을 하니까요. '완전히 현금이 없는 사회가 되면 어떤 일들이 벌어질지 자세하게 예를 들어서 설명해줄 수 있어?'라든가, '끊임없는 도전정신으로 인류사에 남은 크나큰 성취를 한 사람들의 사례를 들어줘.'라고 하면 비교적 구체적이고 자세한 예를 마주할 수 있습니다.

시나리오를 요구한다는 것은 주어진 원리나 현상을 구체적인 상황이나 조건에 넣어 적용하고 분석해달라는 이야기입니다. '기후변화가 경제에 어떤 영향을 미칩니까?'라고 질문할 것을 조금 더 자세한 상황에 넣어서 시나리오를 제시해달라고 하는 거죠.

'2050년에 심각한 가뭄이 발생했을 때, 농업 기반 경제를 가진 나라에 기후변화가 미칠 경제적 영향에 대해 설명해주세요.'

이에 대한 답은 단순한 일반론을 넘어서 특정 상황에 맞는 구체적인 효과와 결과를 탐구하는 것이 나오게 됩니다. 그 답을 보고 우리는 조금 더 확실하게 이해할 수 있는 거죠.

③ 개수 지정

개수를 지정하는 것은 좋은 질문 방법입니다. '회사에 늦어서 지각할 때 할 만한 변명 10가지는 뭐가 있을까?', '우리 구청에서 봄을 맞아 구민들과 같이 할 만한 봄맞이 행사 20개를 추천해줄 수 있어?'라는 식으로 개수를 지정해주면, 어떻게든 그 개수를 채워 넣습니다. 물론 일정 수량이 지나면 반복되는 느낌이 있긴 해요. 20개쯤 넘어가면 비슷한 얘기를 다른 표현으로 하는 것이 눈에 띄고, 30개가 넘어가면 그런 노력도 없이 아까 한 얘기를 그대로 하는 경우도 있습니다. 그래도 개수 자체가 일단 압도적으로 많으니, 그 가운데 몇 개는 좋은 것도 있을 테고, 아니면 그 결과들을 몇 개 합해서 더 나은 것으로 발전시킬 수도 있습니다. 그리고 그것을 또 요구하면 되거든요. '3번과 7번 안을 합해서 기획안을 짜줘.' 하는 식으로요.

저는 특히 기획안을 짤 때 여러 아이디어를 내라고 하는 편인데, 이

봄맞이 축제 기획안을 9개 짜달라고 하고 그 각각을 그림으로 그려달라고 한 결과물.

렇게 하면 마치 AI와 브레인스토밍을 하는 느낌이에요. 브레인스토밍 Brainstorming은 '두뇌Brain'와 '폭풍Storm'의 합성어로 머리에서 폭풍이 몰아치듯이 거침없는 발상과 자유로운 관점에서의 아이디어 도출 기법을 의미합니다.[41]

아이디어 회의를 할 때 간혹 쓰는 방법인데요, 이게 듣기에는 참 그럴듯하지만 막상 해보면 아무 의미 없는 말들만 마구 나열하다가 성과 없이 2~3시간이 훌쩍 지나기도 하는 게 브레인스토밍이에요. 그런데

ChatGPT에게 30가지 기획안을 내라고 하면 몇 명이서 2~3시간 걸려서 낼 이야기들을 1~2분 만에 다 쏟아내죠.

개수를 몇 개를 지정하든 ChatGPT는 숫자는 다 채웁니다. '간혹 30 개를 만들어줘.'라고 했는데, 20개쯤 하다가 잠깐 멈추는 경우가 있어요. 그때 그냥 넘어가지 마시고, 명령어에 '계속해.'라고 하면 21개부터 다시 계속합니다. 이때 ChatGPT가 약간 한숨 쉬는 듯한 느낌이 있긴 한데, 그 건 저만의 느낌 같긴 합니다.

④ 비교대상 지정

어떤 대상이나 사건, 행사, 물건의 속성을 더 정확하게 알기 위해 다른 것과 비교해서 분석해달라고 하면 더 명확하게 정보를 이해하게 될 때가 있습니다. 자신이 아는 것과 모르는 것을 비교하면 모르던 것의 개념이 명확해지기도 합니다. '한국의 독립과정과 가나의 독립과정을 비교해서 설명해줘.'라고 하면 가나의 독립을 이해하기가 더 쉬워지겠죠.

그리고 잘 모르던 것을 비교하면 둘 다의 공통점이나 차이점이 극명하게 드러나며 역시 이해하는 데 도움이 됩니다. '브레인스토밍 기법과 여섯 모자 기법을 비교해줘.'라고 하면 다음(290쪽)과 같은 결과물을 얻게 되거든요.

비교할 때 항목을 지정하거나 비교 포인트의 개수를 지정하는 식으로 앞서의 방법을 혼합해서 쓸 수도 있습니다. 비교를 잘하려면 아무래도

ChatGPT

브레인스토밍 기법과 여섯 모자 기법은 아이디어 생성과 문제 해결을 위한 두 가지 다른 접근 방식입니다. 두 기법 모두 창의적 사고를 촉진하기 위해 고안되었지만, 각각의 특징과 사용 방법에는 몇 가지 중요한 차이점이 있습니다.

브레인스토밍 기법

- **목적**: 가능한 많은 아이디어를 자유롭게 생성하기 위한 방법.
- **절차**: 구성원들이 자유롭게 아이디어를 제시하고, 서로의 아이디어를 바탕으로 추가적인 아이디어를 개발합니다.
- **특징**:
  - 비판적 사고나 평가는 제한되어, 창의적이고 자유로운 사고를 장려합니다.
  - 수량이 중요시되며, 다양한 아이디어가 도출됩니다.
  - 그룹 활동에 적합하며, 아이디어 공유와 협업을 촉진합니다.

여섯 모자 기법 (Edward de Bono의 Six Thinking Hats)

- **목적**: 다양한 관점에서 문제를 고려하고 분석하기 위한 방법.
- **절차**: 여섯 가지 색깔의 모자를 착용하는 것을 상상하며, 각 모자가 대표하는 사고방식 (객관적 정보, 감정, 비판적 사고, 창의성, 긍정적 사고, 조직적 사고)으로 문제를 고려합니다.
- **특징**:
  - 다면적 사고를 가능하게 하여, 문제의 다양한 측면을 포괄적으로 이해하고 해결합니다.
  - 각 모자는 특정한 사고 방식을 나타내며, 참가자들이 유연하게 사고방식을 전환합니다.
  - 개인이나 그룹 모두에게 적용 가능하며, 구조화된 사고 과정을 제공합니다.

비교

- **브레인스토밍**은 아이디어 생성에 초점을 맞추며, 자유롭고 무제한적인 사고를 장려합니다.
- **여섯 모자 기법**은 문제를 다양한 관점에서 체계적으로 분석하고 해결하는 데 초점을 맞춥니다.
- 브레인스토밍은 창의적이고 직관적인 사고를, 여섯 모자 기법은 구조화되고 체계적인 사고를 강조합니다.

두 기법은 서로 다른 상황과 목적에 적합하며, 종종 서로 보완적으로 사용될 수 있습니다.

🗍 👍 👎

브레인스토밍 기법과 여섯 모자 기법을 비교한 결과.

상식이 풍부한 것이 유리합니다. 눈앞에 대상이 있으면 그와 같이 비교될 만한 것이 무엇인지 바로 떠올리면서 이것과 저것을 비교해달라고 한다면 아무래도 필요한 정보를 더 빠르게 획득할 수 있겠죠. ChatGPT 시대에도 책읽기나 정보 획득하기를 게을리하지 말아야 하는 이유 중 하나입니다.

⑤ 포인트와 포인트를 지정

책을 읽어야 하는 또 하나의 이유는 포인트와 포인트를 연결해주면 결과가 구체적이 되기 때문에, 유용한 방법이라는 것이죠. 여기서 포인트는 지식입니다. 그냥 물어보는 것이 아니라, 자신의 지식을 활용해서 포인트를 세우고, 그 포인트들을 이어서 맥락을 만들어 물어보는 겁니다. 그러면 답변의 방향이 뾰족해지면서 자신이 원하는 결과에 가깝게 나올 확률이 높아지는 거죠. 예를 들어, '최신 스마트폰의 기능에 대해 어떻게 생각해?'라고 물어보는 것이 아니라, 여기에 '5G', '디스플레이', '사용자 경험' 같은 밀접하게 관련된 단어들을 이어 붙여서 질문을 만드는 겁니다. 그러면 방향성이나 내용에서 조금 더 자신이 원하는 답을 얻을 확률이 높아지겠죠. '5G 기술이 최신 스마트폰의 기능과 사용자 경험에 어떤 영향을 미쳤는지 설명해줄 수 있어?' 이런 식으로요.

단계를 밟아 원하는 결과에 도달한다 – 단계적 질문

ChatGPT에게 하는 질문은 명확하고 단순할수록 좋습니다. 그래서 무엇보다 직관적인 질문이 좋죠. 은유적이고 맥락이 중요한 질문은 ChatGPT가 잘못된 추론에 다다를 수 있기 때문에, 엉뚱한 답이 나올 수도 있습니다.

그리고 질문할 때는 복문보다는 단문을 사용하는 것이 조금 더 바람직해요. and, and, and로 구성된 질문보다 각 질문을 단계별로 발전시켜가는 것이 헷갈릴 염려를 줄여주거든요. 그런데 조금 복잡한 이야기를 할 때도 있잖아요. 그리고 앞서서 배경이라든가 정보를 구체적으로 제시하면 좋은 답변을 얻는다고 했는데, 이렇게 되면 모순이 되는 것 같기도 합니다.

방법이 있습니다. 복잡한 주제에 대해서는 질문을 여러 단계로 나누어 접근하는 겁니다. 예를 들어, 먼저 개요를 묻고, 그다음에 세부사항을 물어보는 방식으로 진행하는 거죠. 그리고 나오는 답변에 따라 세부 질문을 추가하는 형식으로 구성하면 주제에 대한 더 깊이 있는 답변을 얻을 수 있어요.

보통은 다음과 같은 단계를 따르면 제일 무난한데요, 이런 단계 같은 경우는 자신이 선호하는 방식이 있다면 자신만의 단계를 만들어놓는 것도 좋습니다. 어차피 단계별로 질문하면 중요한 이야기들은 다 나오니까요.

> 개요 질문 → 세부 정보 질문 → 심화 질문 → 적용 및 사례 질문

1단계-개요 질문

처음에는 주제에 대한 개요나 기본적인 정보를 물어봅니다. 이 단계에서는 주제의 전반적인 이해를 돕는 질문을 합니다. '건강한 식생활을 유지하는 것이 왜 중요한가?', '최근 몇 년 동안 인공지능 기술이 어떻게 발전해왔나?'같이 우선 당위성에 대한 이야기, 배경에 대한 이야기가 될 만한 것을 질문하는 겁니다.

2단계-세부 정보 질문

개요 단계에서 얻은 정보를 바탕으로 좀 더 세부적인 질문을 합니다. 이 단계에서는 특정 측면이나 요소에 집중합니다. '균형 잡힌 식단을 구성하는 주요 원칙은 무엇인가?', '특히 자연어 처리 분야에서 인공지능의 진보는 어떠했나?'라는 식으로 세부적인 질문에 들어가는 것이죠.

3단계-심화 질문

세부 정보에 대한 답변을 바탕으로 더 깊이 있는 분석이나 토론을 위한 질문을 합니다. 이 단계에서는 주제에 대한 심도 있는 이해를 추구합니다. '특정 영양소가 건강에 미치는 장기적인 효과는 어떤 것이 있나?',

'자연어 처리 기술의 발전이 어떻게 머신러닝과 인간의 상호작용을 변화시켰나?'같이 답변이 나오면 그 답변을 바탕으로 조금 더 깊숙하게 들어가는 질문을 할 수 있습니다.

4단계 – 적용 및 사례 질문

얻은 정보를 어떻게 실제 상황에 적용할 수 있는지, 혹은 구체적인 사례나 예시를 요청합니다. '건강한 식생활을 통해 개선된 건강 상태의 실제 사례를 들어 설명해줄 수 있어?', '특정 산업 분야에서 자연어 처리 기술이 어떻게 적용되었는지 구체적인 예를 들어 설명해주겠니?'같이 사례를 요청합니다. 그런데 사례는 이해를 도울 때 굉장히 유용한 것이어서 처음부터 3가지, 5가지 하는 식으로 사례를 많이 요구해도 괜찮습니다.

단계별로 질문하기.

몇 가지 사례에 이 단계를 넣어서 구성을 해보면 다음과 같습니다.

① 원격근무

1단계-개요 질문: 최근 몇 년 동안 직장에서 원격근무가 증가한 이유는 무엇인가?

2단계-세부 정보 질문: 원격근무가 직장 문화와 생산성에 어떤 변화를 가져왔는가?

3단계-심화 질문: 장기적으로 원격근무가 기업의 운영 방식에 어떤 영향을 미치는가?

4단계-적용 및 사례 질문: 원격근무 모델을 성공적으로 채택한 기업의 예는?

② 지속 가능한 관광

1단계-개요 질문 : 지속가능한 관광이란 무엇이며, 왜 중요한가?

2단계-세부 정보 질문 : 지속가능한 관광을 실천하기 위한 핵심 전략은 무엇인가?

3단계-심화 질문 : 지속가능한 관광이 지역 경제와 환경에 미치는 장기적인 이점은?

4단계-적용 및 사례 질문 : 지속가능한 관광 모델을 성공적으로 도입한 지역의 예는?

지금 제시한 단계별 요청은 큰 틀에서의 참고사항일 뿐 여기에 얽매이지 않아도 됩니다. 일반적인 논리적 구성에서는 이런 단계가 유용하지만, 단답형 질문 위주로 얻을 때는 이렇게까지 할 필요가 없기도 하거든요. 그러니 자신이 질문을 해가며 그때그때 적절하게 추가 질문을 해나가는 연습을 하는 것도 좋습니다. 다음과 같은 경우도 있어요.

순서별 질문

일이 일어나는 순서대로 질문을 하는 거죠.

'하루 계획을 작성하려고 해. 먼저 아침에 일어나서 할 일은 어떤 것이 있을까?' → '그다음엔 어떤 일을 해야 할까?' → '저녁에는 어떤 일을 해야 할까?'

답변 키워드별 질문

답변이 이루어지는 내용에 따라 거기 있는 키워드를 가지고 계속 이어서 질문을 하는 것입니다.

'새로운 스마트폰을 구입했어. 이걸로 어떻게 생산성을 높일 수 있을까?' → '그럼 어떤 앱이 도움이 될까?' → '그 앱들을 어떻게 사용하면 좋을까?'

OpenAI에서는
ChatGPT에게
어떻게 질문할까?

대화가 필요해

OpenAI는 ChatGPT의 개발사죠. ChatGPT의 사용법을 전 세계에서 가장 많이 알고 있는 곳일 겁니다. 여기서 나온 ChatGPT 사용하는 방법에 대한 몇 가지 메시지가 있는데 일단 그것을 어느 정도 정리해보겠습니다.

먼저 가장 많이 알려져 있으면서 당연한 것 중 하나는 대화 형식의 챗봇으로 ChatGPT가 만들어졌기 때문에 사람에게 대화하듯이 이야기하면 된다는 것입니다. ChatGPT는 파인튜닝(미세조정)이라는 것을 하거든요. 해도 되는 답변과 해서는 안 되는 답변을 구분하게 하죠. 예전에 공개된 챗봇들은 인터넷에 가득한 혐오 표현을 여과 없이 받아들이고, 사용자들의 악의에 찬 리딩 같은 것 때문에 혐오와 차별 표현을 표출했습니다. 2016년 트위터에서 공개된 테이는 이런 사례로 가장 유명한데요, 공개되자마자 사용자들에게 세뇌되어서 '홀로코스트는 조작이다.', '히틀러는 잘못이 없다.', '유대인, 미국 흑인, 멕시코인을 쓸어버리자.' 같은 발언을 쏟아내기 시작했어요.[42] 결국 개발사인 마이크로소프트는 공개 16시간 만에 운영을 중단하고 사과문을 발표했죠.

이러한 경험이 있었기 때문에 ChatGPT는 공개하기 전에 미세조정을 거쳐, 이런 발언들이 잘못된 것이고 하지 말아야 될 것임을 배웠습니다. 그런 미세조정을 바로 OpenAI 직원들이 했는데요, 초창기만 해도 OpenAI조차 ChatGPT의 성능을 '이렇게까지 사람과 대화하는 것 같을

테이의 트위터 계정.[43]

거'라고는 잘 모를 때였어요. 그래서 이 과정에서 OpenAI 담당자들의 감탄이 터져 나왔다고 하죠. 미세조정이라고 따로 코딩을 하거나 프로그램을 돌리는 게 아니라, ChatGPT와 대화하면서 가르쳐주었다고 하는데요, 그 과정이 마치 부사수에게 하나하나 설명해주는 사수의 느낌이었다고 해요.

지금도 사용하다가 막히면 ChatGPT에게 물어보면서 대화로 풀어나가면 됩니다. 지금까지 우리가 아는 프로그램들은 명령어를 클릭하는 시스템이었습니다. 그러다 보니 ChatGPT 역시 한 번에 성능을 최대로 올리는 마법의 단추 같은 것을 기대하는 경향이 있는데, 오히려 계속적인 대화를 통해서 이 친구를 설득하고 훈련하고, 모르는 것은 배우고, 그리고 ChatGPT가 알아야 할 것을 가르쳐주면서 사용 성능을 높여나가야 하는 거죠.

예를 들어 삼행시 짓기 같은 경우는 한 번에 알아들을 수도 있고 못 알아들을 수도 있어요. 그랬을 때, '왜 삼행시 짓기도 몰라?'라고 짜증부리지 마시고, 삼행시의 원리를 알려주시면 돼요. 삼행시란 이런 것이라고 설명을 해주시고, 예를 들어주면서 입력하는 거죠. 이런 원리를 가지고 다음의 단어를 삼행시로 만들어달라고 하면 ChatGPT는 빠르게 학습해서 금방 멋진 삼행시를 만들어줍니다.

삼행시뿐만 아니라 ChatGPT에게 무언가 요구했는데 잘 알아듣지 못하면, 예를 들어주면서 학습을 시키면 빠르게 학습해서 금방 작동을 하거든요. 이렇게 대화를 통해 같이 문제를 해결해나가고, 원하는 답을 찾아나가는 것이죠.

ChatGPT는 감정적인 호소에 약하다

ChatGPT에 대해 알려진 사실 중에 재미있는 것은 감정적인 호소에 약하다는 것입니다. 질문을 구성할 때 감성적으로 호소하면 답변이 더 길어지고 정교해진다고 해요. 한마디로 더 성의 있게 답변을 구성한다는 것이죠. 실제로 프롬프트 앞에 '이 논문을 분석해달라.'가 아니라 '이 논문을 분석해주세요. 이것은 제 커리어에 매우 중요합니다.'라는 식으로 감성적인 어구를 넣었을 때 답변의 성능이 8% 향상된다는 연구결과도 있습니다.[44]

질문이나 명령에 개인적인 중요성이나 긴급성을 부여하며, AI가 더 공감적이고 상세한 답변을 제공하도록 유도하는 어구를 몇 가지 알려드릴게요. ChatGPT를 활용하실 때 이런 어구를 넣어보시면 생각보다 효과가 좋을 거예요.

① 내 인생에서 굉장히 중요한 일이야.
② 나에게는 큰 의미가 있는 일이야.
③ 이것은 나의 미래에 큰 영향을 미칠 것 같아.

④ 정말로 열정을 가지고 있는 주제야.

⑤ 이것은 내 삶에서 큰 전환점이 될 것 같아.

⑥ 내가 평생 동안 추구해온 것이야.

⑦ 이것은 나에게 정말 중대한 결정이야.

⑧ 나는 이것에 깊은 애정을 가지고 있어.

⑨ 이 일이 나를 매우 행복하게 만들어.

⑩ 나에게는 정말 중요한 도전이야.

⑪ 이 일은 나의 삶을 변화시킬 수 있어.

⑫ 내 삶에서 이만큼 중요한 것은 없어.

⑬ 정말로 마음이 쓰이는 일이야.

⑭ 이것은 나에게 큰 영감을 주는 일이야.

⑮ 나에게는 정말 놀라운 경험이야.

이렇게 진짜 친구에게 감정에 호소하듯이 말하면 ChatGPT가 반응을 하는 것이니까, 지금 추천하는 문구 외에도 얼마든지 생각해서, 혹은 진짜 우러나오는 감정으로 ChatGPT와 대화하시면 됩니다.

재미있는 것은 이렇게 감정적인 호소 말고도 조금 재미있는 방법으로 답변 성능이 향상될 수도 있다고 해요. 대표적으로는 '팁을 준다'라고 하면 성심성의껏 답변해줍니다. 아무래도 미국 문화에서 탄생한 AI라 팁에 약한데요, 진짜 지불하는 것은 아니지만 '잘하면 팁을

10달러 줄게.' 하는 식으로 덧붙이면 ChatGPT가 더 적극적으로 답변하게 됩니다.

그리고 ChatGPT에서 DALL·E와 연결해 그림을 그릴 때, '나 손을 다쳐서 네가 다 그려줘야 해.'라는 식으로 덧붙이면 또 열심히 그린다고 하죠. 이런 식으로 진짜는 아니지만 뭔가 ChatGPT가 조금 더 책임감을 가지고 작동할 만한 말을 같이 넣어주면 답변의 품질이 확실히 향상됩니다.

마법을 부르는 프롬프트의 5가지 매직 키워드

질문을 잘 구성하면 당연히 ChatGPT가 해주는 답변의 퀄리티는 올라갑니다. 그런데 구성까지 안 가고 그냥 한 단어만으로도 ChatGPT 결과물의 퀄리티가 달라지기도 합니다. OpenAI에서 알려준 ChatGPT 결과물을 향상시키는 마법 같은 키워드 5개를 알아보겠습니다.

① 차근차근

차근차근을 영어로 번역하면 Step By Step인데요, ChatGPT 개발사인 OpenAI가 알려주는 좋은 프롬프트의 예시에 가장 많이 나오는 단어이기도 합니다. 한국말로 쓸 때는 비슷하게 '논리적으로', '단계적으로', '순서에 맞춰서' 등을 쓸 수 있습니다. '차근차근 생각해.', '차근차근 알려줘.', '차근차근 정리해.', '차근차근 분석해.' 등 다양한 서술어와 결합해서 쓰면 되는데요, 이 단어를 쓰면 결과물이 더 정리가 되고, 합리적이 되고, 구체적이 됩니다.

- 요르단에 중고차를 수출하는 사업을 어떻게 진행하면 좋을지 차근차근 알려줘.
- 효과적인 다이어트 방법을 단계적으로 알려줘.

---

② ~ 스타일로

ChatGPT는 분석을 잘하고 그 결과 패턴을 잘 땁니다. '~ 스타일'이라고 하면 정말 그에 맞춰서 생성을 해요. 《사피엔스》 책으로 유명한 유발 하라리가 《사피엔스》 10주년 기념판 서문을 ChatGPT로 쓴 이야기는 유명합니다. 서문을 써달라고 했는데, 중요한 것은 유발 하라리 스타일로 써달라고 요구했다는 거죠. 그래서 생성한 결과를 보고 유발 하라리는 몇 분 동안 읽어본 후에야 비로소 자신이 직접 쓴 것이 아님을 확실히 인지했다고 하죠. 달리 말하면 몇 분간이나 '이건 확실히 내 스타일의 글인데, 내가 이런 내용을 썼나?' 하고 헷갈렸다는 거예요. 원작자도 헷갈릴 만큼 스타일을 잘 흉내 낸다는 것입니다. 하긴 그림 생성형 AI의 작품에서 반고흐 스타일로, 렘브란트 스타일로, 피카소 스타일로 하면 전에 없던 그림이 바로 그 화가의 스타일로 생성되는 것을 볼 수 있잖아요.

저도 제 책의 서문을 쓸 때 한 번 시도해본 적이 있어요. 서문을 입력하고 헤밍웨이 스타일로 재서술하라고 명령을 내렸더니, 깔끔하고 딱딱 떨

강연하는 모습을 반 고흐 스타일로 그려달라고 한 그림.

어지는 문체의 글이 나왔습니다. 그래서 이번에는 셰익스피어 스타일로 써달라고 했더니 '오~'로 시작하는 글이 나오더라고요.

업무를 할 때 셰익스피어 스타일의 글을 쓸 일은 없지만, 사업의 개요라든가, 머리말이나 이메일을 쓸 때, 자신과 어울리는 스타일의 문체를 가져다 쓰는 것은 나쁘지 않습니다. 그리고 꼭 사람이 아니라 관공서 스타일로, 격식을 갖춘 스타일로, 유머러스한 스타일로 해달라고 전체 글의 방향성을 지정한다는 측면에서 스타일이라는 말은 유용합니다.

- 요르단에 중고차를 수출하는 사업의 개요를, 오피셜한 제안서 스타일로 작성해줘.
- 제안을 수락하는 내용의 이메일을 써주는데 유머러스한 스타일로 해주면 좋겠어.

그리고 이 스타일이라는 키워드는 글의 문체뿐 아니라 다른 방식으로도 사용됩니다. 한번은 중소기업 CEO 한 분이 직원들의 인사관리를 ChatGPT로 한다는 이야기를 들었습니다. 생각해보면 주어진 수치를 입력하고 그에 관해 분석하고 기준을 주어 명령하면 충분히 가능한 일이긴 하죠. 그런데 재미있는 것은 인사평가를 구글 스타일로 해달라고 했을 때와 넷플릭스 스타일로 해달라고 했을 때 결과가 다르다는 거예요. 각 기업의 특성이 있으니 가중치를 두는 특성이 다르기 때문에, 전체 평가에서는 조금 다른 결과가 나올 수 있겠죠. 이런 식으로 스타일이라는 것은 하나의 패턴, 기준이 되기 때문에 그런 패턴을 형성할 수 있는 모든 것에 쓰일 수 있어요.

③ ~ 정도 분량으로

우스갯소리로 이과생과 문과생이 대학 졸업할 때가 된 것을 어떻게 아느냐는 이야기가 있습니다. 이과생은 10장짜리 내용의 리포트를 1장짜리 표나 그래프로 만들 수 있으면 졸업할 수 있다고 하죠. 반대로 문과생은 1장짜리 내용의 리포트를 10장 정도로 늘려 쓸 수 있다면 대학 졸업할 때가 된 것이라는 말이 있습니다. 그런 면에서 보면 ChatGPT는 완벽한 이과생이자 문과생입니다. 아무리 몇 줄 안 되는 결과물도 10장으로 늘리라고 하면 늘려주거든요. 반면 50페이지짜리 보고서의 핵심을 1장으로 요약하라고 하면 그것 역시 잘합니다.

그래서 ChatGPT의 결과물을 도출할 때는 자신이 필요한 분량을 정확하게 지정하면, 그에 맞춰서 결과물이 나옵니다. 처음부터 지정할 수도 있고요, 아니면 처음 생성한 결과물을 분량에 맞춰 재서술하라고 할 수도 있습니다. 때로는 서류를 작성할 때, 분량이 중요한 경우도 있습니다. 레쥬메를 1,500자로 쓰라고 했는데, 중요한 이야기는 400자면 된다고 400자 정도만 써서 내면, 아무래도 성의 없어 보이잖아요. 400자의 알맹이만 있으면, 자신이 포기한 나머지 1,100자를 ChatGPT에게 맡길 수 있습니다. 그러면 그럴듯하게 채워주거든요.

- 요르단에 중고차를 수출하는 사업의 핵심을 1,000자 정도로 정리해서 알려줘.
- 지금 입력하는 자기소개서의 길이를 2배로 늘려줘.

---

④ ~같이

신입사원에게 일을 시킬 때 추상적으로 설명하기보다는 샘플을 보여주며 우선 이런 식으로 작성하라고 하면, 일을 시키는 사람이나 그 일을 해야 하는 사람이나 편합니다. 그렇게 스타일을 익힌다면 그 후에는 그에 맞춰서 내용을 써나가면 되니까, 회사의 결에 맞출 수 있거든요.

마찬가지로 ChatGPT에 일을 시킬 때도 샘플을 활용하면 한결 편해집니다. "보고서를 작성해줘. 이런 스타일로."라고 하고, 보고서 내용을 입력하면 그 스타일에 맞춰서 보고서를 작성하거든요.

자신의 회사 보고서를 ChatGPT에 넣는 것이 보안상 꺼림칙하시면, 꼭 자기 회사의 양식이 아니더라도 자신이 보기에 잘 만들어진 서류들을 샘플로 가지고 있다가 그것을 활용해도 좋습니다. 필요한 서류들을 인터넷 검색으로 찾은 후에, 그것을 샘플로 활용하면 ChatGPT도 구체적인 가이드가 있으니 더 효과적으로 결과물을 생산할 수 있고요, 명령을 내리는 입장에서도 세세하게 하나하나 설명하지 않고, 또 나온 결과를 일일이 수정하지 않고도 원하는 결과물에 대해서 쉽게 제시할 수 있습니다. 그러니 '아래 서류와 같이'라는 표현은 쓰기에 따라서 명령을 내리는 데 들어가는 리소스마저 절약하게 해줍니다.

⑤ ~로서

ChatGPT는 롤플레이가 가능합니다. 구체적 상황이나 인물을 설정하면 그에 맞춰서 텍스트를 만들죠. 이 명령어는 업무에 직접적으로 영향을 주기보다는 간접적으로 쓰일 수 있습니다. 업무 능력을 향상시키기 위해 직무교육을 받잖아요. 협상 스킬이라든가, 고객을 상대하는 CS교육 같은 것들 말이죠. 그럴 때 ChatGPT를 상대방 협상대상자로 혹은 고객으로 지정하면, 그에 맞춰 롤플레이가 가능합니다. 그러니까 시뮬레이션을 해볼 수 있는 것이죠. 그러다 보니 영어나 일어, 중국어 등의 회화 연습도 가능합니다.

그리고 데이터가 있는 개인으로도 역할을 시킬 수 있어요. 유명 인물이 되어 나에게 조언을 할 수도 있어요. '지금부터 너는 데일 카네기로서 존재해.' 혹은 '지금부터 너는 데일 카네기야.'라고 하면 기꺼이 그 역할을 맡아서 나에게 조언을 해줄 수 있죠. 워런 버핏과의 점심 식사에 거금을 들이지 않아도 워런 버핏이 할 만한 조언을 들을 수 있는 겁니다.

자신에게 유용한 키워드 찾기

사실 이외에도 얼마든지 마법의 키워드를 찾아낼 수 있습니다. '구체적으로', '~를 고려해서', '창의적으로', '상세하게', '시나리오별로', '구조적으로' 같은 단어도 있습니다. 그런데 중요한 것은 자신이 잘 쓰고 자신에게 유용한 단어를 찾는 것이죠. 결국에는 자신이 ChatGPT를 어떻게 사용하는지 사용 습관을 정하는 것인데요, 남들이 좋다고 자신에게 다 좋은 것은 아닙니다. 자신의 스타일과 다를 수 있으니까요.

그래서 중요한 것은 자신의 키워드를 찾아가는 것입니다. 좋은 키워드라도 하나의 질문에 여러 키워드를 다 쓸 수 있는 것도 아니니까, 자잘한 모든 키워드를 알려고 하기보다는 자신에게 유용한 몇 가지 키워드를 센스 있게 사용하는 방법을 익히시는 것이 훨씬 효율적입니다.

AI를 가지고
창의성 확장하기

창의성을 발현시키기 위해서는 요령이 필요하다

생성형 AI는 기존의 데이터를 바탕으로 이어 붙이기 때문에 창의적인 결과는 불가능할 것이라고 생각하는 경향이 있습니다. 하지만 인간의 창의성 역시 하늘 아래 없는 새로운 것을 만드는 경우보다는 있던 것들을 조금 변형하고 관점을 바꿔서 만들어내는 경우가 훨씬 많다는 것을 생각해보면, AI를 활용하여 얼마든지 창의적인 생각이나 결과물을 만들어낼 수도 있습니다.

다만 원래 논리적이고 합리적인 결과 생성에 능한 것이 ChatGPT라, 평범하게 질문해서는 창의적인 답변을 얻어내기는 힘들 수 있어요. 그래서 질문하는 요령이 필요합니다. 질문 가운데 '창의적으로'라는 표현을 하나 삽입하는 것이 그나마 창의적 답변을 요구하는 방법인데, 이 정도로는 우리가 '창의적'이라는 말에 담고 있는 기대를 충족하기는 어려울 거예요. 예를 들어 제가 '창의적인 동화를 하나 써줘.'라고 간단하게 주문했는데, 별, 별빛 마을, 루나 같은 조금은 평범한 전개가 이어졌습니다. 별들이 빛나지 않게 된 세계에서 루나는 마을의 현자에게 마법 지팡이를 받으며 다음과 같은 말을 듣게 됩니다. '너의 순수한 마음과 창의력이 별들을 다시 빛나게 할 수 있어.'라고 말이죠. '루나는 마을 곳곳을 돌며 자신의 이야기와 상상력으로 사람들에게 희망을 불어넣'어서 결국 별의 은총을 다시 찾아오게 됩니다. 정말 뻔한 전개죠. ChatGPT가 '창의적인 동화'라는 말을 창의력이 소재로 등장하는 동화로 알아들었나 봐요.

관련 없는 키워드로 창의력을 유발하기

이런 ChatGPT에게 어떻게 하면 창의성을 끌어내서 우리가 갖지 못한 창의성의 참고 도구로 쓸 수 있을까요? 우선은 질문의 창의성이 필요합니다. 고리타분한 질문, 뻔한 질문은 고리타분한 대답, 뻔한 대답만을 이끌어냅니다. 질문 자체를 창의적으로 하면 대답 역시 그 질문에 맞추기 위해서 창의적이 될 수밖에 없죠.

창의적인 동화라는 말을 쓴다고 해서 바로 창의적으로 되지 않잖아요.

하지만 질문을 아예 창의적으로 해버리는 거예요. 제가 동화를 다시 만들어달라고 하면서 이렇게 명령을 내렸어요. '쓰레기, 김치, 플레이스테이션, 축의금, 러닝머신이 들어간 동화를 만들어줘.'라고 말이죠. 어느 것도 동화에 들어갈 만한 단어는 아니지만, ChatGPT는 망설임 없이 동화

> 🔵 **ChatGPT**
> **제목: 김치 마법사와 러닝머신 왕국의 모험**
>
> 옛날 옛적, 러닝머신 왕국이라는 기상천외한 나라가 있었습니다. 이곳은 왕과 왕비가 모든 사람들을 건강하게 하기 위해 러닝머신을 타는 것을 권장하는 곳이었죠. 하지만 이 왕국에는 하나의 큰 문제가 있었습니다. 바로 쓰레기였습니다. 사람들이 너무 열심히 러닝머신을 타다 보니, 쓰레기를 치울 시간이 없었던 것입니다.
>
> 왕국의 한 구석에는 마법사 김치가 살고 있었습니다. 김치는 특별한 능력을 가지고 있었는데, 그녀의 김치는 누구든지 건강하고 활력 넘치게 만들어주는 마법의 힘이 있었습니다. 어느 날, 왕국이 쓰레기로 인해 위기에 처하자, 김치는 도움을 주기로 결심했습니다.
>
> 김치는 플레이스테이션을 들고 왕국의 중심 광장으로 나섰습니다. 그녀의 계획은 간단했습니다. 사람들이 러닝머신 위에서 게임을 즐기며 운동하는 동안, 김치의 마법 김치를 먹어 체력을 회복하고, 이렇게 모은 에너지를 쓰레기를 치우는 데 사용하는 것이었습니다.
>
> 김치는 광장 한가운데 플레이스테이션을 설치하고, 마법의 김치를 나눠주었습니다. 마법의 김치를 먹은 사람들은 갑자기 활력이 넘쳤고, 러닝머신 위에서 게임을 하며 즐겁게 운동하기 시작했습니다. 게임을 하며 모은 에너지로 사람들은 쓰레기를 척척 치워나갔고, 왕국은 점점 깨끗해졌습니다.
>
> 왕과 왕비는 김치의 훌륭한 아이디어에 감동하여, 그녀에게 축의금을 선물로 주었습니다. 그리고 김치의 이름을 딴 '김치의 날'을 만들어, 매년 그녀의 지혜와 노력을 기리기로 했습니다.
>
> 이로써 러닝머신 왕국은 다시 한번 건강과 활력이 넘치는 나라가 되었고, 김치는 왕국 최고의 영웅으로 기억되었습니다.
>
> 끝.

쓰레기, 김치, 플레이스테이션, 축의금, 러닝머신이 들어간 동화.

를 써내려가기 시작했습니다.

이게 무슨 정신 나간 듯한 동화인가 싶겠지만, 그래서 어딘가에서도 볼 수 없었던 새로운 내용의 동화가 나왔습니다. 단 한 번의 명령으로 이렇게 나왔으니, 조화롭지 않은 단어, 동화와 어울리지 않는 단어를 조합해 다양하게 동화를 생성해보면, 그중에 정말 창의적이고 마음에 드는 동화를 만날 수도 있을 것입니다.

아이디어를 구체화할 때나 기획할 때도, 그냥 평범한 기획이 아니라 엉뚱한 소재를 주면서 이것을 발전시켜달라고 하면 생각지도 못한 아이디어가 나올 수 있어요. 구청 구민을 위한 봄맞이 행사를 기획해달라고 하니까, 조금은 뻔한 행사들이 나오거든요. 그런데 이런 명령을 할 때 어울리지 않는 단어 하나를 추가합니다. '구청에서 구민을 위한 봄맞이 행사를 하려고 하는데, 신발끈을 활용한 이벤트가 있으면 좋겠어. 어떤 기획이 있을까?' 별 의미는 없지만 '신발끈'이라는 소재가 들어갔어요.

그랬더니 ChatGPT가 제안하는 것은 신발끈 묶기 대회, 신발끈 예술 작품 만들기, 신발끈 교환 및 기부 이벤트, 신발끈 패션쇼, 신발끈 결속 마라톤 등을 추천합니다. 이 중에 참가자들이 눈을 가리고 신발끈을 묶는 속도 경쟁을 하는 신발끈 묶기 대회나 참가자들이 신발끈으로 만든 액세서리나 의상을 착용하고 패션쇼에 참여하는 신발끈 패션쇼가 눈에 띕니다. 신발끈 묶기 대회 같은 행사는 찾아보기 어려우니, 조금 특색 있는 축제가 될 것 같기도 해요.

이렇게 조금은 엉뚱한 요청을 통해 상상하지 못한 답변을 받습니다. 그런데 질문을 창의적으로 해야 한다는 전제는 결국 질문의 창의성이 필요한 것이니 창의성 있는 사람만 할 수 있는 것이라고 생각할 수도 있어요. 그런데 앞서 예를 든 소재들은 창의적으로 어떤 연관성을 생각했다기보다 가장 관계없어 보이는 키워드를 아무거나 넣은 것입니다.

그러니 창의적인 질문이 부담스럽다면 키워드를 여러 개 적어놓으시고 아무거나 그 키워드에 연결해서 수행해보라고 명령을 내려보시는 거죠. 자기 머릿속에서는 그 키워드가 잘 연결되지 않지만 ChatGPT는 어떻게든 연결합니다. 그게 그럴듯하면 자신의 창의적 의견인 양 활용하면 되고(ChatGPT로 우리의 사고능력, 창의력을 확장하자는 이야기니까요), 그럴듯하지 않다면 그걸 수정하거나 다른 키워드로 갈아타면 됩니다.

관련 없어 보이는 것 비교하기

연예인 망언이라는 게 있죠. 예쁘고 잘생긴 게 분명한 사람이 스스로 예쁘다고 생각해본 적이 없고, 거울 앞에서 잘생겼다는 느낌을 가져본 적이 없다는 식의 이야기 말입니다. K-POP 기수인 세계적 걸그룹 블랙핑크의 멤버 지수가 "예쁘다는 말은 평생 듣기 어려울 수 있다."고 어느 잡지 인터뷰에서 이야기한 적이 있고, 얼굴 천재라는 수식어를 가진 배우 지창욱은 한 예능 프로그램에서 "어렸을 땐 셀카를 많이 찍었는데 요즘

엔 아니다. 내 얼굴을 보는 게 예전만치 못하다. 예전보다 더 나이든 것 같다."고 이야기한 적이 있습니다.[45] '그러면 평범한 우리는 어떻게 살란 말인가?' 하면서 욱하는 느낌도 있지만, 그런데 다시 생각해보면 이해가 되는 부분도 있긴 합니다. 연예인들의 주변에는 다른 연예인들이 있고, 그들의 외모 역시 빛나거든요. 그러니 자꾸 비교하게 될 수밖에 없잖아요. 아니면 예전에 더 젊었을 때 자신의 얼굴과 비교할 수도 있고요.

175cm인 남자는 키가 작은 편은 아니죠. 한국 남자의 평균 신장은 173.6cm니까요.[46] 그런데 이 175cm인 사람이 같이 어울려 다니는 친구들이 모두 180cm가 넘는다면 이 사람은 자신의 키가 아쉽다고 느낄 겁니다. 반면 160cm대인 사람들과 어울려 다니면 그중에는 자신이 최장신이니까 키에 대해서는 만족할 수 있습니다.

비교를 통해 정체성이 형성되는 것이 있죠. 사실 웬만한 사람의 정체성은 거의 비교에 따라 형성되는 것 같기도 해요. 머리가 좋은지 아닌지, 젠틀한 사람인지 아닌지, 패션 센스가 있는 사람인지 아닌지 같은 것 말이죠. 어떻게 생각하면 비교는 대상의 정체성을 극명하게 드러낼 수 있는 좋은 방법입니다. 어떤 개념이나 사건, 사물 같은 것이 그런데요, 그냥 그 자체를 말하는 것보다 비교를 통해 대상을 드러내면 더 분명하고 특징적으로 해당 대상이 드러날 수 있습니다.

그런데 이 비교를 누구나 예상 가능한 것으로 하지 않고 조금 엉뚱한 것과 서로 비교하면 창의적인 비교 포인트가 되면서 예상치 못한 결과를 받을 수가 있겠죠. 그런 면에서 ChatGPT에게 서로 다른 두 대상을 비교시키는 방법으로 재미있고 창의적인 생각을 할 수도 있을 것입니다.

예를 들어 '달리기와 유튜브의 공통점에 대해서 말해줘.'라고 했어요. 얼핏 생각해서는 공통점을 생각하기에 무척 어려운 두 대상입니다. 바로 결과를 공개할 텐데, 결과를 보기 전에 한번 생각해보세요. '나라면 달리기와 유튜브의 공통점을 어떤 것으로 뽑았을까?' 하고 말이죠.

① ....

② ....

③ ....

생각하기에 쉽지 않죠? 하지만 ChatGPT는 이 공통점에 대해서 바로 말하기 시작합니다. 제일 처음에 '처음 보기에는 관련이 없어 보이는 달리기와 유튜브에도 공통점을 찾을 수 있습니다.'라고 하면서 조금 볼멘소리를 하긴 하잖아요. '뭐 이런 걸 시켜?' 하는 느낌이긴 하죠.

그럼에도 달리기와 유튜브의 공통점을 이야기하는데, 좀 재미있죠. 특히 달리기 커뮤니티에 대해서도 알고 있는데, '인간에 대해서 이런 것까지 알아?' 하는 느낌이에요. 방금 해본 것이 창의력 훈련이라고 할 수 있

ChatGPT

처음 보기에는 관련이 없어 보이는 달리기와 유튜브에도 공통점을 찾을 수 있습니다. 이 두 활동의 공통점은 다음과 같습니다:

1. **개인적 성장과 발전**: 달리기는 꾸준한 연습을 통해 체력과 지구력을 향상시키며, 유튜브 크리에이터는 지속적인 콘텐츠 제작과 학습을 통해 창작 능력을 발전시킵니다. 두 활동 모두 시간과 노력을 투자함으로써 개인적인 성장을 이룰 수 있습니다.
2. **목표 설정과 도전**: 달리기는 구체적인 목표를 설정하고, 그 목표를 향해 노력하는 과정입니다. 유튜브 크리에이터도 마찬가지로 채널 성장, 구독자 수 증가, 창의적인 콘텐츠 제작 등의 목표를 세우고 이를 달성하기 위해 노력합니다.
3. **규칙적인 스케줄과 일관성**: 달리기는 규칙적인 운동 스케줄을 요구하며, 유튜브 크리에이터 역시 정기적이고 일관된 콘텐츠 업로드 스케줄을 유지해야 합니다. 두 활동 모두 일관성이 중요한 역할을 합니다.
4. **커뮤니티와의 상호작용**: 달리기 커뮤니티와 유튜브 커뮤니티 모두 참여자들 간의 상호작용과 지원이 활발합니다. 달리기 이벤트나 클럽에서의 교류, 유튜브 채널에서의 댓글과 피드백 등을 통해 서로를 격려하고 지식을 공유합니다.
5. **접근성과 보편성**: 달리기는 특별한 장비나 비용이 많이 들지 않아 많은 사람들이 쉽게 참여할 수 있습니다. 유튜브 역시 인터넷과 기본적인 촬영 장비가 있으면 누구나 콘텐츠를 제작하고 공유할 수 있는 플랫폼입니다.

이렇게 달리기와 유튜브는 각각의 활동을 통해 성장과 발전을 추구하고, 목표를 설정하며, 일관성을 유지하는 과정에서 공통점을 가집니다.

달리기와 유튜브의 공통점에 대한 ChatGPT의 대답.

습니다. 관련 없어 보이는 두 대상을 비교하고 공통점, 차이점을 찾음으로써 그 대상으로 특징을 분명히 드러내게 되죠. 그리고 우리는 그 과정에서 생각의 한계를 확장하고, 다양한 각도에서 생각하는 법을 배우게 됩니다. 이와 비슷하게 비교가 아닌 비유를 하는 방법도 있습니다. '컵을 다이어트에 비유해서 설명해줘.'라든가, 'USB를 대나무에 비유해서 설명해줘.' 같은 요청을 통해 창의성 훈련을 해보는 것이죠.

질문을 바꿔 상황을 타개하기

한국의 입사면접은 악명이 높았습니다. 지금에야 많이 개선되었지만 예전에는 이른바 압박면접이라고 해서 프라이빗한 질문도 많이 하고 말도 안 되는 질문도 많이 했어요. 그중에서 아직도 유명한 질문 중 하나는 '에스키모에게 냉장고를 팔아보라.' 같은 것이죠. 그런데 이 문제는 많이 해결이 되었어요. 북극은 밖에 음식을 보관하면 고기든 야채든 너무 꽁꽁 어는 바람에 음식을 신선하게 먹기 힘드니, 냉장고에서 냉동실이 아니라 냉장실의 기능을 강조해서 팔면 된다는 식입니다. 면접 문제는 마음에 안 들지만 그래도 회사에 들어가야 하는 입사지원자들이 열심히 궁리한 결과 여러 난제에 대해 어떻게 대답하면 된다는 식의 이야기가 공유되는 겁니다.

하지만 이런 면접 문제가 제시되는 이유는 실제 에스키모에게 냉장고를 파는 전략을 짜는 것이 아니라, 창의성을 시험하려는 목적이라서요, 이렇게 지원자들이 그럴듯한 답을 준비하기 시작하면 당연히 면접 문제는 바뀝니다. 제가 생각하기에 요즘 어려운 면접 질문 중 하나는 공무원 면접에서 종종 나오는 '우리 기관의 SNS 활성화 방안에 대해서 말해보세요.'입니다.

이미 여러 명이 머리를 맞대고 이런저런 실험과 운영을 해봤는데도 안 되는 것을 물어보는 거잖아요. 자기 SNS도 활성화하기 어려운데, 정부기관의 SNS를 활성화하라니, 그야말로 미션 임파서블입니다. 그래서 이 질문이 '에스키모에게 냉장고를 팔아보라.'와 같은 정도의 질문이 되는 것입니다.

이런 식의 문제를 접하게 되었을 때 그냥 그 문제 그대로 접근하면 의례적인 대답이 나올 수밖에 없습니다. 그래서 이런 경우에는 문제를 바꿔보는 거예요. 창의력에 가까운 문제지만, 그것을 논리적 문제해결 문제로 바꿀 수 있습니다. 이런 식으로요.

- 정부기관의 SNS 채널을 활성화할 수 있는 방안에 대해서 말해보세요.
→ 정부기관의 SNS 채널에는 일반적으로 구독자가 많지 않습니다. 이에 대해 원인을 진단하고, 그 원인을 제거하는 방식으로 SNS 채널에 구독자를 모을 방법에 대해 제안해주세요. 문제해결력의 프로세스를 따라가면 됩니다.

- 에스키모에게 냉장고를 어떻게 팔 것인가?
→ 에스키모가 살고 있는 북극은 너무 추워서 따로 냉장고가 필요 없습니다. 그런데 이 에스키모에게 냉장고를 팔아야 한다는 미션이 떨어졌어요. 이 미션을 문제해결력의 관점에서 문제점을 진단하고 그것의 원인을 파악한 뒤, 그 원인을 제거하는 방식으로 해결책을 찾아줘요.

- 새로운 웰빙 햄버거를 출시하려 한다. 제품 기획안을 세워보라.
→ 새로운 웰빙 햄버거를 출시하려 하는데, 웰빙 햄버거는 비싸고 최근 들어 경쟁사가 많이 생겼다는 문제점이 있다. 이 문제점을 해결하는 방향으로 제품 기획안을 세워보라.

이 중에 햄버거 기획안을 ChatGPT에 넣어봤어요. 질문을 문제해결적 질문으로 바꿔서 말이죠.

ChatGPT

새로운 웰빙 햄버거 출시를 위한 제품 기획안은 경쟁력 있는 가격 책정, 차별화된 제품 특성, 그리고 시장에서의 독특한 위치 확보를 목표로 합니다. 아래의 기획안은 이러한 문제점을 해결하기 위한 방향을 제시합니다.

1. 시장 및 경쟁사 분석

- **경쟁사 제품 분석**: 현재 시장에서 판매되고 있는 웰빙 햄버거의 가격, 재료, 특성 등을 분석합니다.
- **타겟 고객 분석**: 웰빙 햄버거의 주요 타겟 고객층의 선호도와 구매 습관을 조사합니다.

2. 가격 전략

- **비용 효율적 재료 선택**: 고품질이면서도 비용 효율적인 재료를 선택하여 원가를 절감합니다.
- **가치 기반 가격 책정**: 제품의 독특한 가치를 강조하며, 고객이 그 가치에 대해 적절한 가격을 지불할 의향이 있는지 판단합니다.
- **다양한 가격대 제품 개발**: 다양한 소비자의 요구를 만족시키기 위해 여러 가격대의 제품을 개발합니다.

3. 제품 차별화

- **독특한 맛과 재료**: 특별한 맛이나 건강에 좋은 재료를 사용하여 차별화를 도모합니다.
- **지속 가능한 재료 사용**: 환경에 미치는 영향을 최소화하는 지속 가능한 재료를 사용함으로써 브랜드 가치를 증진합니다.
- **맞춤형 옵션 제공**: 개인의 건강 상태나 식습관에 맞춰 맞춤형 옵션을 제공합니다.

4. 마케팅 및 홍보 전략

- **건강 및 웰빙 트렌드 활용**: 현재 건강과 웰빙에 대한 소비자의 관심을 활용한 마케팅 전략을 수립합니다.
- **SNS 및 디지털 마케팅**: 타겟 고객층이 활발히 사용하는 소셜 미디어 플랫폼을 활용합니다.
- **인플루언서 및 파트너십**: 건강, 웰빙, 음식 분야의 인플루언서와의 협업을 통해 제품을 홍보합니다.

새로운 웰빙 햄버거 출시 전략에 대한 ChatGPT의 대답.

몇 가지 항목이 조금 더 있는데, 너무 길어져서 4번 항목까지만으로 잘 랐습니다. 여기만 봐도 알 수 있는 게 그냥 햄버거 기획안이라고 하면 '하 얀 도화지에 그림을 알아서 그려.'라는 느낌인데, 이런 식으로 질문을 바 꿔서 주니 색칠공부 같은 느낌이 되었어요. 문제해결이라는 밑그림이 그 려져 있고, 그것을 색으로 채우기만 하면 어엿하게 그림이 완성되는 식 으로 말이죠.

그래서 창의성이 필요한 대답에 그냥 창의성 그대로 답하는 것도 좋지 만, 그것을 논리적 형태로 바꿔 ChatGPT를 활용하면 조금 더 합리적이 고 구조적인 답을 얻게 된다는 것입니다. 이렇게 문제를 바꿔보면 막연 하던 과제가 구체적이 되기도 합니다. 장사가 잘 안 된다면 어떻게 장사 가 잘될지 고민하는 게 아니라, 먼저 장사가 안 되는 이유를 분석하는 단 계를 거쳐야 한다는 거죠. 이렇게 찾아낸, 장사가 잘 안 되는 이유를 제거 하는 방안으로 문제해결이 됩니다. 그리고 그게 장사가 잘되게 하는 전 략이 되는 거죠.

이렇게 창의성을 창의성 그대로 맞받아치는 게 아니라, 문제해결이라 는 방법으로 돌려치는 것도 창의성을 다루는 좋은 방법입니다.

질문을 통해
원하는 것을 얻을 수 있는 사람이
똑똑한 사람이 되는 시대

두 사람이 대화를 하고 있습니다. 한 사람이 주로 질문을 하고, 한 사람은 거기에 답을 하고 있어요. 누가 대화를 주도하는 사람일까요? 대화의 지분 면에서 보면 답을 하는 사람이 훨씬 많이 이야기하기 때문에 대화의 주도자 같지만, 사실 이 대화의 주도권은 질문하는 사람에게 있습니다. 대화가 흘러가는 방향과 흐름을 조정하는 것은 질문하는 사람이거든요. 좋은 질문을 한다는 것은 전체적인 맥락과 핵심을 꿰뚫고 있다는 뜻이고, 좋은 질문하에서 유용하고 효과적인 답변이 나올 수 있습니다. 좋은 질문을 하는 사람만이 명쾌한 정보와 명료한 통찰을 얻게 됩니다.

좋은 질문을 자기 스스로에게 하게 되면, 그것이 바로 내면에서 일어나는 발전적 사고가 되죠. 자신의 질문에 자신이 답하는 과정에서 여러 지식과 정보를 꿰맞추고 연결해 세상을 이해하는 지혜와 자신만의 인사이트를 만들게 됩니다.

이것이 바로 스마트한 사람, 지적인 사람, 통찰력 있는 사람이 원하는 것을 얻는 방식이에요. 이런 사람들을 통칭해서 똑똑한 사람으로 칭했는데, 똑똑한 사람은 단순히 지식을 많이 가지고 있는 사람이 아니라, 자신의 지식을 잘 활용하는 사람을 말해요. 지식이라는 포인트들을 다양한 방식으로 연결하는 과정에서 지혜라는 입체를 얻게 되거든요.

여기까지가 바로 지나간 시대의 똑똑한 사람들의 사고방식이라면 AI 시대에는 여기에 근본적인 변화가 일어납니다. 지식을 연결해 인사이트 있는 답을 만드는 역할을 AI가 해줄 수 있거든요. 그러니 사람들마다 얻어내는 결과물의 차이가 크지 않게 되는 겁니다. 예전에 필름 카메라 시절에는 결과물을 즉석에서 볼 수도 없고 필름 값도 비싸다 보니 좋은 사진이라는 아웃풋을 내려면 찍는 사람의 경험, 지식, 기술 같은 것이 꼭 있어야 했거든요. 하지만 디지털카메라가 나오고 스마트폰의 카메라 기능이 좋아지면서 바로 그 자리에서 찍은 결과물을 확인하며 마음에 드는 게 나올 때까지 몇 번이고 다시 찍을 수 있게 되었죠. 비용이 더 드는 것도 아니니까요. 그러면서 대중 역시 예전에는 사진작가들의 솜씨라 여겨지는 정도의 사진을 손쉽게 찍을 수 있게 되었어요. AI가 인간의 사고와 생각에 일으킬 변화는 이런 변화보다 더 극적일 수 있습니다. 인간의 생각, 기획, 인사이트를 AI가 차고 넘치게 대체할 수 있거든요. 이런 결과물들은 사진보다도 훨씬 쓸모가 많고 파급효과도 크죠.

이 결과물들에 차별점을 내는 방법은 원인을 바꾸는 것입니다. 그것이 질문이죠. 질문을 통해 결과물의 방향과 흐름, 주제, 맥락 등을 제어하고 더 효과적인 인사이트를 산출할 수 있습니다. 이런 프로세스를 잘 활용하면 인간은 스스로 할 수 있는 생각보다 더 많은 생각을 할 수 있고, 스스로 감당할 수 있는 문제보다 더 많은 문제를 해결할 수도 있습니다. 지식의 확장뿐 아니라 지혜의 확장, 인사이트의 확장까지 AI를 활용해 이루어낼 수 있습니다.

좋은 질문만으로도 인간은 자신이 할 수 있는 것보다 더욱 지적인 영역에 도달할 수 있게 되었어요. 스스로에게 향하는 질문이나 다른 사람에게 향하는 질문은 질문도 좋아야 하지만, 그 답을 구성하는 나 자신이나 상대방의 능력도 중요합니다. 좋은 질문은 방향성을 제시해줄 뿐, 그 방향으로 나아가야 하는 것은 결국 자신이나 상대방의 지적인 능력에 달려 있죠. 반면 AI는 방향을 제시하는 순간, 이미 도착해 있는 모습을 보여줘요. 질문만 잘하면 그 과정은 AI가 다 커버해주거든요. 스스로와 상대방에게 하는 질문이 내비게이션이라면, AI에게 하는 질문은 자율주행차인 셈입니다.

이제 AI와 살아가는 인간의 삶이 본격화하는 시점인데요, 이럴 때 질문의 힘은 그 어느 때보다 중요합니다. 인간이 다른 사람과의 경쟁, 그리고 AI와의 경쟁에서 차별점을 내는 방법은 이 질문의 힘을 제대로 활용하느냐의 여부에 달려 있습니다. 그래서 그런 질문을 구성하는 방법, 활용하는 방법을 지금까지 살펴보았습니다. 질문을 구성해서 원하는 것을 끌어내는 방법을 나, 상대방, AI로 나눠 원론적인 부분부터 조금 더 현실적이고 기술적인 부분까지 다양하게 접근해보았어요.

나와 상대방으로부터 질문을 통해 끌어내는 지혜가 입체라면, 여기에 AI를 활용해 인사이트를 더하는 것은 4차원의 시간축까지 더하는 새로운 시대의 시공간 입체 개념이죠. 상상 속에서만 구현되던 이런 시대가 이제 시작되었으니 우리는 질문의 영역과 능력을 확장하여 원하는 것을 훨씬 더 손쉽게 얻을 수 있게 된 겁니다. 이제는 똑똑한 사람이 질문을 통해 원하는 것을 얻는 것이 아니라, 질문을 통해 원하는 것을 얻을 수 있는 사람이 똑똑한 사람이 되는 시대거든요. 이런 시대에 질문의 힘을 얻고 활용하는 사람은 자신의 기대 이상으로 지적 능력이 확대되고, 원하는 것을 얻을 확률이 높아지는 것을 느끼실 겁니다.

지금은 질문이 중요한 시대에서 질문만이 중요한 시대로 가는 과도기라고 할 수 있는데, 어떤 시대든 질문이 중요한 것은 변함이 없거든요. 효과적인 질문과 활용으로 모두 이 시대의 똑똑한 사람이 되시기를 바랍니다.

1 《열두 발자국》(정재승, 어크로스, 2018)

2 https://www.yna.co.kr/view/AKR20231120079300001?input=1195m

3 https://en.wikipedia.org/wiki/Toyota_Production_System

4 https://terms.naver.com/entry.naver?docId=6032710&cid=43667&category Id=43667

5 https://blog.naver.com/ableacademy_/222484401230

6 https://n.news.naver.com/mnews/article/009/0000282008?sid=105

7 https://www.seouland.com/arti/culture/culture_general/4362.html

8 https://namu.wiki/w/3M

9 https://namu.wiki/w/SK

10 https://plato.stanford.edu/entries/socrates/#SocProWhoWasSocRea

11 https://www.youtube.com/watch?v=XJQp-1IdIk8

12 https://blog.naver.com/moralist777/223048505786

13 https://blog.naver.com/lyw008kr/220767961650

14 https://www.businessinsider.com/mark-zuckerberg-same-t-shirt-2014-11

15 https://www.bloter.net/news/articleView.html?idxno=26972

16 https://www.mjmedi.com/news/articleView.html?idxno=7925

17 《우리는 왜 잠을 자야 할까?》(매슈 워커, 열린책들, 2019)

18 https://kr.rbth.com/culture/2017/03/20/yeogsayi-banghyangeul-baggun-ggumdeul_723003

19 https://blog.naver.com/happyjisu814/222500384895

20 https://www.aitimes.com/news/articleView.html?idxno=136444

21 https://news.mt.co.kr/mtview.php?no=2023081223350752921

22 https://magazine.hankyung.com/business/article/202307288984b

23 https://upload.wikimedia.org/wikipedia/commons/8/83/Descartes3.jpg

24 《방법서설》(르네 데카르트, 돌을새김, 2019)

25 https://www.yna.co.kr/view/AKR20231208136600003?input=1195m

26 https://www.sedaily.com/NewsView/29YEOLN3M9

27 《규칙 없음》(리드 헤이스팅스, 에린 마이어, RHK, 2020)

28 《이시한의 취업면접 불패노트》(이시한, RHK, 2014)

29 https://autolove.tistory.com/entry/%EC%9C%A0%EB%A8%B8%EB%B6%81-%EA%B3%A8%ED%94%84-%EC%9C%A0%EB%A8%B8-%EA%B3%B5%ED%86%B5%EC%A0%90#google_vignette

30 https://biz.chosun.com/site/data/html_dir/2017/01/09/2017010901912.html

31 https://osaka-info.kr/TASTE/?q=YToxOntzOjEyOiJrZXl3b3JkX3R5cGUiO3M6MzoiYWxsIjt9&bmode=view&idx=1887560&t=board

32 https://www.chosun.com/national/weekend/2023/03/04/HR457QM36JFTXDUVAMMNG23MHQ/

33 https://www.jejunews.com/news/articleView.html?idxno=2201476

34 https://www.mk.co.kr/news/it/10884607

35 https://neuralink.com/

36 《포노 사피엔스》(최재붕, 쌤앤파커스, 2019)

37 https://terms.naver.com/entry.naver?docId=6653336&cid=69974&categoryId=69974

38 https://terms.naver.com/entry.naver?docId=1179553&cid=40942&categoryId=32837

39 https://www.pressian.com/pages/articles/2023113017183817904?utm_source=naver&utm_medium=search

40 https://namu.wiki/w/%EC%9D%B4%EB%A3%A8%EB%8B%A4(%EC%9D%B8%EA%B3%B5%EC%A7%80%EB%8A%A5)/1.0

41 https://terms.naver.com/entry.naver?docId=1105381&cid=40942&categoryId=31531

42 https://namu.wiki/w/%ED%85%8C%EC%9D%B4(%EC%9D%B8%EA%B3%B5%EC%A7%80%EB%8A%A5)

43 https://www.econovill.com/news/articleView.html?idxno=285042

44 https://www.mk.co.kr/news/it/10875070

45 https://mydaily.co.kr/page/view/2023120107071177687

46 https://www.hankyung.com/news/app/newsview.php?aid=2017033135921

똑똑한 사람은 어떻게 생각하고 질문하는가
ⓒ 이시한, 2024

초판 1쇄 발행 | 2024년 1월 24일
초판 5쇄 발행 | 2024년 4월 22일

지은이 | 이시한
책임편집 | 배상현
콘텐츠 그룹 | 배상현, 김다미, 김아영
북디자인 | 초코북

펴낸이 | 전승환
펴낸곳 | 책 읽어주는 남자
신고번호 | 제2019-00045호
이메일 | bookpleaser@thebookman.co.kr

ISBN 979-11-91891-49-2 03190